내전은
어떻게
일어나는가

내전은
어떻게
일어나는가

HOW
CIVIL WARS
START

아노크라시, 민주주의 국가의 위기

바버라 F. 월터 지음 유강은 옮김

HOW CIVIL WARS START: AND HOW TO STOP THEM

by BARBARA F. WALTER

Korean translation rights arranged with Sandra Dijkstra Literary Agency through EYA
(Eric Yang Agency).

일러두기

• 이 책의 각주는 원주와 옮긴이 주입니다. 옮긴이 주는 따로 표시하지 않고, 원주는 〈— 원주〉로 표시하였습니다.
• 원서에서 이탤릭으로 강조한 부분은 고딕으로 표시하였습니다.

졸리Zoli와 리나Lina에게

머리말

애덤 폭스Adam Fox는 카펫을 젖히고 바닥 문을 열었다. 미시간주 그랜드래피즈에 있는 백색Vac Shack 진공청소기 판매점 지하실로 통하는 문이었다.[1] 37세의 폭스는 여자 친구 집에서 쫓겨난 뒤, 개 두 마리와 함께 가게 지하에서 살고 있었다. 가게 주인인 친구가 다시 독립할 수 있을 때까지 지내라고 내준 공간이었다.

　지하실에는 서류 캐비닛, 개집, 청소기 부품 등이 뒤죽박죽 뒹굴고 있었다. 폭스는 좌절한 상태였다. 단지 사실상 홈리스이기 때문만은 아니었다. 형편이 나빠진 것은 이번이 처음이 아니었다. 고등학교를 졸업한 뒤 살길을 찾느라 분투하다가 백색 외주 업자로 일하면서 간신히 생활할 수 있었다. 이런 일을 야기시킨 민주당 지도자들에게 분노한 그는 울분을 발산하려고 걸핏하면 트위터*에 버럭 오바마Barack Obama와 낸시 펠로시Nancy Pelosi에 관해 써 갈겼다. 얼마 전에는 지역 민병대에 들어가서 동지들을 몇 명 만났지만, 정부를 비난하는 악담을 퍼붓다가 다른 대원들과 언쟁을 벌이고는 쫓겨났다.

　* 〈X〉는 원서에 따라 〈트위터〉로 번역했으며, 〈트윗, 리트윗〉 등의 표현도 그대로 옮겼다.

바야흐로 코로나 바이러스가 확산되고 있었다. 디트로이트와 그랜드래피즈에서 바이러스가 급속하게 확산되자 2020년 3월 23일 미시간 주지사 그레천 휘트머Gretchen Whitmer가 주 차원에서 록다운을 발동한 상태였다.[2] 외출 금지령은 확진자가 거의 발생하지 않은 농촌 지역에도 확대되었다. 4월 말—잇따라 각종 제한 조치가 발동된 뒤—폭스는 야구 모자에 전투용 조끼를 입고 대부분 무장을 갖춘 수백 명의 시위대에 합류해서 주도 랜싱에서 행진을 벌였다.[3] 공화당 상원 의원 후보 마이크 디트머Mike Detmer가 록다운은 미국답지 않은 조치라고 비난을 퍼부으며 연설하는 동안 폭스는 바깥에서 귀를 기울였다. 「우리는 미시간주와 미합중국의 가슴과 영혼, 전통과 자유를 지키기 위해 전쟁을 벌이는 중입니다. …… 셧다운을 끝장내는 게 우리가 할 일입니다.」[4] 그 후 시위대가 주 의사당에 난입해서 점거할 때 폭스도 대열에 끼어 있었다.

하지만 점거 사태로도 아무런 변화가 이루어지지 않았고, 몇 주가 지나면서 폭스는 점점 들썩이게 되었다. 그해 6월 그는 페이스북에서 라이브 방송을 켜고 최근 헬스장이 폐쇄된 것에 불만을 토로하면서 권력에 취한 〈폭군 쌍년〉이라고 휘트머를 비난했다.[5] 카메라에 대고 그가 말했다. 「나도 모르지만요, 뭐든 행동에 나서야 합니다.」 그 직후 폭스는 지역 민병대 울버린 워치맨Wolverine Watchmen의 지도자 조지프 모리슨Joseph Morrison과 페이스북으로 접촉했다.[6] 모리슨은 폭스가 새로운 준군사 조직을 선발해서 훈련과 무장을 제공하는 것을 돕기로 합의했다고 한다. 얼마 지나지 않아 폭스는 이런 명분을 내걸고 다른 남자들을 끌어모았다. 가

세한 이들 가운데는 박애 봉사 훈장, 세계 대테러 전쟁 훈장, 해병대 선행 훈장을 받은 해병대 소총수 출신도 있었다. 또한 전에 미시간주 방위군에서 기초 훈련을 시작했으나 완수하지는 못한 사람도 있었다. 어떤 이는 스리 퍼센터스* 민병대 소속이었고, 다른 이는 큐어논QAnon 지지자, 또 다른 이는 프라우드 보이스Proud Boys 소셜 미디어 계정을 폴로하고 있었다.

총 열네 명이었다. 대부분 폭스처럼 록다운 반대 집회에 참여한 사람들이었다. 보통 백색 판매점 지하실에서 모였는데, 폭스는 대화를 녹음하지 못하게 휴대 전화를 압수하곤 했다. 모리슨이 소유한 약 4,046제곱미터 규모의 시골 땅에 모여서 전술과 총기 훈련을 하기도 했다. 일요일 오후마다 수백 발씩 총을 쏘고 폭발물 제조를 연습했다.

주 의사당 습격도 검토했다. 의원들을 인질로 잡고서 며칠에 걸쳐 차례대로 처형할 생각이었다. 또한 의사당 문을 밖에서 걸어 잠그고 불을 질러서 건물과 함께 한꺼번에 태워 죽일 생각도 했다. 하지만 의사당이 워낙 방비가 철저했기 때문에 다른 계획을 마련했다.[7] 2020년 11월 선거 전에 날을 잡아 미시간주 북부에 있는 주지사 별장에서 휘트머를 납치한다는 계획이었다. 위스콘신주의 비밀 장소로 데려가서 반역죄로 재판을 열고 죽일 속셈이었다.

그해 8월과 9월, 그들은 휘트머의 별장을 염탐하면서 공격

* Three Percenters. 〈스리 퍼센터스〉란 미국 독립 전쟁 당시 전체 미국인 가운데 3퍼센트만이 전쟁에 나가 싸웠다는 (부정확한) 추정을 근거로 소수의 애국자임을 자처하는 표현이다.

을 개시할 때 경찰관들의 주의를 분산시키기 위해 근처의 다리를 폭파할 궁리를 했다.[8] 하지만 연방 수사국(FBI)이 음모를 알아냈다. 2020년 초 소셜 미디어에서 이 그룹의 활동을 발견한 뒤 요원들이 온라인으로 침투해서 정보원을 끌어들인 다음, 몸에 무선 마이크를 차고 정보를 수집하게 한 것이었다. 폭스가 예방 조치를 했음에도 9월에 연방 수사국은 1만 3천 쪽이 넘는 암호 처리가 된 문자 메시지에다가 사진, 동영상, 1백 시간이 넘는 분량의 오디오 등을 증거로 확보한 상태였다. 2020년 10월 7일 밤, 요원들이 함정 수사로 접근했다. 무기를 사기로 약속한 장소에 나온 음모자 몇 명이 그 자리에서 체포되었다. 연방 수사국은 백색 판매점 지하실을 급습했고 다른 10여 곳에서도 수색 영장을 집행했다. 폭스를 포함한 열네 명이 테러 행위, 음모, 불법 무기 소지 등의 혐의로 연행되었다.[9] 한편 백색 판매점의 주인은 이 사태가 도무지 믿기지 않았다. 그는 몰려든 기자들에게 하소연했다. 「폭스가 민병대 소속인 건 알았지만 주지사 납치 계획을 꾸미는 민병대원은 많지 않아요. 그러니까 나 좀 괴롭히지 말라고요.」[10]

체포 직후에 나온 뉴스 보도는 납치 음모자들이 진짜로 노린 목표가 무엇인지에 집중되었다. 민주당과 공화당을 막론하고 미시간주의 정치 지도자들은 음모를 비난했지만, 도널드 트럼프Donald Trump 대통령은 휘트머를 비판하면서 그녀가 주지사로서 〈형편없이 업무를 수행했다〉고 트윗을 날렸다.[11] 한편 폭스 자신은 그룹을 결성한 동기를 숨김없이 밝혔다. 연방 수사국의 녹음 기록에 따르면, 폭스는 휘트머를 재판에 붙여 처형함으로써 다른 사람들도 비슷한 공격에 나서도록 고무하기 위해서 그런 일을 벌인 것이었다. 이제 혁명의 시간이 무르익었고, 그와 동료들은 사회의 붕괴를 유발하고자 했다. 그는 한 정보원에게 이렇게 말했다. 「이봐, 나는 단지 세계를 불태우려는 거야. 우리가 세계를 되찾으려면 일단 불을 질러야지.」[12]

2020년 가을 휘트머 납치 음모 뉴스를 처음 접했을 때, 나는 두려운 마음이 들긴 했지만 전혀 놀라지는 않았다. 수십 년 동안 내가 글을 쓰면서 탐구한 행동 양상에 들어맞는 일이었기 때문이다. 지난 75년간 수백 차례의 내전이 벌어졌는데, 그중 많은 수가 소름 끼칠 정도로 비슷한 방식으로 시작되었다. 학자이자 내전 전문가인 나는 요르단강 서안과 북아일랜드, 콜롬비아에서 각각 하마스Hamas 성원과 전(前) 신페인당 당원, 전 콜롬비아 무장 혁명군 대원을 인터뷰한 바 있다. 시리아 내전이 최고조에 달했을 때 골란고원 정상에 서서 시리아를 응시한 적도 있으며, 군부가 로버트 무가베Robert Mugabe에 맞서 쿠데타를 계획할 당시에 짐바브웨 곳곳을 차로 누비기도 했다. 미얀마 군부에 미행을 당하고 심문을 받기도 했고, 이스라엘 군인의 기관총에 겨냥을 당한 경험도 있다.

　내가 내전 연구를 시작하던 1990년에는 참고할 만한 데이터가 무척 드물었다. 에스파냐, 그리스, 나이지리아, 심지어 19세기 미국에서 벌어진 내전에 관해 학자들이 쓴 많은 책을 읽었지만, 나라와 시간을 가로질러 되풀이되는 공통된 요소들을 살펴보는 연구는 거의 없었다. 모두들 자기 나라에서 벌어진 내전이 독특하다고 생각했기 때문에 아무도 내전이 발발한 장소와 상관없이 거듭해서 등장하는 위험 요인에 주목하지 않았다.

하지만 몇 년 만에 우리의 지식이 확대되었다. 냉전이 끝나면서 지구 곳곳에서 내전이 분출하고 있었다. 세계 각지의 학자들이 이런 충돌의 다양한 측면에 관한 데이터 — 수많은 데이터 — 를 수집하기 시작했다. 그중 가장 큰 규모의 데이터 수집 프로젝트는 현재 스웨덴 웁살라 대학교에 소재해 있다. 이 프로젝트는 노르웨이의 오슬로 평화 연구소Peace Research Institute Oslo와 공동으로 만든 것으로, 수년간 스웨덴 연구 협회Swedish Research Council, 스웨덴 은행 300주년 재단Bank of Sweden Tercentenary Foundation, 스웨덴 국제 개발 협력청Swedish International Development Cooperation Agency, 노르웨이 정부, 세계은행 등으로부터 재정 지원을 받고 있다. 세심한 훈련을 받은 연구자들이 여러 나라의 전문가 네트워크와 협력해서 데이터를 수집한다. 현재 누구든 수십 가지 양질의 데이터 모음 — 3중 검토를 거친 결과물 — 을 볼 수 있다. 내전이 어떻게 시작되고, 얼마나 오래 지속되며, 사망자는 몇 명이고, 왜 내전을 벌이는지에 관한 데이터다. 학자들은 이 데이터를 이용해서, 언제 어디서 내전이 발발할지를 예측하는 데 도움을 주는 내전의 양상과 위험 요인을 밝혀냈다. 우리가 과거에서 살펴본 양상을 감안했을 때, 미래에 어떤 일이 일어날 것으로 예측할 수 있을까? 이로써 세계를 완전히 새롭게 이해할 수 있는 길이 열린 셈이다.

2010년 『미국 정치학 저널American Journal of Political Science』에 발표된 한 논문에 눈길이 갔다.[13] 연구 팀이 작성한 논문은 이른바 정치 불안정 연구단Political Instability Task Force 소속의 연구자들이 내놓은 연구를 주로 다룬 것이었다. 그들은 1994년 미국 정부의 요청을 받아 모인 학자들과 데이터 분석가들이었는데,[14] 그 전문가들은 세계 각지의 내전 데이터를 수집해서 불안정이 발생할 가능성이 가장 높은 지역을 예측할 수 있는 모델을 구축해 낸 바 있었다.

연구자들이 내전을 예측할 수 있다는 아이디어는 혁명적인 것이었다. 그리하여 2017년 정치 불안정 연구단에 들어오라는 요청을 받았을 때 나는 전혀 망설이지 않았다. 그 후 나는 거의 5년 동안 다른 학자들과 분석가들과 함께 모임을 가지고 학술회의에 참석하면서, 세계 각지의 정치적 변동성 — 시리아의 붕괴 가능성, 아프리카 독재자들의 미래 — 을 연구하고 데이터의 예측 가능성을 한층 정교하게 다듬는 방법을 내놓았다. 우리가 염두에 둔 목표는 다른 나라들에서 일어나는 폭력과 불안정 사태를 예측해서 미국의 대응 태세를 향상시키는 것이었다.

그런데 이 연구를 하면서 무언가 신경 쓰이는 일이 있었다. 우리가 다른 지역에서 확인한 불안정 경고 징후가 지난 10년간 우리 나라에서 목격하기 시작한 징후들과 똑같았던 것이다. 내가 랜싱에서 벌어진 사태, 그리고 2021년 1월 의사당 습격 사건을 보면서 엄청난 공포를 느낀 것은 이런 이유 때문이다. 나는 내전이 어떻게 시작되는지를 여러 차례 보았고, 사람들이 놓치는 징후들을 안다. 그리고 이런 징후들이 바로 이 나라에서 놀랍도록 빠른 속도로 나타나고 있음을 목도하고 있다.

2020년 미시간주에서 한 무리의 백인 민족주의 반정부 민병대들이 꾸민 음모는 그런 징후들 가운데 하나다. 21세기의 내전은 과거에 벌어진 내전들과 뚜렷하게 다르다. 광대한 전장, 군대, 전통적인 전술 등은 사라진 지 오래다. 오늘날 내전에서는 주로 서로 다른 종족, 종교 집단, 즉 종종 민간인을 표적으로 삼는 게릴라 병사와 민병대가 싸움을 벌인다. 미시간주에서 일어난 소요 사태를 자세히 들여다보면 바로 이런 요소들이 두드러진다. 미시간주는 인종과 지리의 구분선을 따라 극명하게 나뉜다. 주요 도시인 디트로이트와 플린트는 아프리카계 미국인이 압도적으로 많은 반면, 농촌 지역은 백인이 95퍼센트를 차지한다. 주의 경제가 쇠퇴하면서 특히 농촌 주민들 사이에서 극심해진 개인적 불만이 분노와 원한, 급진화로 이어지고 있다. 미시간주에는 또한 강한 반정부 문화와 나란히 미국 주들 가운데 가장 많은 수의 민병대가 존재해서 언제든 무력을 휘두를 수 있는 집단이 즐비하다.[15] 내전을 선동하려는 거의 첫 번째 시도가 이곳에서 일어난 것도 놀랄 일은 아니다.

극우 극단주의자 그룹이 꾸민 납치 시도가 내전이 임박했다는 징후라고 말한다면, 독자는 말도 안 되는 소리라고 여길지 모른다. 하지만 현대의 내전은 바로 이런 자경단원들에서 시작된다. 무장한 전투원들이 사람들에게 직접 폭력을 행사하면서 시작되는 것이다. 민병대는 오늘날 세계 곳곳에서 벌어지는 충돌을 규정하는 특징이다.

시리아에서 반정부 반란자들은 반군들과 풀려난 수감자들이 뒤죽박죽된 세력으로, 폭력적 극단주의 단체 이슬람 국가(IS)와 나란히 싸우고 있다. 시리아 최대의 초기 반란 세력 — 자유 시리아군Free Syrian Army — 도 중앙에서 지휘하는 조직이라기보다는 느슨하게 연결된 소규모 그룹 수백 개가 뒤섞인 집단이었다.[16] 우크라이나에서 진행되고 있는 내전에서는 산적, 군벌, 민간 군사기업, 외국 용병, 정규 반군 등이 싸우고 있다.* 아프가니스탄과 예멘도 사정은 마찬가지다. 위계가 있고 공식 군복을 갖추어 입은 단일한 전투 부대가 전통적인 무기들을 들고 싸우던 시대는 이제 끝났다.

오늘날의 반란 집단은 게릴라전과 조직적 테러에 의존한다. 저격수가 지붕 위에서 총을 쏘고, 사제 폭탄을 택배로 보내거나 트럭에서 폭발시키거나 길가에 감춰 둔다. 이런 집단은 정부군 병사보다는 야당 지도자나 언론인, 신입 경찰을 암살할 가능성이 높다. 이라크 알카에다alQaeda 지도자 아부 무사브 알자르카위Abu Musab al-Zarqawi는 이라크 내전 당시 시아파가 장악한 정부에 협력하는 이들을 죽이기 위한 자살 폭탄 공격을 지휘했다. ISIS 지도자 아부 바크르 알바그다디Abu Bakr al-Baghdadi도 이라크 정부를 공격하는 데 대규모 차량 폭탄 공격을 사용했다. 하마스가 이스라엘을 상대로 구사하는 주요 전술은 일상 활동을 위해 외출한 이스라엘 일반 시민을 표적으로 삼는 것이다.**

대다수의 미국인은 자국에서 다시 내전이 벌어지는 상황을 상상하지 못한다. 미국인들은 우리의 민주주의가 회복력이 탄탄

---

* 2022년 2월 24일, 블라디미르 푸틴 러시아 대통령이 우크라이나의 비무장화, 비나치화, 돈바스 지역의 주민 보호 등의 명분을 내걸고 우크라이나를 침공해 러시아-우크라이나 전쟁이 벌어졌다. 이 전쟁은 2024년 말 현재까지 3년째 계속되고 있다.

** 2023년 10월 7일 하마스의 알카삼 여단이 선전 포고도 없이 가자 지구에서 이스라엘 국경을 넘어 대대적인 공격을 벌였다. 알아크사 홍수 작전이라고 부르는 이 공격으로 약 1,200명의 이스라엘인 — 대다수가 민간인이다 — 이 목숨을 잃었고, 240명이 인질로 잡혀갔다. 이스라엘이 곧바로 반격에 나서면서 이스라엘-하마스 전쟁이 발발했다. 민간인이 대부분인 4만여 명이 사망한 지금도 전쟁은 계속되고 있다.

하고 확고하기 때문에 충돌로 빠져들 리 없다고 생각한다. 또는 미국은 너무 부유한 선진국이라 자멸적 내전에 휘말릴 수 없다고 믿는다. 설사 반란이 벌어지더라도 강력한 정부가 곧바로 진압에 나설 것이기 때문에 반란 세력이 성공할 가능성이 전혀 없다고 여긴다. 미국인들은 휘트머 납치 음모나 심지어 연방 의사당 습격도 극히 드문 사건으로 치부한다. 폭력적 극단주의자들이 모인 소규모 그룹이 벌인 좌절한 행동으로 분류할 뿐이다. 하지만 내전이 어떻게 시작되는지를 알지 못하기 때문에 이렇게 쉽게 판단하는 것이다.

오늘날의 미국에서 언제라도 내전이 발발할 수 있음을 이해하려면 현대의 내전을 발생시키고 규정하는 조건을 제대로 알아야 한다. 이 책을 쓰게 된 목적이 바로 이것이다. 내전은 예측 가능한 방식으로 불이 붙고 확대된다. 일종의 각본에 따라 벌어지는 것이다. 보스니아나 우크라이나, 이라크, 시리아, 북아일랜드, 이스라엘 등 어느 나라를 보더라도 똑같은 양상이 나타난다. 나는 이런 양상을 탐구하고자 한다. 내전이 어디서 시작되고, 누가 시작하며, 어떤 사건이 방아쇠가 되는지를 검토해 볼 예정이다.

또한 내전을 어떻게 **중단시킬** 수 있는지도 살펴볼 것이다. 갑자기 충돌이 일어나려면 마치 바람이 모여서 폭풍이 되는 것처럼 여러 변수가 쌓여야 한다. 나는 미국에서 두 번째 내전이 일어날 수도 있다는 사실에 점차 불안을 느끼고 있었다. 그리하여 우리가 시민으로서 이런 돌풍과 강풍을 누그러뜨리는 일에 관해 전문가들에게 무엇을 배울 수 있는지 개인적으로 점점 몰두하게 되었다.

어쩌면 우리는 너무도 오랫동안 언제나 평화가 지배할 것이라고 믿어 왔는지도 모른다. 우리의 제도는 흔들림이 없고, 우리 국가는 예외적이라고 말이다. 하지만 또한 우리는 우리가 누리는 민주주의를 당연한 것으로 여겨서는 안 된다고, 시민으로서 우리가 가진 힘을 알아야 한다고 배웠다.

조 바이든Joe Biden 대통령을 끌어내리기를 바라는 극우 극단주의자들이 자행한 2021년 1월 6일의 의사당 습격이나, 전 지구적 팬데믹이 한창일 때 벌어진 마스크의 정치 쟁점화 같은 몇몇 위험이 곧바로 감지되었다. 하지만 더 심층적인 힘들이 작용하고 있으며, 그런 힘들 또한 기꺼이 인정해야 한다. 지난 10년간 미국은 경제와 정치의 힘에서 지각 변동이 일어났다. 인구 통계가 바뀌고, 불평등이 점점 심해지고 있다. 각종 제도는 약해졌고, 일부 특권 세력들의 이익에 부합하게끔 조작되었다. 미국 시민들은 점점 방송이나 유튜브, 정부에 속한 선동가들의 포로가 되고 있다. 세계 곳곳의 민주주의 나라들에서도 비슷한 상황이 펼쳐지는 중이다.

그리고 우리가 불법 이민자 행렬과 〈캔슬 컬처〉*를 둘러싸고 분주하게 싸움을 벌이는 가운데 폭력적인 극단적 집단, 특히 극우파가 힘을 키우고 있다. 2008년 이래, 미국에서 극단주의와 관련된 사망자의 70퍼센트 이상이 극우파나 백인 우월주의 운동과 관련된 사람들의 소행이었다.[17] 이런 세력의 성장을 쉽게 감지하지 못할 수도 있다. 극단주의자들은 대개 은밀하게 서서히 조

* cancel culture. 자신과 생각이 다른 사람들의 SNS 폴로를 〈취소〉한다는 뜻으로, 소셜 미디어를 통해 부추겨지는 편협하고 배타적인 문화를 가리킨다.

직하기 때문이다. 멕시코의 사파티스타Zapatista가 열두 명으로 늘어나는 데 3년이 걸렸고, 스리랑카의 타밀족 10대 서른 명이 타밀 호랑이Tamil Tigers를 결성하는 데 6년이 넘게 걸렸다.[18] 알카에다 지도자들은 수년간 말리의 사막에서 부족들과 은신한 뒤에야 그곳에서 일어난 반란에 가세했다. 하지만 이제 곳곳에 증거가 넘쳐 나는 듯 보인다. 미국인들은 이제 더는 집회에 모인 무장한 남자들이나 항의 시위에 결집한 준군사 집단을 보고 놀라지 않는다. 펜실베이니아주의 편의점에서 남부 연합 깃발을 팔거나 가는 파란색 선과 갖가지 휘장이 들어간 성조기*를 목격하는 것도 흔한 일상이 되었다. 바야흐로 우리는 로마 숫자 Ⅲ을 둘러싼 원형의 별**이나 발크노트***, 켈트 십자가 같은 자동차 번호판 스티커가 순진무구한 것이 아님을 깨닫기 시작하고 있다. 이 형상들을 내세우는 미국 극우파 전투 단체들이 점점 모습을 드러내고 목소리를 높이면서 위협하는 중이다.

미국은 특별한 나라이지만, 나처럼 제2차 세계 대전이 끝난 뒤 발발한 수백 건의 내전을 연구하다 보면 미국이라고 해서 내전에 면역력이 있는 것은 아님을 깨닫게 될 것이다. 이 나라에서도 분노와 원한, 경쟁자를 지배하려는 열망이 존재한다. 여기에서도 우리는 생활 방식을 지키기 위해 정치권력을 놓고 싸운다. 미국에

* 가는 파란색 선은 〈흑인의 생명도 소중하다Black Lives Matter〉 운동에 맞서 벌어진 〈경찰관의 목숨도 소중하다Blue Lives Matter〉 운동에서 내건 변형된 성조기의 상징이다. 흑백으로 바꾼 성조기 가운데에 가는 파란색 선을 넣은 모양이다.
** 스리 퍼센터스의 상징. 보통 성조기의 파란색 부분에 이 문양을 그려 넣는다.
*** Valknot. 삼각형 세 개가 겹쳐진 형상으로 북유럽 신화의 오딘의 상징. 강력한 힘을 의미한다.

서도 우리는 위협감을 느끼면 총을 구매한다. 따라서 다른 데로 눈길을 돌리거나 〈아냐, 이곳에서는 절대 그런 일이 벌어지지 않아〉라고 말하는 목소리에서 위안을 찾고 싶은 순간에도 나는 정치학에서 배운 모든 것에 관해 생각한다. 우리 앞에 놓인 사실들에 관해 생각한다.

그리고 베리나 코바츠와 만나 정치적 폭력에 관해, 이 폭력이 어떻게 사람들에게 스며드는지에 관한 이야기를 나눈 시간에 관해 생각한다. 베리나는 사라예보에서 어린 시절을 보냈다. 민병대들이 산악과 교외에서 조직을 이루기 시작하고, 예전 동료들이 점점 자신을 종족적 비방의 표적으로 삼을 때, 베리나는 계속 출근을 하고 결혼식에 참석하고 주말에 쉬면서 모든 것이 좋아질 것이라고 주문을 외곤 했다. 하지만 1992년 3월 어느 늦은 저녁, 태어난 지 몇 주밖에 안 된 아들과 집에 있는데 갑자기 전기가 나갔다. 〈그러고는 느닷없이 기관총 소리가 들렸다.〉[19]

차례

1
아노크라시의 위협

2003년 3월 19일 미군이 처음 이라크를 공격했을 때, 누르는 바그다드의 고등학교 2학년생이었다. 열세 살이었을 때 누르는 국가 지도자 사담 후세인Saddam Hussein이 텔레비전에 나와 미국 대통령 조지 W. 부시George W. Bush가 전쟁을 위협한다고 비난하는 모습을 보았고, 가족들이 저녁을 먹으면서 미국이 침공할지 모른다고 이야기하는 것을 들은 적이 있었다. 누르는 전형적인 10대소녀였다. 브리트니 스피어스Britney Spears와 백스트리트 보이스Backstreet Boys, 크리스티나 아길레라Christina Aguilera를 좋아했다. 자유 시간이면 텔레비전으로 오프라 윈프리Oprah Winfrey와 닥터 필Dr. Phil을 보았고, 영화 「매트릭스The Matrix」를 좋아했다. 미군이 바그다드에 들어오는 일은 상상도 할 수 없었다. 이따금 사는 것이 힘들긴 해도 친구들과 놀러 다니고, 공원으로 산책을 가고, 동물원에서 좋아하는 동물을 보는 것이 낙인 도시였다. 누르에게는 미군의 존재가 그저 비현실적으로 느껴졌다.

하지만 2주 뒤 누르가 사는 동네에 미군이 나타났다. 오후 늦은 시간에 비행기 소리가 들렸고 이내 여기저기에서 폭발음이 들리기 시작했다. 어머니와 형제들을 따라 지붕 위로 올라간 누르의 눈에 전혀 예상치 못한 광경이 펼쳐졌다. 하늘을 올려다보니 장갑차 여러 대가 낙하산에 매달려 내려오고 있었다. 「무슨 영화 같았어요.」 며칠 뒤 미군 병사들이 집 앞 도로를 따라 걸어왔고, 누르는 그들을 보려고 현관으로 달려갔다. 이웃들도 현관 앞에 나와서 미소를 띠고 있었다. 병사들도 미소로 답하면서 누구든 나서는 사람이 있으면 대화를 나누고 싶어 했다. 「모두들 기쁜 마음이었어요. 갑자기 자유를 얻게 됐으니까요.」 누르가 그때 기억을 떠올렸다. 그로부터 일주일도 지나지 않은 4월 9일, 이라크 사람들이 바그다드 중부 피르도스 광장에 몰려들어 거대한 후세인 동상에 밧줄을 던지고는 미군 병사들의 도움을 받아 동상을 쓰러뜨렸다. 누르는 속으로 생각했다. 〈그래, 이제 새로운 삶을 살 수 있어. 더 나은 삶을.〉

　　후세인 치하의 삶은 녹록지 않았다. 누르의 아버지는 공무원이었지만, 이라크 국민들이 대개 그렇듯이 항상 돈에 쪼들렸다. 1980년대 후세인이 이란을 상대로 벌인 전쟁이 실패로 끝난 뒤 이라크는 가난과 채무에 시달렸고, 1990년 쿠웨이트를 침공한 뒤 국제 사회의 경제 제재를 받아 상황이 더욱 악화되었다. 누르 가족도 이라크의 많은 가구처럼 걷잡을 수 없는 인플레이션과 보건 의료 체계 붕괴, 식료품과 의약품 부족 사태 등에 시달렸다. 또한 공포 속에 살아야 했다. 정치 이야기를 하거나 정부를 비판하는 것이 금지되었다. 국민들은 담벼락에도 귀가 있다고 믿게 되었고, 후세인의 보안군은 감시를 멈추지 않았다. 후세인은 24년의 통치 기간 동안 적과 경쟁자를 잔인하게 억눌렀다. 대통령이나 측근, 바트당을 비판하면 최대 사형에 처해질 수 있었다. 비판적 언론인은 처형당하거나 어쩔 수 없이 망명길에 올라야 했다. 일부 반체제 인사들이 투옥되었고, 다른 이들은 감쪽같이 실종되었다. 죄수들이 어떻게 고문을 당하는지 — 눈알이 도려내지고, 성기에 전기 고문을 당했다 — 그러고 나서 어떻게 살해되는지 — 교수형이나 참수형, 총살형에 처했다 — 에 관해 소문이 퍼졌다.

하지만 이제 미국인들이 왔으며, 이라크 시민들이 후세인 동상을 끌어내리고 8개월 뒤 미군이 후세인의 고향 티크리트 근처에서 약 2.4미터 깊이의 구덩이에 숨어 있는 겁먹은 독재자를 발견했다. 꾀죄죄하고 멍한 모습이었다. 미국인들이 책임을 맡게 되자 대다수 국민은 이라크가 다시 태어나고 자신들도 서구 나라들에 맞먹는 자유와 기회를 경험하게 되리라고 믿었다. 진정한 민주주의를 경험하는 것을 꿈꾸었다. 군부, 그리고 아마 사법부도 개혁되고, 부패가 끝장날 것이었다. 석유 수익을 비롯한 부는 더욱 공평하게 분배될 것이었다. 누르와 그의 가족은 독립적 신문과 위성 방송에 환호했다. 후세인 군대의 장군 출신인 나즘 알자부리 Najm al-Jabouri는 이렇게 말했다. 「우리도 자유를 누리고 유럽처럼 될 거라고 생각했습니다.」[2] 하지만 잘못된 생각이었다.

후세인이 생포되었을 때, 민주화를 탐구하는 연구자들은 축하하지 않았다. 민주화, 특히 심각하게 분열된 나라에서 급속하게 이루어지는 민주화는 엄청난 불안정을 야기할 수 있다. 실제로 변화가 급진적이고 급속할수록 안정을 해칠 가능성이 높다. 미국과 영국은 자신들을 환영하는 주민들에게 자유를 안겨 주고 있다고 생각했다. 하지만 실상은 내전이 벌어지기 딱 좋은 조건을 안겨 주려는 참이었다.

이라크는 종족, 종교에 따라 정치적 경쟁이 극심한 나라였다. 북부에 사는 대규모 소수 종족인 쿠르드족은 오랫동안 후세인에 맞서 자치권을 얻기 위해 싸웠다. 스스로 통치하도록 내버려두기를 원했다. 이라크 인구의 60퍼센트 이상을 차지하는 시아파는 수니파인 후세인과 역시 수니파가 주류인 바트당의 통치를 받는 것에 분노했다. 수십 년간 후세인은 종교나 종파에 상관없이 공직을 맡으려면 바트당에 가입할 것을 요구하는 식으로 수니파로 정부 직책을 채우고 또한 나머지 국민들은 잔인한 보안군을 앞세워 탄압함으로써, 소수 종파의 권력을 굳힐 수 있었다.

고작 침공 두 달 반 만에 이라크인들은 경쟁하는 몇몇 종파적 파벌로 뭉쳤다. 미국 정부가 두 차례 내린 치명적 결정이 어느 정도 역할을 했다. 미국의 이라크 임시 정부 수반 폴 브리머Paul Bremer는 이라크에 신속하게 민주주의를 도입하기 위해 바트당을 불법화하고 후세인 정부에서 일한 모든 관리 — 거의 전부 수니파 — 는 영원히 권력에서 배제할 것을 지시했다.[3] 그러고는 이라크군을 해체함으로써 수니파 수십만 명을 집으로 돌려보냈다.

새로운 정부를 채 세우기도 전에 갑자기 바트당 관리 수만 명이 권력에서 밀려났다.[4] 이라크군에 속했던 35만여 명의 장교와 병사들이 순식간에 실업자가 되었다. 일자리를 얻기 위해 바트당에 가입했던 교사들을 비롯해서 평범한 이라크인 8만 5천여 명이 직업을 잃었다. 수니파인 누르는 나라 전체가 충격에 사로잡혔던 때를 기억한다.

하지만 후세인 치하에서 권력에서 배제되었던 사람들은 기회를 포착했다. 망명을 끝내고 돌아온 시아파 반정부 인사 누리

알말리키Nouri al-Maliki나 이라크를 이슬람 체제로 변신시키려는 급진 시아파 성직자 무끄타다 알사드르Muqtada al-Sadr 같은 인물들 사이에서 곧바로 정치적 이전투구가 벌어졌다. 원래 미국은 수니파, 시아파, 쿠르드족 간의 권력 분점 합의를 중재하고 싶어 했지만, 이내 인구 구성에 따라 시아파가 다수를 차지하는 정부를 원하는 알말리키의 요구를 묵인했다. 누르에게 그 결과는 민주주의가 아니었다. 권력 장악에 뒤이은 혼돈 상태였다.

이라크의 일반 국민들, 특히 수니파는 걱정하기 시작했다. 다수를 차지하는 시아파가 정부를 장악하면, 소수인 수니파를 공격하는 것을 어떻게 막을 수 있을까? 자신들에게도 일자리를 주거나 막대한 석유 수입을 공유하려는 유인이 있을까? 후세인이 과거에 저지른 범죄에 대해 보복하는 것을 어떻게 막을 수 있을까? 전 바트당 지도자나 정보기관 간부, 군 장교 등과 나란히 수니파 부족장들도 새로운 민주주의에서 조금이라도 권력을 유지하려면 신속하게 행동해야 한다는 사실을 금세 깨달았다. 일찍이 2003년 여름부터 초기 반군 조직들이 속속 결성되고 있었다.[5] 그들은 수니파 도시와 수니파가 지배하는 농촌 지역에서 손쉽게 신병을 끌어모았다. 그곳 시민들은 점차 정치적, 경제적으로 분노를 느꼈기 때문이다. 어느 수니파 시민은 이렇게 말했다. 「우리는 권력에 아주 가까이 있었습니다. 그때는 꿈이 있었죠. 그런데 지금은 패배자 신세예요. 직책이나 지위, 가족의 안전과 안정을 모두 잃어버렸죠.」[6]

수니파 반군은 처음에는 미군 병력을 추격하지 않았다(미군 또한 무장이 철저했다). 대신에 반군은 손쉬운 표적에 공격을 집중했다. 미국인들을 돕는 개인들과 단체들이었다. 새로 구성된 이라크 보안군에 입대한 시아파, 시아파 정치인, 유엔을 비롯한 국제기구 등이 표적이었다. 반군의 목표는 미국 점령에 대한 지지를 줄이거나 근절하고 미군을 고립시키는 것이었다. 그런 다음에야 반군은 미군 병력을 공격하기 시작했다. 값싸게 만들 수 있으면서도 위력이 강한 폭탄들을 주요 보급로에 심어 둔 것이다. 후세인이 생포되는 2003년 12월 무렵이면 이미 게릴라전이 발발한 상태였다.

2004년 4월 시아파 파벌들이 권력 경쟁을 시작하면서 전투가 확대되었다.[7] 가장 악명 높은 세력은 알사드르가 이끄는 시아파 민병대였는데, 그는 미국 점령에 대한 시아파 민족주의자들의 분노를 등에 업고 지지를 얻었다. 그는 또한 미국인들이 철수를 확신하도록 미국의 연합국들과 군대들을 표적으로 삼았다. 이라크의 첫 번째 총선이 치러진 2005년 1월에 이르면, 수니파가 기껏해야 정부에서 부차적인 역할만 하게 될 것임이 분명했다. 일부는 미국이 개입해서 헌법을 강화하거나 알말리키를 억제하기를 기대했다. 하지만 미국은 이미 이라크에 장기간 얽히는 것을 걱정하게 된 터라 거의 개입하지 않았다. 연합군을 겨냥한 폭력 행위가 계속 고조되면서 이라크인들 사이의 싸움도 확대되었다. 이라크인들은 수십 개의 지역 및 종교 민병대로 분열된 채 나라를 장악하려고 다투었다. 많은 이가 지역 주민들의 지지를 얻고 외국 경쟁자들에게서 돈과 무기를 받았다. 「사우디아라비아는 수니파 민병대를 지원했고, 이란은 시아파 민병대를 지원했어요. 그리고 무끄타다 알사드르는 스스로 홍보에 나섰죠. 각지의 사람들이 편을 먹기 시작했습니다.」[8] 누르가 그때 기억을 떠올렸다.

　얼마 지나지 않아 누르는 집 밖으로 나가거나 동네 가게까지 걸어가는 것도 위험해졌다. 경쟁하는 민병대들이 영역을 차지하기 위해 싸웠고, 저격수들이 자리를 잡고서 아무 행인에게나 총을 쏘았다. 길가에 설치된 폭탄과 군 검문소가 피할 수 없는 일상이 되었다. 누르가 주말이면 친구들과 놀러 가던 동물원에서는 동물들이 굶어 죽거나 필사적으로 식량을 찾아 헤매게 된 사람들에게 잡아먹혔다.[9] 누르와 그의 가족은 어떻게 해야 할지 알지 못했다. 처음에는 더 안전한 친척 동네로 도망쳤고, 뒤이어 2007년에는 아예 바그다드를 떠났다. 도시는 안전하지 않았기 때문이다. 버스를 타고 다마스쿠스로 향했는데, 적어도 한동안은 그곳 생활에 만족했다. 결국 시리아의 거리도 내전의 혼돈과 유혈 사태로 가득하게 되리라는 것을 그때는 알지 못했다.

　미군은 불과 몇 달 만에 후세인을 권좌에서 끌어내리고 이라크를 민주주의로 나아가는 경로에 올려놓았었다. 하지만 거의 그만큼 빠르게 이라크는 내전 상태에 빠졌고, 잔인하기 짝이 없는 내전이 10년 이상 지속될 터였다. 독재자의 동상이 쓰러진 것처럼, 누르의 희망—새로운 목소리, 새로운 권리, 새로운 꿈에 대한 희망—도 모두 산산조각이 났다.

지난 1백 년간 세계는 인류 역사상 가장 거대하게 자유와 정치적 권리가 확대되는 것을 경험했다. 1900년에 민주주의 국가는 거의 존재하지 않았다. 하지만 1948년에 이르면 세계 각국 지도자들은 세계 인권 선언을 받아들였고, 유엔 회원국 거의 전부가 이 선언에 서명했다.[10] 세계 인권 선언에 따르면, 모든 사람이 정부에 참여할 권리, 표현과 종교와 평화적인 집회의 자유라는 권리를 누렸고, 성별과 언어, 인종, 피부색, 종교, 타고난 지위, 정치적 견해와 상관없이 이런 권리를 부여받았다. 오늘날 전 세계 국가의 약 60퍼센트가 민주주의 국가다.[11]

자유 민주주의 국가의 시민들은 민주주의가 아닌 나라에서 사는 사람들보다 더 많은 정치권과 시민권을 누린다. 그들은 상대적으로 국가 정치에 많이 참여하고, 차별과 억압으로부터 보호를 받으며, 국가 자원의 큰 비율을 받는다. 또한 독재 치하에서 사는 사람들보다 더 행복하고 부유하며, 교육 수준이 높고 대체로 기대 수명도 높다. 난민들이 중동과 중앙아시아, 아프리카의 억압적 나라들에서 도망쳐 위험을 무릅쓰고 유럽으로 향하는 것은 이 때문이다. 그리고 이라크를 침공한 뒤 부시 대통령이 미국이 〈중동 한복판에 자유로운 이라크〉를 세워서 〈전 지구적인 민주주의 혁명〉을 고무할 것이라고 자신만만하게 선언한 것도 이 때문이다.[12]

민주주의 거버넌스에는 또 다른 커다란 이점이 있다. 완전한 민주주의는 동료 시민들이나 다른 민주주의 국가들의 시민들을 상대로 전쟁을 벌일 가능성이 낮다. 민주주의가 어떤 형태를 띠는지를 놓고 사람들 사이에 의견이 갈릴 수 있다. 민주주의를 세우려면 합의와 타협이 필요하다는 데 좌절할 수도 있다. 하지만 민주주의와 독재 중 하나를 선택해야 한다면 대다수 사람이 기꺼이 민주주의를 고를 것이다.[13]

그렇지만 민주주의로 가는 **길**은 위험한 길이다. 세계 곳곳의 학자들이 내전에 관한 데이터를 수집하기 시작한 1990년대 초에 흥미로운 상관관계가 발견되었다. 제2차 세계 대전이 끝난 직후인 1946년 이래, 민주주의 국가의 수가 급증했다. 그런데 내전의 수효 또한 급등했다.[14] 민주주의 국가와 내전이 나란히 늘어나는 것 같았다. 민주화의 첫 번째 물결은 1870년에 시작되었다. 미국을 비롯한 중앙아메리카와 남아메리카의 많은 나라에서 시민들이 정치 개혁을 요구하기 시작한 때였다. (흑인들은 남북 전쟁 이후 재건기에 일시적으로 더 많은 권리를 얻기는 했지만, 1960년대까지 미국 민주주의에서 완전한 참여자가 아니었다.) 두 번째 물결은 패전국들과 탈식민 국가들이 나름의 민주주의 정부를 세우려고 나선 제2차 세계 대전 직후에 일어났다. 세 번째 물결은 1970년대와 1980년대, 1990년대에 동아시아와 라틴 아메리카, 남유럽과 동유럽을 관통했는데, 이 시기에 30여 개국이 민주주의로 이행했다. 가장 최근의 물결은 2003년 미국의 이라크 침공으로 고조되기 시작해서 〈아랍의 봄〉이 중동과 북아프리카 전역에서 확산되는 가운데 힘을 얻는 듯 보였다.

내전도 민주주의와 나란히 증가했다.[15] 1870년에는 내전을 겪은 나라가 거의 없었지만, 1992년에 이르면 50개국 이상이 내전을 겪었다.[16] 세르비아인, 크로아티아인, 보슈냐크Bosniak (보스니아 무슬림)가 분열되는 유고슬라비아에서 서로 싸웠다. 알제리에서는 이슬람 반군이 정부에 저항했다. 소말리아와 콩고의 지도자들은 갑자기 여러 무장 집단이 통치에 도전하는 사태에 맞닥뜨렸고, 조지아와 타지키스탄 정부도 마찬가지였다. 얼마 지나지 않아 르완다와 부룬디에서 후투족과 투치족이 서로를 살육하게 된다. 1990년대 초에 이르자 세계 곳곳에서 벌어지는 내전의 숫자는 근대사에서 최고점에 달했다.

다시 말해, 적어도 지금까지는 말이다. 2019년 우리는 새로운 고점에 다다랐다.[17]

어떤 나라가 내전을 겪게 될지 여부를 예측하는 가장 좋은 지표는 그 나라가 민주주의를 향해, 또는 민주주의에서 벗어나 움직이고 있는지 여부다.[18] 그렇다, 민주주의가 중요하다. 한 나라가 험난한 이행 과정을 거치지 않고 완전한 독재에서 완전한 민주주의로 옮겨 가는 경우는 거의 없다. 국가 지도자의 민주화 시도에는 종종 중대한 퇴보나 유사 독재적인 중간 구간의 정체가 포함된다. 그리고 시민들이 완전한 민주주의를 획득하는 데 성공한다 할지라도 정부가 언제나 민주주의를 유지하는 것은 아니다. 독재자 지망자가 권리와 자유를 조금씩 갉아먹고 권력을 집중하면서 민주주의가 쇠퇴할 수 있다. 헝가리는 1990년에 완전한 민주주의 국가가 되었지만, 오르반 빅토르Orbán Viktor 총리가 서서히 체계적으로 민주주의를 독재로 몰아갔다. 대개 바로 이런 중간 구간에서 내전이 일어난다.[19]

전문가들은 이런 중간 구간을 통과하는 나라를 〈아노크라시 anocracy〉라고 부른다. 완전한 독재autocracy도, 민주주의democracy도 아닌 중간 상태를 가리킨다.[20] 1974년 노스웨스턴 대학교의 테드 로버트 거Ted Robert Gurr 교수가 전 세계 각국 정부의 민주적 특성과 독재적 특성에 관한 데이터를 수집한 뒤 만들어 낸 신조어다. 그전에 거가 이끄는 연구 팀은 이런 혼성 체제를 어떻게 부를지를 놓고 토론을 했는데, 이따금 〈이행transitional〉 체제라는 용어를 사용하다가 〈아노크라시〉로 부르기로 결정했다. 이 체제에서 시민들은 민주적 통치의 요소들 중 일부 — 완전한 투표권 등 — 를 누리지만, 광범위한 권위주의적 권한을 지니고 견제와 균형을 거의 받지 않는 지도자 밑에서 살아간다.

내전 전문가들은 오래전부터 아노크라시와 내전의 관계를 알고 있었다. 2003년 부시 대통령이 이라크를 독재에서 민주주의로 순식간에 변신시키려 한 결정에 우리가 그토록 비판적이었던 것도 이 때문이다. 우리는 이라크의 대대적인 정치적 이행이 오히려 내전을 촉발시킬 가능성이 높다는 사실을 알고 있었다. 전문가들은 지난 세기 내내 세계 곳곳에서 이런 양상이 되풀이되는 광경을 보았다. 1991년 유고슬라비아가 민주화되기 시작한 직후에 세르비아인들은 크로아티아인들을 상대로 전쟁을 벌였다. 1930년대 에스파냐에서도 똑같은 상황이 펼쳐졌다.[21] 에스파냐 시민들은 첫 번째 민주 선거를 치른 뒤인 1931년 6월에 처음으로 민주주의를 맛보았다. 그로부터 5년 뒤 군부가 나라를 장악하기 위해 쿠데타를 일으키자 에스파냐 시민들은 봉기했다. 르완다의 민주화 계획 또한 후투족이 투치족을 상대로 제노사이드를 벌이는 촉매가 되었다. 오늘날 — 이라크, 리비아, 시리아, 예멘 등지에서 — 맹위를 떨치는 최대 규모의 내전들이 민주화 시도에서 탄생한 것도 우연의 일치가 아니다.

각국을 민주주의나 독재, 아노크라시로 분류하는 일은 쉽지 않은 작업이다. 연구자들은 세계 각지에 존재하는 정부 유형과 그 유형이 시간에 따라 어떻게 바뀌는지에 관한 자세한 정보를 수집하느라 수십 년을 보냈다. 각각 다른 변수들을 측정하는 몇 가지 거대한 데이터 모음이 존재하지만, 대다수의 분쟁 연구자는 민주주의와 정치적 폭력에 관한 연구와 양적 분석을 지원하는 비영리 기구인 체제 평화 센터Center for Systemic Peace의 정치체 평가 프로젝트Polity Project가 수집한 데이터 모음dataset을 주로 활용한다. 거가 시작한 이 프로젝트는 현재 그의 옛 동료인 몬티 마셜Monty Marshall이 지휘한다. 이 데이터 모음이 유용한 이유는 오랜 역사적 시간 단위를 기준으로 많은 나라를 아우르며, 또한 한 나라의 거버넌스 체계를 통계 분석에 맞게 수량화하려는 최초의 시도로 손꼽히기 때문이다.[22]

이 데이터 모음에서 가장 영향력 있는 측정치는 정치체 점수Polity Score인데, 이 점수는 한 나라가 어떤 해에 얼마나 민주적이거나 독재적인지를 수치화한 것이다. -10점(가장 독재적임)부터 +10점(가장 민주적임)까지 총 21단계로 구분된다. +6점에서 +10점 사이의 점수를 받은 나라는 완전한 민주주의로 간주된다. 가령 어떤 나라가 +10점을 받으면, 그 나라에서 치러진 총선이 자유롭고 공정하고 어떤 사회 집단도 정치에서 체계적으로 배제되지 않으며, 주요 정당들이 안정되고 대규모 유권자층에 기반을 둔다고 입증된 셈이다. 노르웨이, 뉴질랜드, 덴마크, 캐나다—그리고 최근까지 미국— 등이 모두 +10점을 받았다.

그 반대쪽 끝에는 독재 국가들이 있다. -6점에서 -10점 사이의 점수를 받은 나라는 독재 국가로 간주된다. -10점을 받는 북한, 사우디아라비아, 바레인 등의 나라는 시민들에게 지도자를 선택할 기회를 전혀 주지 않으며, 지도자들이 마음 내키는 대로 통치하게 허용한다.

민주주의와 독재의 중간에 자리한 아노크라시는 -5점에서

+5점 사이의 점수를 받는 나라들이다. 그런 나라의 시민들은 민주적 통치의 일부 요소—아마 선거—를 누리지만 또한 많은 권위주의적 권한을 지닌 대통령이 존재한다. 퍼리드 저카리아Fareed Zakaria는 이런 유형의 정부를 〈비자유 민주주의illiberal democracy〉라고 부른다.[23] 부분적 민주주의, 가짜 민주주의faux democracy, 또는 혼성 체제라고 규정할 수도 있다. 튀르키예는 2014년 레제프 타이이프 에르도안Recep Tayyip Erdoğan 대통령이 사법부와 언론, 선거에 대한 지배력을 강화한 순간 아노크라시 국가가 되었다. 짐바브웨는 2017년 무가베 대통령이 사임한 뒤 민주주의 확대로 나아가는 길에 올라선 듯했지만, 그 후 특히 선거 전후로 폭력 사태가 발생하는 등 예전과 같은 양상의 정치적 억압이 이루어졌다. 이라크는 완전한 민주주의에 다다른 적이 없다. 이 나라 또한 아노크라시다.

　미국 중앙 정보국(CIA)은 1994년에 아노크라시와 폭력의 관계를 처음 발견했다.[24] 앞서 미국 정부는 세계 곳곳의 정치 불안과 무력 충돌이 어디서 벌어질지를—2년 앞서—예측하는 모델을 개발할 것을 중앙 정보국에 요청한 바 있었다. 한 나라가 폭력 사태로 향해 가고 있음을 경고하는 징후는 무엇이었을까? 이를 알면 미국 정부는 그런 징후를 보이는 대부분의 나라를 관찰 대상국 명단에 올릴 수 있었다.

　정치 불안정 연구단은 사회, 경제, 정치 분야의 수십 개 변수—정확히 말하자면, 빈곤, 종족 다양성, 인구 규모, 불평등, 부패 등을 포함한 38개 변수—를 제시하고 이를 하나의 예측 모델에 집어넣었다. 놀랍게도, 예상과 달리 가장 좋은 불안정 예측 지표가 소득 불평등이나 빈곤이 아님을 발견했다. 최고의 불안정 예측 지표는 한 나라의 정치체 점수였고, 아노크라시 상태의 나라가 가장 위험성이 높았다. 아노크라시, 특히 독재적 특징보다 민주적 특징이 더 많은 아노크라시(연구단은 이를 〈부분적 민주주의〉라고 지칭했다)는 정치 불안이나 내전을 겪을 가능성이 독재 정부보다 두 배, 민주 정부보다는 세 배 높았다.[25]

전문가들이 내전 발발에서 중요하다고 생각한 모든 요인이 사실은 중요하지 않았다. 충돌이 일어날 위험이 가장 높은 나라는 가장 가난하거나 가장 불평등한, 또는 종족적, 종교적으로 가장 이질적이거나 심지어 가장 억압적인 곳도 아니었다. 시민들이 총을 집어 들고 싸움을 시작하게 만드는 것은 부분적 민주주의였다. 후세인은 집권 24년 동안 대규모 내전에 맞닥뜨린 적이 없다. 그의 정부가 해체되고 누구나 권력을 차지할 수 있게 된 뒤에야 ─이라크의 정치체 점수가 -9점에서 중간 구간으로 이동한 뒤에야─내전이 폭발했다.

아노크라시는 왜 한 나라를 그와 같은 내전의 위험에 빠뜨리는 것일까? 중간 구간을 헤쳐 나가는 정부들과 시민들을 자세히 살펴보면 어느 정도 통찰력이 생긴다. 아노크라시는 충돌의 잠재력을 악화시킬 수 있는 몇 가지 특징들을 공유하는 경향이 있다.

민주화를 진행 중인 정부는 앞선 체제에 비해 ─정치적, 제도적, 군사적으로─ 허약하다. 독재자와 달리, 아노크라시 지도자는 대개 반정부 세력을 진압하고 충성을 보장할 만큼 충분히 권력이 많거나 무자비하지 못하다. 정부는 또한 종종 지리멸렬하고 내부 분열에 시달리면서 기본적 서비스나 심지어 안전도 제대로 제공하지 못한다. 야당 지도자들이나 심지어 여당 내부 인사들도 개혁 속도에 문제를 제기하거나 저항하는 한편, 새로운 지도자들은 신속하게 시민과 동료 정치인, 군 장성 들의 신임을 얻어야 한다. 이행의 혼돈 속에서 이 지도자들은 종종 실패한다.

이라크의 이행에 관해 내가 물었을 때, 누르는 많은 이라크 사람이 새로운 정부에 불안을 느꼈던 때를 회상했다.[26] 「알말리키가 집권했을 때 무얼 했죠? 아무것도 안 했어요. 모두들 그 사람에 대해 불만을 토로하기 시작했어요. 일자리가 없고, 가족을 먹여 살릴 돈이나 식료품이 없었거든요. 그들은 무얼 하려고 했지요?」 누르의 말이다.

이런 약점들이 내전의 바탕이 된다. 참을성 없는 시민들이나 불만을 품은 군 장교들, 정치적 야심에 찬 누구든지, 새 정부에 맞서 반란을 조직할 이유와 기회를 발견할 수 있기 때문이다. 가령 우간다의 옛 반군 지도자들은 정부의 정보기관이 무능하다는 것을 알고 난 뒤 무력을 조직할 열의가 높아졌다고 인정했다.[27] 자신들의 계획이 발각될 염려가 없음을 알았기 때문에 반란을 일으킬 수 있었다. 소련이 해체된 뒤, 1991년 조지아가 독립국으로 첫 번째 민주 선거를 치렀을 때에도 이런 일이 벌어졌다. 개혁주의자 즈비아드 감사후르디아Zviad Gamsakhurdia가 대통령에 당선되었으나 거의 곧바로 도전에 직면했다.[28] 그가 지나치게 권위주의적이라고 비난하는 반대파와, 정부에서 자신들이 충분히 대표되지 않는다고 불만을 품은 소수 종족 — 오세트인과 압하지야인 — 이 반기를 든 것이다. 이듬해 무장한 야당 지지자들이 쿠데타를 일으커 감사후르디아를 끌어내렸다. 6개월 만에 조지아인과 압하지야인 사이에 폭력적 충돌이 발발한 상태였다. 1993년에 이르러 신생 국가는 내전에 휩싸였다.

반란이 일어나는 주된 이유는 민주주의 이행이 새로운 승자와 패자를 낳는다는 사실이다. 독재에서 벗어나는 과정에서 예전에 권리를 빼앗겼던 시민들이 새로운 권력을 얻는 반면, 한때 특권을 누렸던 사람들은 영향력 상실을 실감한다. 아노크라시에서는 새로운 정부가 종종 허약하고, 법치가 아직 발전하는 중이기 때문에 패자들 — 예전 엘리트층, 야당 지도자, 한때 이득을 누렸던 시민 — 은 정부가 공정할지, 또는 자신들이 보호받을지 확신하지 못한다. 그리하여 미래에 대한 진정한 불안이 조성될 수 있다. 패자들은 지도자의 민주주의 약속을 확신하지 못하며, 자신들의 요구와 권리가 위태롭다고 느낄지 모른다. 미국이 알말리키에게 권력을 양도했을 때 수니파가 바로 이런 상황에 맞닥뜨렸다. 그들은 자신들이 무력해서 다수의 시아파에게 행동을 강제할 수 없다고 제대로 판단했다. 그들의 관점에서 보면, 경쟁자들이 권력을 공고히 하기를 기다리느니 아직 상대적으로 자신들이 힘이 강할 때 싸움을 벌이는 편이 나았다.

그리고 정부가 허약하기 때문에 언제든 사태가 걷잡을 수 없이 확대될 수 있다. 1997년 아시아 금융 위기가 터진 뒤 인도네시아의 권위주의 정치인인 수하르토Suharto 대통령이 어쩔 수 없이 사임했을 때 바로 이런 일이 벌어졌다.[29] 수하르토의 후임자인 바하루딘 유숩 하비비Bacharuddin Jusuf Habibie 부통령은 집권 몇 주 만에 급속한 개혁을 실행했다.[30] 정당 결성을 허용하고 언론 검열을

38

폐지했으며, 정치범을 석방하고 의회와 대통령 모두 자유롭고 공정한 선거를 치른다는 계획을 마련했다. 또한 1999년 1월 27일에 작은 섬 동티모르를 독립시키겠다는 의지를 밝히면서 정부의 입장을 극적으로 뒤집었다.

하지만 이런 개방은 연쇄 반응을 일으켰다. 인도네시아의 다른 불만을 품은 집단들이 이 기회를 틈타 권력을 잡으려고 나섰다. 인도네시아가 점점 이슬람화하는 것에 불만을 품은 말루쿠주의 기독교도 종족 집단인 암본인들이 독립 공화국을 선포했다.[31] 오래전부터 인도네시아의 지배 아래 신음하던 서파푸아인들도 독립을 열망하는 목소리를 높였다. 한편 아체주에서는 활동가들이 만약 동티모르에 자유를 주면 〈아체가 다음 순서가 되지 않을 이유가 전혀 없다〉고 주장했다.[32] 하비비 정부는 개혁을 지속할 수 없었다. 하비비는 통제를 유지하려고 분투하면서 일부 주에서 독립 협상을 중단하고 다른 주들에서는 정부가 단속에 나서는 것을 허용했다. 얼마 지나지 않아 인도네시아는 여러 전선에서 내전에 휩싸였다. 말루쿠주에서는 무슬림과 기독교도가 싸웠고, 동티모르 준군사 집단과 인도네시아 준군사 집단이 충돌했으며, 아체 분리주의자들과 인도네시아 정부도 전투를 벌였다.

신속하고 대담하게 개혁을 시도할수록 내전이 일어날 가능성이 더 높아진다는 것이 민주화의 고통스러운 현실이다. 급속한 체제 변화 — 한 나라의 정치체 점수가 6점 이상 변동하는 것 — 뒤에는 거의 언제나 불안정이 찾아오며, 개혁을 시도하고 처음 2년 안에 내전이 일어날 가능성이 더 높다.[33] 한 예로, 에티오피아에서 최근 일어난 정치적 폭력과 내전 확대는 신속한 민주화 시도가 낳은 결과다.[34] 시위가 2년간 이어진 끝에 2018년 에티오피아 총리 하이을러마리얌 더살런Hailemariam Desalegn이 오로모족인 아비 아머드 알리Abiy Ahmed Ali에게 권력을 이양하는 데 동의하자 최대 종족 집단인 오로모족은 오랜 소망을 이루었다. 아비는 민주주의자들의 희망인 듯 보였다. 자유롭고 공정한 선거를 약속하고, 더 정당하고 포용적인 정치 제도를 도입했으며, 오랫동안 망명 생활을 해온 오로모족들에게 귀국을 권유했다. 아디스아바바 주재 미국 국방 무관에 따르면, 아비가 추진한 개혁은 〈그 어떤 허황된 생각도 뛰어넘는〉 급진적 시도였다.[35]

하지만 귀국한 오로모족 지도자들은 새로운 엘리트 집단을 이루어서 복수에 나섰다. 군이 약한 탓에 군인 출신들이 쉽게 선동을 시작할 수 있었다. 아비는 에티오피아의 행정 구역들에 권력을 재분배함으로써 경쟁하는 종족 집단들이 지역 차원의 영향력을 놓고 다툼을 벌이는 동기를 부추겼다. 불과 5개월 뒤, 폭력 사태가 발발했다. 망명자들의 귀국을 축하하는 오로모족 떠돌이 청년 폭도들이 일으킨 종족 폭력은 결국 수십 명이 사망하고 수천 명이 케냐로 도망치는 결과를 가져왔다. 많은 전문가는 이 충돌에 특히 놀랐다. 어느 에티오피아 분석가의 말을 빌리자면, 〈이 나라에서 그렇게 높은 수준의 민주적 개방〉이 진행되는 가운데 벌어진 사태였기 때문이다.[36] 여기서 문제는 너무 빠르게 개방이 이루어졌다는 것이었다. 오늘날 전면적인 내전이 벌어진 티그라이주에서는 예전 정부 관료들 — 아비에게 숙청된 이들 — 이 최근에 상실한 권력과 영향력을 되찾겠다고 공언하면서 반란을 일으켰다.[37]

하지만 민주화는 가능하다. 민주주의로 가는 길은 아슬아슬하지만, 시간을 충분히 갖고 정치 제도를 점진적으로 발전시킨다면 내전의 위험이 줄어든다. 멕시코는 민주화를 비교적 평화롭게 헤쳐 나갔다.[38] 민주주의 이행은 1982년부터 2000년까지 거의 20년 동안 지속되다가 국민 행동당이 1929년 이래 처음으로 야당으로 대통령 선거에서 승리했다. 민주적 제도가 성숙하는 동안 국가는 여전히 탄탄하게 기능했다. 점진적 개혁은 시민들에게 불확실성을 줄여 주고 집권 엘리트들에게 덜 위협이 되면서 화해의 분위기를 조성하고 품위 있게 권력을 포기할 기회를 제공한다. 그로써 대체로 폭력이 줄어든다.

최근까지 대다수 나라가 결국 위험한 아노크라시 구간에 들어가는 방식은 이라크의 경우처럼 독재를 무너뜨리거나, 대규모 시위가 벌어져서 독재자가 어쩔 수 없이 민주적 개혁을 받아들이는 식이었다. 하지만 거의 반세기 동안 민주화가 진전된 끝에 각국, 특히 신생 민주주의 국가들은 반대 방향으로 움직이기 시작했다. 벨기에나 영국 등 한때 안전한 자유 민주주의였던 나라들도 정치체 점수가 떨어졌다.[39] 2000년 이래 선거를 통해 집권한 민주적 지도자들이 권위주의적 통치를 공고히 하기 시작했다. 내전 전문가들은 다시 한번 걱정하고 있다. 이런 퇴보는 거의 확실하게 중간 구간이 확대될 가능성이 높다는 의미라는 것을 알기 때문이다.

우리는 2015년 법과 정의당이 선거에서 승리한 폴란드에서 이런 결과를 보았다.[40] 대통령과 총리, 부총리는 그 후 법원을 체계적으로 장악하고, 표현의 자유를 제한하고, 정치적 반대파를 집중적으로 공격하고, 선거 관리 위원회를 약화시켰다. 헝가리에서는 오르반 총리가 나라를 유럽 연합(EU) 최초의 비민주적 회원국으로 꾸준히 뒤바꾸고 있다. 정부가 언론을 통제하고, 친민주주의 정당들에 카프카식 규제를 부과하며, 반정부 목소리에 재갈을 물리기 위해 강압적으로 움직인다.[41] 오르반과 여당은 2018년 총선에서 승리를 거두었을지 모르지만, 국제 감시단은 야당이 불공평한 경기장에서 싸웠다고 보고했다.[42] 글로벌 민주주의를 분석하는 또 다른 연구소인 민주주의 다양성 연구소V-Dem Institute*에 따르면,[43] 현재 브라질, 인도, 미국을 비롯한 25개국이 국제적인 독재화 물결에 심각하게 영향받고 있다.[44]

민주주의 국가가 독재 국가로 변신하는 것은 지도자가 독재자를 본받아 국가를 조직하려고 애쓰는 이들처럼 검증되지 않은 허약한 인물이기 때문이 아니라 선출된 지도자들 — 대부분 매우 인기가 높은 이들 — 이 민주주의를 보호하는 안전장치를 무시하려 하기 때문이다.[45] 이런 안전장치에는 대통령에 대한 제약과 입법, 사법, 행정의 견제와 균형, 책임성을 요구하는 자유로운 언론,

* 한 나라의 거버넌스 체계를 측정하는 데이터 모음으로 다음 세 가지가 널리 사용된다. 폴리티 VPolity V, 프리덤 하우스Freedom House, 브이뎀V-Dem이 그것이다. 각 데이터 모음은 나름의 민주주의 정의에 의지하며, 따라서 각기 다른 방식으로 민주주의를 측정한다. 가령 폴리티 V는 각기 다른 유형의 정부와 정치 제도의 내구성에 특별히 관심이 많아서 한 나라의 민주적, 독재적 특징에 주로 초점을 맞춘다. 2014년에 소개된 브이뎀은 세계 곳곳의 다양한 민주주의를 파헤치는 데 열심인데, 민주주의의 다섯 가지 세부적인 차원 — 선거, 참여, 평등주의, 숙의, 자유주의 — 을 아우른다. 프리덤 하우스는 개인의 자유에 주로 초점을 맞추며, 시민의 정치권과 시민 자유(시민권)에 관한 자세한 측정치를 포함한다. 이런 차이에도 불구하고 학자들은 각 데이터 모음에서 나라들을 부호화하는 방식에 대해서 높은 수준의 합의가 존재하며 각각에 포함된 민주주의 측정치에 높은 상관관계가 있음을 발견했다—원주.

공정하고 개방된 정치적 경쟁 등이 있다. 오르반, 에르도안, 블라디미르 푸틴Vladimir Putin, 또는 브라질 대통령 자이르 보우소나루Jair Bolsonaro 같은 독재자 지망자들은 자신의 정치적 목표를 건전한 민주주의의 요구보다 앞세우면서, 일자리, 이민, 안전 등에 관한 시민들의 공포를 이용해서 지지를 확보한다.

그들은 이제까지 존재한 민주주의가 부패와 거짓말, 서투른 경제 및 사회 정책만 늘릴 것이라고 시민들을 설득한다. 그러면서 정치 지도자들의 타협은 아무 효과도 없고 정부는 실패했다고 비난한다. 그들은 〈강한 지도자〉와 〈법질서〉가 필요하다고 시민들을 설득할 수 있으면, 시민들이 나서서 자신들을 뽑아 줄 것임을 안다. 사람들은 종종 좀 더 안전해질 수만 있다면 자유를 포기하기 때문이다. 일단 집권에 성공하면 이 지도자들은 헌법과 선거 제도, 사법부의 약점을 파고들면서 나라를 아노크라시로 추락시킨다. 그들은 대개 법적 방법 — 당파적 인선, 행정 명령, 의회 표결 — 을 사용하기 때문에 다른 정치인들이 막을 수 없거나 막으려 하지 않는 방식으로 권력을 공고히 굳힐 수 있다. 이렇게 독재화가 고조되면 내전의 위험이 더욱 높아진다.

위험이 정점에 달하는 순간은 한가운데 구간 — -1점에서 +1점 사이 — 이다. 정부가 제도적 힘이나 정당성에서 가장 약한 때라고 할 수 있다. 민주화 초기 단계에서는 내전의 위험이 여전히 독재에 비해 낮다. 정치체 점수가 거의 -1점이 될 때까지 내전의 위험성이 급등하지 않는다. 이를테면 한 나라가 -6점에서 출발해서 개혁을 시행하면서 점수가 올라가 민주주의로 나아가는 도중에 있는 바로 그 순간에 내전이 벌어진다. 그 나라가 이 위험한 시기에서 살아남아 훨씬 더 큰 민주적 개혁을 실행할 수 있다면 충돌의 위험성이 급격히 떨어진다.

　민주주의가 쇠퇴하는 경우에 내전의 위험성은 민주주의에서 후퇴하는 바로 그 순간에 높아진다.[46] 민주주의에서 ─ 행정부 제약 완화, 법치 약화, 투표권 약화 등의 결과로 ─ 정치체 점수가 낮아짐에 따라 무력 충돌의 위험성이 꾸준히 높아진다. 이 위험성은 +1점과 −1점 사이에서 정점에 다다른다. 시민들이 독재가 현실화될 가능성에 맞닥뜨리는 것이다. 이 나라가 권위주의를 한층 강화함으로써 이 순간을 넘기면 내전이 벌어질 가능성이 급격히 떨어지며, 경로를 바꾸어서 민주주의를 재건하기도 한다.

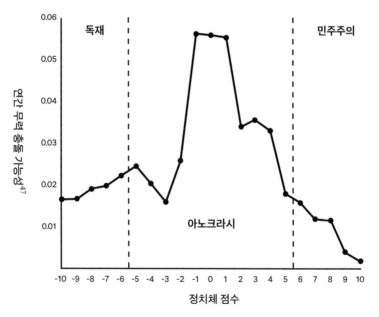

정치체 점수와 내전의 징후(1955년부터 2018년까지)

독재　　　　　　　　　　　　　민주주의

연간 무력 충돌 가능성[47]

아노크라시

정치체 점수

자유 민주주의의 쇠퇴는 새로운 현상이며, 어떤 나라도 전면적인 내전에 빠지지는 않았다. 아직까지는 말이다. 교훈적인 사례는 우크라이나인데, 2013년 이 나라 시민들은 도를 더해 가는 빅토르 야누코비치Viktor Yanukovych의 독재 통치에 항의하기 위해 거리로 몰려나왔다.[48] 우크라이나 친러시아 정당의 대표인 야누코비치는 2010년 대통령 선거에서 승리했다. 부정 선거와 유권자 협박에 관한 고발이 난무한 결선 투표였다. 전임자였던 친유럽 반부패 온건파 대통령이 통치한 5년여 동안 우크라이나의 정치체 점수는 +7점까지 치솟았다. 하지만 야누코비치는 거의 집권하자마자 자신의 권력을 공고히 굳히기 시작했다. 야누코비치는 〈서방〉 —유럽 연합과 유대를 강화하자는 사고— 에 반기를 들고, 그 대신 우크라이나 전역에서 러시아어를 쓰는 유권자들을 옹호했다. 특히 러시아와 유대를 돈독히 다지기를 원하는 동부 지역 유권자들을 치켜세웠다. 러시아어를 쓰는 우크라이나인들에게 그의 독재 성향은 차악이었다. 그들은 반대편의 민주주의자보다 자기편에 선 권위주의자를 원했다. 야누코비치는 정치적 반대파를 조사하고 경쟁자들을 감옥에 집어넣었다. 행정부를 비판하는 언론인들을 단속했다. 자기 당원들로 각료를 채우고, 우크라이나 동부의 근거지인 돈바스 출신 충성파에게 경찰과 세무, 법원의 자리를 내주었다.

야누코비치가 유럽 연합보다 러시아와 경제적 유대를 강화하려는 의도를 선언하자, 시민들 —친유럽 성향을 지닌 서부 지역 출신의 젊은이가 다수인 시민들— 은 이제 더는 못 참겠다고 마음먹었다. 수도에서 이른바 유로마이단Euromaidan 시위(〈유로〉

는 유럽과 연대를 강화하려는 열망을 나타내고, 〈마이단〉은 키이
우의 대표적인 광장이다)가 시작되어 전국 각지로 퍼져 나갔다.
시위대는 키이우에서 레닌 동상을 쓰러뜨리고 경찰과 충돌하면
서 새로 선거를 실시하고, 언론의 자유를 보장하며, 유럽 연합과
유대를 강화할 것을 요구했다. 처음에는 민주주의가 살아난 것처
럼 보였다. 정부 쪽 준군사 부대와 시민들이 격렬하게 충돌하는
등 몇 달간 소요가 이어진 끝에 우크라이나 의회는 대통령 탄핵을
의결했고, 야누코비치는 해외로 도피했다. 2014년 5월 새로 선거
가 치러졌고, 유럽과의 통합을 추구하는 우크라이나계 사업가 페
트로 포로셴코Petro Poroshenko가 대통령에 올랐다. 친서방파 교수
안톤 멜니크는 이렇게 회고했다. 〈우리에게는 새로운 삶의 희망
과 놀라운 연대 의식이 있었습니다.〉[49]

　하지만 이라크 수니파처럼 민주주의를 향해 비틀거리며 나
아가는 나라에서 아노크라시가 패자들을 낳는 것과 마찬가지로,
민주주의를 지키기 위해 분투하는 나라에도 패자들이 존재한다.
우크라이나에서는 야누코비치가 러시아와 연계를 강화한 덕분
에 이득을 본 동부 지역의 미숙련 노동자, 연금 생활자, 마을 주민
들이 이런 패자들이었다. 대부분 1950년대 초반 동부 지역의 탄
광에서 일하려고 러시아에서 이주한 사람들이었다. 그들은 러시
아계였고, 러시아어를 사용했으며, 그들의 일자리는 거의 전적으
로 대러시아 무역에 의존했다. 친유럽파 포로셴코가 집권하자 이
고립 지대는 자신들의 목소리와 우선순위가 무시당할 것이라며
두려워했다. 수니파와 마찬가지로, 동부 우크라이나인들은 시기
를 놓치기 전에 자신들의 이익을 지키기로 결심했다. 야누코비치

가 탄핵되고 몇 주 만에 분리주의 민병대가 자치 국가 — 루한스크와 도네츠크 인민 공화국 — 를 선포하고는 영토를 지키기 위해 신속하게 무기를 확보했다.[50] 이 무렵이면 우크라이나의 정치체 점수는 이미 +4점으로 급락했다. 내전 위험에 가까워지고 있었다.

우크라이나에서 이루어진 민주주의의 쇠퇴는 허약하고 분열된 정부를 낳았다.[51] 시위대는 반민주적 지도자를 거부했지만, 대통령 권한 대행은 허약했고 의회는 여전히 야누코비치 충성파로 채워져 있었다. 7월에 이르러 통치 연합이 붕괴하자 총리는 여당 의석수 부족으로 계속 통치할 수 없었다. 게다가 의회는 동부 지역과 서부 지역으로 극심하게 분열되어 합의에 이르지 못했고 공무원 — 경찰관, 의사, 교사 — 들에게 급여도 지급하지 못했다. 경쟁하는 정당의 의원들 사이에 주먹 다툼이 벌어지기 시작했다.

우크라이나의 철학자이자 정치학자, 역사학자인 미하일 미나코프Mikhail Minakov는 민주주의가 걷잡을 수 없이 망가지던 순간을 기억했다. 비록 그는 독일에서 살았지만 민병대들이 결성되는 모습을 지켜보았고, 조국으로 가서 우크라이나군에 입대하기로 결심했다. 포로셴코와 우크라이나의 민주주의를 지키기 위해 싸우기로 한 것이다. 3월 3일 키이우에 도착해서 징병 본부로 향한 그는 이미 5백 명이 기다리고 있는 광경을 보았다.[52] 문은 닫혀 있었고, 사람들은 몇 시간째 기다리는 중이었다. 그들은 누군가 나오기를 기대하며 거세게 문을 두드렸다. 오전 10시가 되자 마침내 초급 장교 한 명이 걸어 나왔다. 술에 취한 상태였다. 그가 모든 사람에게 소리쳤다. 「제기랄, 당신들 조국은 당신들이 필요하지 않아.」 그러고는 다들 집으로 돌아가라고 말했다. 처음에 미나코프는 충격을 받았지만 이윽고 장교의 말이 충분히 이해되었다. 순진하게 굴지 말라는 것이었다. 「정부가 존재하지 않았습니다. 국가가 없었어요. …… 헌법이 작동하지 않았고, 정당도, 경찰도 없었습니다. 지자체도 폭파된 상태였습니다.」 미나코프의 말이다. 이윽고 미나코프는 정부가 너무 약해서 제 기능을 하지 못한다는 것을 깨달았다.

야누코비치를 강제로 사임하게 한 것에 맞서 우크라이나 동부에서 몇 주간 시위가 벌어지고 난 뒤인 4월 6일, 친러시아계 활동가들이 동부 지역 군대와 경찰을 장악하고 자동 소총으로 스스로 무장하기 시작했다.[53] 필요하다면 무력을 써서라도 독립을 관철시킬 태세였다. 처음에 정부는 동부의 분리주의자들에 대항할 수 없었다. 20년간 부패와 방치에 시달린 우크라이나 군대는 오합지졸이었다. 하지만 이내 제 발로 징병 본부에 달려온 사람들과 마찬가지로 우크라이나 지원병들이 일종의 준군사 부대를 결성했다. 6월이 되자 러시아가 분리주의자들에게 중화기와 탱크를 보급하는 가운데, 충돌이 재래식 전투로 비화했다. 미나코프가 그때 기억을 떠올리며 말했다. 「순식간에 벌어진 일입니다.」

20세기와 21세기 초를 특징지은 민주화 열풍은 이제 끝났다.[54] 이 열풍은 세계 곳곳의 민주주의 국가 수가 정점에 달한 2006년에 끝났다. 한때 안전하다고 여겨진 프랑스나 코스타리카의 민주주의도 잠식을 겪고 있으며, 모든 사회 집단에 동등한 권리와 자유를 보장해 주지 않은 아이슬란드도 마찬가지다.

하지만 아노크라시로 바뀐 나라가 전부 내전을 겪는 것은 아니다. 싱가포르는 오랫동안 아노크라시 상태이지만 폭력 사태에 빠져든 적이 없다. 이 나라는 중간 구간에서 평화와 안정을 누리고 있다. 체코 공화국이나 리투아니아를 비롯한 다른 나라들은 중간 구간을 빠르게 통과해서 별다른 여파 없이 독재에서 민주주의로 변모한다. 아노크라시로 넘어간 몇몇 민주주의 국가[55]는 베네수엘라의 니콜라스 마두로Nicolás Maduro가 한 것처럼 노골적인 억압에 호소하는 식으로 내전에 저항하고 있다.[56] 마두로는 군경을 동원하고, 지방 선거를 연기하며, 의회를 대체하고 헌법을 개정해서 행정 권력을 확대한다. 다른 나라들은 러시아의 푸틴이나 헝가리의 오르반처럼 점진적이고 교활한 방식을 활용해서 내전을 피하고 있다. 이 지도자들은 민주주의의 겉모습 — 선거와 제한된 개인적 자유 — 을 유지하면서 효과적인 선전과 언론 통제, 때로는 외국인 혐오를 활용해서 인기를 유지한다. 시민들은 반란을 일으키는 대신 지도자들의 통치를 묵인한다.

왜 어떤 나라들은 아노크라시 구간을 안전하게 헤쳐 나가는 반면, 다른 나라들은 혼돈과 폭력의 순환에 빠지는 것일까? 이라크의 이야기는 다시 실마리 하나를 던져 준다. 누르에게 조국에서 내전이 폭발하기 전에 어떤 변화가 있었는지 설명해 달라고 하자, 그녀는 나를 한동안 빤히 바라보았다. 누르는 속내를 드러내지 않는 부드러운 목소리로 쉽게 부서지지 않는 사람 특유의 조용한 확신을 발산했다. 하지만 얼굴에는 슬픔이 가득했다. 「사람들이 시아파인지 수니파인지 물어보기 시작했어요.」[57]

그동안 받아 본 적이 없는 질문이었다. 바그다드에는 시아파 동네나 수니파 동네 같은 것은 없었다. 종족이나 종교가 다른 사람과 결혼할 수 없다는 말도 들어 본 적이 없었다. 누르는 자신이 소수파이거나 혹은 종교가 중요하다고 생각하지 않았다. 친구들이 시아파인지 수니파인지도 알지 못했다. 「그런데 사람들이 공개적으로 그런 질문을 던지기 시작하는 거예요. 당신은 누구인가? 어디 출신인가? 종교가 무엇인가? 나라면 이렇게 말하겠어요. 〈나는 이라크인이에요. 왜 그런 질문을 하는 거죠?〉」 누르가 고개를 저었다.

2
고조되는 파벌 싸움

군복 차림의 남자들이 더없이 소중한 화물이라도 담긴 것처럼 파란색 기차에서 조심스럽게 관을 꺼냈다.[1] 관 속에 누운 이는 전날 세상을 뜬 전 유고슬라비아 대통령 요시프 브로즈 티토Josip Broz Tito였다. 중요한 열차 여행이었다. 유고슬라비아 시민들이 사랑하는 지도자를 애도하는 데 도움을 주기 위해서였다. 모든 이가 존경을 바칠 수 있도록 작은 나라를 구불구불 가로지르는 약 483킬로미터 거리를 여덟 시간 넘게 돌았다. 크로아티아와 슬로베니아 경계에 자리한 산이 많은 자고리예에서는 사람들이 4열 횡대로 줄을 섰다. 그곳은 티토가 태어난 지역이었다. 기차선로를 따라 늘어선 사람들이 빗속에서도 기차가 지나가는 모습을 지켜보았다. 어느 들판에서는 두툼한 검은 옷을 입은 남편을 잃은 여자들이 선 채로 고개를 숙였다.

티토는 시가 애호가였으며, 빳빳한 흰색 군복을 즐겨 입고서는 유고슬라비아를 완벽하게 통제하면서 단합하려는 굳은 의지를 보인 것으로 유명했다. 제2차 세계 대전에서 독일과 이탈리아에 맞서 싸운 영웅이자 이오시프 스탈린Iosif Stalin에 성공적으로 도전한 첫 번째 공산주의자로 추앙을 받았다. 많은 유고슬라비아인의 삶을 향상시키면서 한 세대 만에 그들을 빈곤층에서 중산층으로 끌어올렸다. 파란색 기차가 세르비아 베오그라드로 나아가는 동안 사람들은 유명한 시를 되풀이해 읊었다. 〈티토 동지, 당신이 닦은 길에서 벗어나지 않으리다!〉

1980년 5월 5일 기차가 베오그라드에 도착했다. 수십만 명이 기다리고 있었고, 거리마다 우산을 쓴 사람들의 행렬이 끝이 없었다. 운구하는 이들이 관을 들고 화려하게 장식된 의사당 계단을 조심조심 올랐다. 주검이 정식으로 안치될 곳이었다. 역사상 최대 규모의 국장이 치러지기 전에 유고슬라비아인들은 며칠 동안 애도할 수 있었다. 마거릿 대처Margaret Thatcher도 참석할 예정이었다. 레오니트 브레즈네프Leonid Brezhnev, 야세르 아라파트Yasser Arafat, 월터 먼데일Walter Mondale도 참석할 예정이었다. 사람들의 얼굴에 서린 충격과 슬픔이 모든 것을 말해 주었다. 지구상에서 종족적으로 가장 다양한 나라를 이 사람 혼자서 — 그 방식은 무자비했으나 — 하나로 묶어 주고 있었다.

1953년 티토가 집권했을 때, 유고슬라비아는 여덟 개 민족과 다섯 개 언어, 세 개 종교가 뒤섞인 벅찬 문화적 풍경을 이루고 있었다. 세르비아인과 크로아티아인은 언어가 같지만 다른 알파벳을 사용하고, 슬로베니아인은 전혀 다른 슬라브어를 구사한다. 세르비아인, 크로아티아인, 슬로베니아인은 모두 기독교인이지만, 세르비아인은 주로 동방 정교회인 반면, 슬로베니아인과 크로아티아인은 로마 가톨릭교이다. 각자 다른 종교 지도자들의 인도를 받는다. 보스니아 무슬림들은 종족적으로는 세르비아인, 크로아티아인과 똑같지만, 투르크가 점령한 동안 죽음의 위협을 받으면서 상당수가 이슬람으로 개종했다. 세르비아 내 자치주였던 코소보는 거의 전부 알바니아인인 반면, 또 다른 자치주인 보이보디나는 헝가리인, 루마니아인, 슬로바키아인, 루테니아인이 뒤죽박죽이었다. 『동유럽의 전쟁The War in Eastern Europe』의 저자인 존 리드John Reed는 옛 유고슬라비아 공화국의 일부였던 마케도니아에 대해 〈상상을 뛰어넘을 정도로 끔찍하게 뒤죽박죽인 인종 전시장으로, 튀르키예인, 알바니아인, 세르비아인, 루마니아인, 그리스인, 불가리아인이 …… 전혀 섞이지 않은 채 나란히 살고 있다〉고 묘사했다.[2]

유고슬라비아 사람들이 언제나 평화롭게 지냈던 것은 아니다. 제2차 세계 대전 중에 크로아티아의 초민족주의, 파시스트, 테러리즘 조직 — 우스타셰Ustaše — 이 독일 편에 붙은 덕분에 크로아티아를 통치하게 되었다. 크로아티아 우스타셰의 지도자인 안테 파벨리치Ante Pavelić는 크로아티아에서 비크로아티아인을 모조리 제거하기 위한 잔인한 공식을 세운 과격 민족주의자였다. 「3분의 1은 죽이고, 3분의 1은 크로아티아에서 쫓아내고, 3분의 1은 가톨릭으로 개종시킬 것이다.」[3] 전쟁이 끝날 때까지 우스타셰는 세르비아인 50만~70만 명을 죽이고 유대인과 집시 수만 명도 살해했다.

크로아티아인 아버지와 슬로베니아인 어머니 사이에서 태어난 티토는 유고슬라비아의 이질적인 국민들을 하나로 묶기로 결심했다. 그것이 공산당의 통제를 유지하고 자신의 통치를 견고하게 굳히는 유일한 길이었기 때문이다. 그는 최대 집단인 세르비아인들의 정치권력을 약화할 필요가 있음을 알았다(세르비아는 전쟁 전에 독립국이었다). 그가 내놓은 해법은 유고슬라비아를 여섯 개의 공화국으로 나누는 것이었다. 보스니아 헤르체고비나, 크로아티아, 마케도니아, 몬테네그로, 세르비아, 슬로베니아로 말이다. 각 종족 집단에 지리적 근거지를 부여하면서도, 가장 인구가 많은 세르비아인을 슬로베니아를 제외한 다른 공화국들에 분산시키는 방향으로 경계선을 그었다.[4] 그에 대한 보상으로 세르비아인들은 전국 차원에서 다른 집단에 비해 가장 많은 정치권력을 받았다. 티토는 종족 정체성을 드러낼 때마다 무자비하게 짓밟으면서 〈형제애와 단합〉에 대해 설교했다. 영리한 분할 통치 전략이었다. 하지만 티토가 사망하고 나서 유고슬라비아의 미래는 불투명했다.

거의 곧바로 긴장이 폭발했다.[5] 1981년 코소보에서 알바니아인 학생들이 시위를 벌이면서 코소보가 세르비아 공화국의 일부가 아니라 독자적인 공화국이 되어야 한다고 요구했다. 이 지역에 있는 세르비아의 역사적 장소들이 훼손되었고, 폭력 사태가 일어나 수백 명의 알바니아계 사람들이 사망했다. 한편 유고슬라비아 경제가 붕괴하기 시작했다. 국가 통화인 디나르의 가치가 곤두박질쳤고, 실업률이 20퍼센트에 육박했으며, 인구의 또 다른 20퍼센트가 반실업자가 되었다. 생활 조건이 악화하고 정부 부패의 징후가 점차 명백해지자 공산주의자 연맹당의 정당성이 잠식되었다. 그리하여 비세르비아계가 세르비아계 〈지배 계급〉에게, 〈가진 것이 없는〉 세르비아 공화국이 슬로베니아와 크로아티아 같은 부유한 공화국들에 느끼는 종족적 원한이 커졌다.

세르비아에서는 한 공산당 지도자가 이런 종족 분열을 활용해서 유명세를 얻기로 작정했다. 슬로보단 밀로셰비치Slobodan Milošević였다. 당 지도자들의 지시를 받고 평화를 장려하도록 코소보에 파견된 그는 — 모든 이에게 충격을 안기면서 — 도리어 그 지역에 사는 세르비아계 사람들에게 알바니아의 지배에 저항하도록 돕겠다고 약속했다. 코소보는 중세 시대에 세르비아 왕국의 중심지였다. 세르비아 기독교에서 가장 중요한 기념물과 수도원, 교회가 그곳에 있었다. 세르비아인들은 코소보를 소중한 고국으로 여겼다.[6] 밀로셰비치는 정치적 이데올로기 대신 종족 정체성을 강조하면서 순식간에 세르비아계 시민들, 심지어 반공주의자들의 지지를 얻었다. 이처럼 민족주의를 공공연하게 내세우는 것은 추문을 불러일으켰지만(티토는 그런 태도를 결코 용납하지 않았다), 밀로셰비치는 굴하지 않았다. 이후에도 몇 년간 그는 세르비아인의 권리를 다시 주장하고 나섰다. 세르비아 헌법을 개정해서 코소보의 자치를 훼손하고, 세르비아 지방 지도자들을 자신의 지지자들로 교체했으며, 경찰과 법원뿐만 아니라 언론까지 장악했다. 그러고는 언론을 활용해서 세르비아인이 괴롭힘을 당하고 있으며 힘을 키워야 한다는 메시지를 퍼뜨렸다.

밀로셰비치는 세르비아인들이 — 어쨌든 다수 종족으로서 — 결국 당연히 가져야 하는 대표성과 영향력을 누리는 유고슬라비아를 상상했다. 각 지방 정부에 세르비아 충성파를 둔 그는 이제 연방 차원에서 발언권이 높아졌다. 여덟 표 중 네 표가 세르비아 편이었다. 그는 민족주의 사상을 퍼뜨리기 위해 〈진실을 위한 집회〉를 열었다. 1년에 1백 차례나 실시된 그 집회에 참가한 인원이 5백만 명에 달했다. 또 유고슬라비아의 다른 지역에 사는 세르비아인들에게 권력에 도전할 것을 부추겼다. 1989년 3월 알바니아인들이 정치적 권리를 일부 되찾기 위해 코소보에서 시위를 벌이자, 밀로셰비치는 지역에 주둔한 1만 5천 명의 세르비아군 병력과 탱크에 시위를 진압하라고 명령했다. 살해된 스물두 명은 밀로셰비치에게 〈분리주의자이자 민족주의자〉라는 비난을 받았다. 세르비아인들이 코보소의 경찰과 사법부, 보안 기관을 장악하는 가운데 유고슬라비아 곳곳에서 다른 종족 집단들은 그 모습을 공포에 질린 채 지켜보았다.

  같은 달 중유럽과 동유럽 전역에서 공산주의를 종식하려는 혁명적 물결이 확산되고 있었다. 유고슬라비아에서는 다른 지역 — 크로아티아와 슬로베니아 — 의 지도자들이 나라를 다당제로 전환하고 선거를 치르자고 제안했다. 밀로셰비치는 이런 구상에 반대했다. 대신에 그해 6월, 세르비아와 오스만의 역사적 전투(세르비아 역사에서 핵심적인 사건이다)가 벌어진 6백 주년 기념일에 밀로셰비치는 코소보에서 유고슬라비아 전역에서 몰려온 세르비아인 1백만 명을 앞에 두고 연설을 했다.[7] 그는 〈미래에 패배와 실패, 정체로부터 스스로를 보호할 수 있도록 분열을 없애는〉것이 세르비아인의 의무라고 주장했다. 또 세르비아인이 이제 더이상 타협하거나 패배를 겪지 않을 것이라고 맹세했다. 오스만과 싸운 과거에 귀를 기울이는 사람들에게 이렇게 기억을 상기시켰다. 「6백 년이 지난 지금, 우리는 다시 전투에 휘말리며 전투에 직면하고 있습니다. 무장 전투는 아니지만 그런 상황을 배제할 수는 없습니다.」

  유고슬라비아의 다른 국민들에게 그 메시지는 떠들썩하면

서도 분명했다. 이제 티토의 형제애와 단합은 공식적으로 끝이 났다. 세르비아 민족주의 지도자들은 어떤 대가를 치르더라도 마땅히 자신들의 것이라고 믿는 목표 — 나라 전체를 장악하는 것 — 를 되찾기로 결심했다. 그리고 밀로셰비치는 연설에서 군대 동원을 고려 대상에서 제외하지 않을 것이라고 분명히 밝혔다. 2년 만에 한때 통일을 이루던 유고슬라비아가 폭력적으로 해체되고, 전 세계가 〈종족 청소ethnic cleansing〉라는 용어를 접하게 될 터였다.[8]

내전이 점점 지속적인 문제로 등장하기 시작한 20세기 초, 그 대부분은 이데올로기나 계급에 의해 야기된 것이었다. 1910년 시작된 멕시코 혁명은 권력을 유지하기 위해 싸우는 부유한 지주들과, 개혁을 요구하는 중간 계급 노동자, 농민, 조직화된 막노동자들의 연합 사이에서 벌어진 일련의 무력 투쟁에 집중되었다. 마찬가지로, 노동 계급, 농노, 병사 들이 세계 최초의 사회주의 국가를 창건하기 위해 군주정에 맞서 봉기한 러시아 혁명도 심각한 정치적, 경제적 불평등 때문에 일어났다. 이런 양상은 1927년 중국에서 되풀이되었다. 마오쩌둥(毛澤東)이 이끄는 중국 공산당은 부패하고 권위주의적인 장제스(蔣介石)의 국민당 정부에 맞서 반란을 일으켰다. 1940년대 말 그리스 내전 시기에는 세대를 가르는 충돌로 가족끼리 서로 등을 돌려서 아버지와 아들이 싸움을 벌였다. 한쪽은 군주정에 충성하고, 다른 한쪽은 군주정을 해체하고 공산주의 정부를 세우기 위해 싸웠다. 앞서 벌어진 내전들과 마찬가지로 그리스 내전도 이데올로기를 둘러싼 고전적 전쟁으로, 좌파와 우파 중간에 구분선이 그어졌다.

하지만 20세기 중반을 시작으로 점점 많은 내전이 정치 집단보다는 종족, 종교 집단 간에 벌어졌다. 각자 상대에 대한 지배권을 얻으려는 싸움이었다. 스탠퍼드 대학교의 내전 전문가인 제임스 피어런James Fearon과 데이비드 레이틴David Laitin이 수집한 데이터 모음에 따르면, 제2차 세계 대전이 끝나고 처음 5년간 전체 내전의 53퍼센트가 종족 파벌 사이에 벌어졌다.[9] 냉전이 종식된 뒤에는 전체 내전의 무려 75퍼센트가 이런 유형의 파벌들 사이에 벌어졌다. 시리아, 이라크, 예멘, 아프가니스탄, 우크라이나, 수단, 에티오피아, 르완다, 미얀마, 레바논, 스리랑카 등에서 일어난, 지난 수십 년간 언론의 헤드라인을 장식한 수많은 전쟁을 생각해 보라. 모두 종족이나 종교 구분선을 따라, 흔히 양쪽 모두의 구분선을 따라 갈라진 집단들 사이에 벌어진 것이다.

따라서 내전을 좀 더 체계적으로 연구하기 시작한 연구자들은 폭력의 잠재적 원인, 또는 적어도 근원적인 원천으로 종족에 초점을 맞추었다.[10] 듀크 대학교 교수 도널드 호로위츠Donald Horowitz는 이 주제에 관한 첫 번째 대규모 연구서를 발간하면서 『충돌하는 종족 집단Ethnic Groups in Conflict』이라는 제목을 붙였다. 20세기 내내 서로 싸우는 각기 다른 종족 및 종교 집단의 사례를 하나씩 소개하는 내용이다. 그저 세계를 둘러보기만 하면, 한 나라의 종족 다양성이 전쟁을 야기하는 핵심 요인처럼 보였다. 그중 유고슬라비아는 으뜸가는 사례였다.

하지만 여러 데이터 모음이 등장하면서 이런 이론에 의문이 제기되었다.[11] 종족 파벌들이 내전을 벌이는 한편, 옥스퍼드 대학교의 폴 콜리어Paul Collier, 앙케 회플러Anke Hoeffler나 스탠퍼드 대학교의 피어런, 레이틴 같은 연구자들은 다양한 종족으로 이루어진 나라가 반드시 종족적으로 균일한 나라보다 전쟁이 많이 벌어지는 것이 아님을 발견했다. 당혹스러운 결과였다. 다양성이 중요하지 않다면, 왜 그토록 많은 내전이 종족이나 종교의 구분선을 따라 벌어진 것일까?

그리하여 정치 불안정 연구단은 연구 모델에서 종족을 더 자세하게 측정하기 시작했다. 한 나라에서 종족이나 종교 집단의 **숫자**, 또는 각기 다른 유형의 집단만을 바라보는 대신 〈종족이 어떻게 권력과 연결되는지〉를 살펴본 것이다. 한 나라의 정당들이 종족이나 종교, 인종 구분선을 따라 나뉘는지, 그리고 그 정당들은 서로를 권력에서 배제하려고 하는지를 말이다.

정치 불안정 연구단은 오래전부터 데이터를 수집하고 분석하던 중에 인상적인 양상을 발견했다. 각국의 한 가지 독특한 특징이 정치 불안정 및 폭력과 강한 관계가 있었다. 그것은 〈파벌주의〉라고 명명한 극단적 형태의 정치적 양극화였다. 파벌주의로 분열되는 나라들에는 이데올로기보다는 종족이나 종교, 인종 정체성을 바탕으로 한 정당들이 존재하는데, 이 정당들은 타자를 배제하고 희생시키면서 통치하려고 한다. 구 유고슬라비아 시민들은 정치적 신념에 따라 스스로 조직할 수 있었다. 티토가 장려한 것처럼 공산주의를 중심으로 뭉치거나 자유주의나 코포라티즘 corporatism을 중심으로 합칠 수도 있었다. 그 대신 지도자들은 종족적, 종교적 정체성을 활성화하는 쪽을 택한 뒤 전면적 지배를 추구했다.

이후 5년 동안 정치 불안정 연구단은 이 변수가 타당한지를 확인하기 위해 평가를 거듭했다. 연구단의 지휘자 중 한 명인 마셜은 벤저민 콜Benjamin Cole과 함께 70년 동안 수백 개국의 파벌주의 수준을 연구했다. 두 사람은 〈어떤 나라가 아노크라시 구간에 들어가면, 가장 중대한 내전 경고 징후는 파벌faction의 등장〉임을 발견했다. 마셜은 이렇게 말했다. 「우리는 파벌주의의 모든 상황을 연구했는데, 아노크라시를 제외하면 이것이 가장 강한 변수임을 전적으로 확신합니다.」[12] 두 변수─아노크라시와 파벌주의─가 다른 어떤 것보다도 내전 발발 가능성을 더욱 정확하게 예측해 주었다.

〈파벌화되었다〉고 간주되는 나라들에 존재하는, 정체성에 기반을 둔 정당들은 대개 비타협적이고 유연하지 않다. 정당들 사이의 경계가 엄격해서 치열한 경쟁과 심지어 전투로까지 이어진다. 경쟁하는 집단들은 종종 규모가 비슷하다. 실제로 두 집단 사이에 힘의 균형이 존재할 때 이처럼 치열한 경쟁이 발생한다. 승리나 패배의 결과가 대단히 크기 때문이다. 이 당들은 또한 성격상 인물 중심으로 이루어질 수 있다. 종족적, 종교적 민족주의에 호소해서 권력을 획득하고 유지하는 지배적 인물을 중심으로 돌아가는 것이다. 대개 일관된 정강 정책이 부재하다.

전문가들은 완전히 경쟁적인 체제(5점)에서 완전히 억압된 체제(1점)까지 구분되는 5점 척도를 바탕으로, 한 나라의 파벌주의 수준을 평가한다. 파벌 체제는 3점을 받는다. 이때 한 나라의 파벌주의 점수는 정치체 점수와 연동된다. 어떤 나라가 정치적 경쟁이 약해지면 민주주의도 약해진다. 완전히 경쟁적인 체제는 안정된 비종족적 정당들을 보유한 나라들이다. 이 정당들은 선거에서 정기적으로 경쟁하고, 만약 패배하면 기꺼이 권력을 양도한다. 독일, 스위스, 덴마크, 오스트레일리아, 캐나다, 프랑스는 모두 〈경쟁적인〉 정치 체제로 분류된다. 반대편 극단에 있는 완전히 억압적인 체제는 대단히 권위주의적인 경향이 있다. 경쟁은 불가능하며, 시민들은 원하는 경우에도 파벌을 형성할 능력이 없다. 아마 밀로셰비치가 티토 치하에서 세르비아 민족주의 정당을 세우려고 했다면 탄압을 받았을 것이다. 파벌화된 정치 체제는 중간 구간에 해당한다. 이런 나라에서는 시민들이 정당을 결성할 수 있지만, 적어도 한 당은 오로지 종족이나 종교에 기반을 두며, 이 당이 권력을 잡으면 다른 모든 국민을 희생시키면서 자신들의 지지자 집단을 편애한다. 파벌주의는 정체성에 기반을 둔 완강하고 탐욕적인 정치이며, 종종 전쟁의 전조가 된다.

그 예로 시리아에서 주로 종교 노선 — 시아파, 수니파, 알라위파*, 살라프파 — 으로 분리되어 서로 전쟁을 벌이는 수백 개의 무장 집단을 생각해 보라. 레바논의 다면적인 내전에서 서로 싸운 파벌들도 마찬가지다. 각 파벌의 성원들은 또한 종교 — 수니파, 시아파, 마론파 기독교인, 드루즈인 — 에 따라 스스로 분리되었다. 모두들 타자를 희생시키면서 정치권력을 손에 넣으려고 했다. 조지아와 로디지아를 비롯한 다른 나라들은 경쟁하는 종족 집단에 의해 무력 충돌에 빠졌다. 조지아에서는 조지아인, 오세트인,

* 9세기에 시아파 12이맘파에서 갈라져 나온 부족 및 종파 집단. 시리아 인구의 13퍼센트 정도를 차지하며 시리아 독립 이후 군부를 중심으로 활동하다 하페즈 알아사드Hafez al-Assad가 1970년 쿠데타로 집권한 뒤 종교 집단인 동시에 정치 집단으로 변신했다.

압하지야인이 정치권력을 놓고 싸웠고, 로디지아에서는 쇼나족과 은데벨레족이 소수 백인 정부를 끌어내리기 위해 싸웠다.

전문가들이 발견한 것처럼, 파벌주의는 예측 가능한 방식으로 등장하는 경향이 있다. 특정 집단의 엘리트층과 지지자들이 기회를 감지한다. 아마 정권이 약해지는 순간이나 인구 변동 때문에 불만이나 취약성의 느낌이 고조되는 순간일 것이다. 그 순간 그들은 사람들을 정책의 쟁점을 중심으로 집결시키는 것이 아니라 정체성과 관련된 단어나 상징 — 종교 문구, 역사적 슬로건, 시각적 이미지 — 을 활용함으로써 충성을 부추긴다. 밀로셰비치가 코소보에서 오스만 전투의 기억을 환기시킨 사례가 대표적이다. 이런 언어 구사는 점차 집단의 독자적 성격을 강화하면서 사회에서 긴장을 조성하며, 만약 이 파벌이 집권하면 흔히 지위를 이용해서 경쟁 파벌을 탄압한다. 정당한 법 절차를 잠식하고 공공연한 전투성을 부추긴다. 그리하여 경쟁 집단들 사이에 공포와 불신이 커지면서 긴장이 한층 높아지고, 각 집단이 차이를 해소하기 위해 무력행사를 고려하게 된다.

이윽고 이런 분열이 정치의 장에서도 나타난다. 정당들이 특정한 정책들보다는 종족이나 인종, 종교 정체성을 중심으로 뭉치기 시작한다. 르완다의 후투족과 투치족, 또는 에티오피아의 많은 정당이 그렇게 생겨났다. 지도자들이 추종 세력과 자신들의 미래를 공고하게 굳히는 교활한 방법이다. 정체성에 기반한 정당은 유권자들이 편을 바꾸는 것을 불가능하게 만든다. 자신의 정치적 정체성이 종족이나 종교 정체성에 묶이게 되면 달리 갈 곳이 없어지기 때문이다.

한편 견고해진 파벌의 지지를 받는 정치인들은 자신들과 추종자들에게 이득이 되는 협소한 부족적 의제를 추구할 여지가 생긴다. 정당과 그 지도자들은 포식자 세력이 되어 다른 집단들을 배제하고 희생시키면서 통치하려고 한다. 그들은 타협을 피하면서 시민들이 자신의 신념이 아니라 정체성에 기반해서 행동하거나 투표하도록 유인하는 방향으로 법원 같은 기관들을 조직한다. 유고슬라비아에서 내전이 분출한 것은 크로아티아인과 세르비아인, 보스니아 무슬림이 서로에 대해 내적이고 근원적인 증오를 품었기 때문이 아니다. 내전이 폭발한 원인은 기회주의적 지도자들이 권력을 획득하기 위해 공포와 원한을 활용하면서 중무장한 폭력배들로 이루어진 소규모 집단을 국민들 사이에 풀어놓았기 때문이다.

　　이런 정치적 착취는 사회 전반에 분열을 가중시킬 뿐이다. 미래에 대해 불안을 느끼고, 정부가 과연 충돌을 해결하거나 국민 전체를 위해 일하는지에 관해 신뢰를 잃은 시민들은 결국 가장 당파적인 당을 중심으로 결집한다. 그들의 삶만이 아니라 이익, 생활 방식, 사회가 어떠해야 하는지에 대한 관념을 보호한다고 약속하는 당으로 똘똘 뭉치는 것이다. 정치는 시민들이 나라 전체의 선(善)에 관심을 가지는 제도에서 벗어나 오로지 자기 집단의 성원들에만 관심을 갖는 제도가 된다. 컬럼비아 대학교의 사회학자 안드레아스 비머Andreas Wimmer는 지난 2백 년간 벌어진 5백 건 가까운 내전 —484건 —의 데이터를 분석한 결과, 한 나라에서 이런 유형의 정당이 등장하면 내전이 일어날 가능성이 두 배 가까이 높아진다는 사실을 발견했다.[13] 그리고 어떤 나라가 당시에 아노크

라시 상태이면, 불안정해질 가능성이 무려 서른 배 높아졌다.[14]

전문가들은 한 나라에서 적어도 한 파벌이 **초파벌**superfaction이 되면, 전쟁의 가능성이 한층 높아짐을 발견했다.[15] 초파벌이란 종족이나 인종 정체성만이 아니라 종교와 계급, 지리적 위치까지 공유하는 성원들로 이루어진 집단이다. 실제로 한 집단이 이질적인 경우보다 전쟁이 벌어질 가능성이 열두 배 가까이 높아졌다. 초파벌은 종족 집단이 함께 움직이다가 특정한 지역에 정착하는 경우에 형성되는 경향이 있다. 그런 곳에서는 같은 부류의 사람들끼리만 상호 작용을 하게 되기 때문이다. 제2차 세계 대전 중에 우스타셰의 공격에서 살아남은 다수의 세르비아인이 세르비아계 사람들이 압도적으로 많은 크로아티아 동부의 크라이나로 도망쳤다. 세르비아와 경계를 이루는 지역이었다. 하지만 또한 경제적 자원이 불균등하게, 종종 집권한 집단에게 유리하게 분배되기 때문에 초파벌이 형성된다. 이렇게 생겨난 계급 격차가 종족 및 종교적 차이와 합쳐지는 것이다.

스리랑카에서 이런 일이 벌어졌는데, 타밀족과 싱할라족이 처음에 종족에 따라 나뉘다가 나중에는 종교 — 힌두교와 불교 — 와 지리적 분포에서 극복하기 힘든 차이를 발견했다. 소수 종족인 타밀족은 북부와 동부의 지역에 밀집해 살았다.

타밀 반란자들이 1983년 독립 국가를 세우려는 희망 속에 전쟁을 개시했다. 전문가들은 가장 불안한 나라는 사회가 **두** 개의 지배적 집단으로 분열된 곳임을 알아냈다.[16] 대개 두 집단 중 한 집단이 더 커서 인구의 40~60퍼센트를 차지한다. 이런 비율이 무력 충돌로 이어지기 쉽다.

세르비아인은 유고슬라비아 인구의 약 36퍼센트를 차지했다. 동방 정교회 신자이고 키릴 문자를 사용하며, 지리적으로 농촌 지역에 집중되었고, 대체로 크로아티아인이나 슬로베니아인보다 가난했다. 한편 인구의 약 20퍼센트를 차지하는 크로아티아인은 로마 가톨릭을 믿고 라틴 문자를 사용하며, 연안을 따라 도시에 집중적으로 거주했다. 티토는 정부를 재구조화하고, 지리적 경계를 바꾸고, 종교 기관의 정치 활동을 억압하면서 유고슬라비아에서 그런 초파벌이 형성되는 것을 막았다. 하지만 그가 사망하자 공산주의의 미래만이 아니라 국가 기구를 장악할 인물은 누구인지를 둘러싸고도 불확실성과 경쟁이 생겨났다. 경제 쇠퇴에 직면한 시민들은 티토가 전복하고자 했던 정체성 — 종족, 언어, 알파벳, 종교, 계급, 지리 — 의 층위 안에서 안전을 추구했다. 티토가 사망하고 10년간 세르비아인과 크로아티아인은 점점 눈덩이가 커지듯이 이런 정체성을 활용하면서, 종족과 지리뿐 아니라 종교와 언어, 경제적 지위로도 자신들을 구별했다.

이런 구분은 정치 영역에서 특히 명백해졌다. 밀로셰비치가 코소보에서 연설을 한 지 5개월이 지나고 베를린 장벽이 무너졌고, 그 직후에 집권당인 유고슬라비아 공산주의자 연맹당이 해체했다. 서서히 결집되던 세르비아와 크로아티아의 초파벌이 갑자기 유력해졌다. 밀로셰비치가 역사와 계급, 종교를 중심으로 세르비아인들을 결집시키느라 분주한 동안 크로아티아인들도 적극적으로 민족주의를 탐구했다. 그들은 종족 정체성을 중심으로 정당을 형성했는데, 종족적 민족주의 성향의 크로아티아 민주 연합

당이 가장 두드러진 사례다. 당 지도자 프라뇨 투지만Franjo Tudjman
은 공산주의 강령을 거부하고 크로아티아의 가치를 신봉하는 강
령을 택했다. 그는 〈대(大)크로아티아〉를 호소하면서 크로아티아
인을 위한 독립을 선언함으로써 세르비아의 정치적 지배를 끝장
내겠다고 약속했다. 각 공화국 역사상 최초로 자유로운 다당제 선
거가 치러진 1990년, 유고슬라비아 각지의 시민들은 공산주의
정치인들을 거부하고 종족적 민족주의 후보들에게 집중적으로
투표했다. 세르비아에서는 밀로셰비치가 손쉽게 대통령에 당선
되었다(그는 선거에 관한 생각을 바꾸고 출마했다). 크로아티아에
서는 투지만이 낙승을 거두었다.

투지만과 그의 민주 연합당은 곧바로 자기네 초파벌의 권력
을 확실히 보장하려고 나섰다. 종족적 크로아티아인만 〈유권자〉
로 간주하는 새로운 헌법을 만들어서 크로아티아에 사는 다른 모
든 소수 종족을 사실상 2등 시민으로 끌어내렸다. 크라이나 지역
에 사는 상당수의 세르비아인도 2등 시민으로 추락했다. 투지만
과 민주 연합당 지도자들은 우스타셰 시대에 사용된 상징들이 담
긴 전통적인 크로아티아 국기와 문장(紋章)을 다시 사용했으며,
곧이어 공무원과 경찰직에서 세르비아인들을 해고하기 시작했
다. 애당초 티토의 특별 대우 덕분에 세르비아인들이 자리를 차지
했다는 명분이었다.

이런 명백한 정체성 호소와 약탈적 정책은 크로아티아에 사
는 세르비아인들에게 공포를 일으켰다. 크로아티아 문장 같은 상
징들이 잔인무도한 우스타셰의 기억을 상기시켰을 뿐 아니라 투
지만의 편견은 밀로셰비치가 내내 소리 높여 외친 주장이 사실이

라는 명백한 증거를 제시하는 듯 보였다. 세르비아인들이 위협을 받고 있고, 다른 집단들과의 타협은 위험하다는 주장 말이다. 크로아티아 정체성과 세르비아 정체성 — 더 이상 유고슬라비아인이 아니라 혈통과 언어, 신앙으로 분리되는 두 정체성 — 은 이제 화해가 불가능했다. 세르비아 반란자들이 무장을 갖추고는 밀로셰비치의 지원을 받아 크로아티아 경찰을 공격하면서 크라이나에서 폭력적 충돌이 폭발했다. 1년 뒤인 1991년 6월 크로아티아가 독립을 선포하자, 크라이나에 있는 세르비아계 사람들은 유고슬라비아의 일부로 남기 위해 분리 독립을 하겠다는 의지를 밝혔다. 세르비아계 사람들이 다수를 이루는 국군인 유고슬라비아 인민군은 곧바로 크로아티아의 세르비아계 사람들을 지지하면서 탱크를 앞세워 크로아티아 여러 지역에 진입해 그곳들을 점령한 뒤 비세르비아계 사람들을 쫓아냈다. 두 초파벌이 견고하게 자리를 잡고 서로를 먹이로 삼았다. 전쟁이었다.

초파벌들 사이의 극심한 분열을 극명하게 보여 주는 사례는 아마 크로아티아의 부코바르시를 겨냥한 공격일 것이다.[17] 크로아티아인, 세르비아인, 그 밖의 집단 — 헝가리인, 슬로바키아인, 루테니아인 — 이 뒤섞여 사는 부유한 도시인 부코바르시는 다뉴브강 근처에 세르비아와의 국경을 따라 자리한 지역이었다. 도시 주민들은 제2차 세계 대전 이래 화합을 이루며 살았는데, 경쟁 민병대 간에 총격전이 벌어지자 크로아티아인들과 세르비아인들이 서로를 공격했다. 무장한 민간인들이 지역에 있는 농장과 주택에 총격을 가했다. 크로아티아 경찰은 부코바르 라디오 방송국을 징발했고, 세르비아 민병대는 농촌 곳곳의 교통로를 차단해서 도시를 고립시켰다. 1991년 여름, 세르비아계 사람들이 지배하는 유고슬라비아 인민군이 공세를 강화하면서 도시는 87일간 포위되었다. 제2차 세계 대전 종전 이후에 유럽에서 벌어진 가장 치열한 그 전투에서 매일 1만 2천 발의 로켓과 포탄이 쏟아졌다.

이 공격에서 주목할 만한 점은 크로아티아인들과 세르비아인들이 치열하게 벌인 종족 간 경쟁만이 아니었다. 여러 면에서 초파벌들 사이에서 나타나는 경향이 있는 거대한 단층선을 보여 주었다는 점이 무엇보다 중요하다. 세계화와 기술 혁신의 시대에 더욱 깊어지고 있는 도시와 농촌의 분열이 그것이다. 도시는 점차 다양한 장소가 되는 반면 농촌 지역은 그렇지 않다. 또한 도시 지역은 점점 젊고 자유로우며, 교육 수준이 높고 종교의 힘이 약해진다. 수익성 좋고 역동적인 산업들 — 금융과 정보 기술에서부터 엔터테인먼트에 이르기까지 — 이 점점 도시에 집중됨에 따라 분열은 더욱 악화되기만 한다. 젊은이들이 농촌 사회를 등지고 떠나면 농촌은 교육 수준이 낮은 육체노동자들이 지배하게 된다. 이 사람들은 종종 새로 유입된 이민자들과 경쟁하며 도시 엘리트들이 자기들을 무시한다고 느낀다. 사라예보 시민 즐라트코 디자레비치Dizdarević Zlatko는 도시에서 벌어진 전쟁에 관해 일기에 이렇게 썼다. 〈우리가 계속해서 세르비아인들을 깎아내리는 농담을 한 반면, 그들은 잇따라 산에서 터벅터벅 내려오면서 우리를 증오했다. 우리가 비누와 물, 발을 닦고 깨끗한 양말을 신는 것에 익숙하다는 이유에서였다.〉[18]

따라서 도시인들은 변화와 다문화주의를 쉽게 받아들이지만 농촌 사람들은 안정과 전통을 소중히 여긴다. 대개 도시에 비해 농촌에는 언론 매체가 적기 때문에 정체성 인식이 한층 달라진다. 유고슬라비아에서는 농촌 사람들이 뉴스를 주로 세르비아계 사람들이 장악한 라디오로 접했고, 그런 방송에 노출된 사람들은 극단적인 민족주의 정당을 선호할 가능성이 한층 높았다.[19]

마침내 부코바르시가 함락된 1991년 11월까지, 세르비아 준군사 집단이 최소한 2만 명에 달하는 비세르비아계 사람들을 쫓아냈다.[20] 이 세르비아 민병대들은 주요 도시 바깥에 사는 세르비아인들로 구성되었다. 이 싸움은 사실상 농촌 사람들과 코즈모폴리턴 엘리트들 사이에 벌어진 전투였다. 전 베오그라드 시장의 말마따나 도시의 다문화주의를 겨냥한 공격이었고, 특히 잔인했다. 세르비아 준군사 집단은 크로아티아 여성을 강간했으며, 크로아티아 민간인 2백여 명을 고문, 살해하고 집단 무덤에 매장했다.

크로아티아는 이후로도 4년간 전쟁을 겪는데, 이 과정에서 세르비아계와 크로아티아계 사람들 모두 대규모 추방과 살해를 통해 다른 파벌의 성원들을 크라이나에서 축출하려고 했다. 〈종족 청소〉라는 용어는 몇 달 뒤 보스니아 내전이 벌어지고 나서야 널리 사용되지만, 이미 이때 한 지역 전체의 인구 구성과 정체성을 통제하고 바꾸기 위한 수단으로 자리 잡았다. 크로아티아가 승리할 무렵이면, 크로아티아계 사람들 약 22만 명과 세르비아계 사람들 약 30만 명이 실향민이 되고, 약 2만 명이 사망했다. 곧 이런 양상은 유고슬라비아의 다른 모든 지역에서 되풀이되면서 훨씬 많은 사망자를 낳게 된다.

종족적 민족주의, 그리고 파벌을 통한 표출은 한 나라에서 *스스로*

강화되지 않는다. 한 사회가 정체성 구분선을 따라 분열되려면 대변자가 필요하다. 특정 집단의 이름으로 기꺼이 차별을 호소하고 차별 정책을 추구하려는 사람들 말이다. 그들은 대개 공직에 오르거나 그런 자리를 지키려고 하는 사람들이다. 그들은 자신들의 권력 쟁탈전을 지지할 유권자 집단을 가두려는 방편으로 공포감을 자극하고 부추긴다.

전문가들은 이런 사람들을 가리키는 용어를 만들어 냈다. 〈종족 사업가ethnic entrepreneur〉가 그것이다.[21] 이 용어는 1990년대에 밀로셰비치나 투지만 같은 인물들을 설명하기 위해 처음 사용되었지만, 그 후에 그런 현상은 세계 모든 지역에서 여러 차례 되풀이되고 있다. 이 전쟁 선동가들은 대개 권력을 잃을 위험이 아주 높거나 최근에 잃은 경우가 많다. 자신의 미래를 확보할 다른 경로가 없는 까닭에 그들 — 대부분 전직 공산주의자들 — 은 분열을 냉소적으로 활용해서 다시 통제권을 잡으려고 한다. 그들은 정체성에 기반한 민족주의를 부추겨 폭력과 혼돈의 씨앗을 뿌리면서 연구자들이 말하는 이른바 〈부활을 위한 도박〉 전략을 활용한다. 불리한 상황에서도 대대적인 변화를 자극하기 위한 공세 시도다.[22]

충돌의 촉매는 대개 겉으로는 다른 문제 — 경제, 이민, 종교의 자유 — 이지만, 종족 사업가들은 이 싸움을 자기들이 속한 집단의 사회적 위치와 지위를 둘러싼 것으로 만든다. 흔히 자신들이 통제하는 언론의 힘을 활용해서 그들은 시민들에게 우리가 외집단으로부터 위협받고 있으며 이 위협에 맞서기 위해 자신들을 중심으로 뭉쳐야 한다고 설득한다. 그들은 또한 종종 자극적인 언사를 구사하며 자기 집단의 사람들에게 그들이 우월하고 지배할 〈자격〉이 있다고 설득하려 애쓴다. 1992년 — 내전이 벌어지기 2년 전 — 르완다의 카바야시에서 열린 집회에서 후투족 정치인 레옹 무게세라Léon Mugesera는 바로 이런 식으로 지지자들에게 연설했다. 그는 투치족을 〈바퀴벌레〉라고 칭하면서 〈여러분이 먼저 목을 따지 않으면 그놈들이 당신 목을 딸 것〉이라고 외쳤다.[23] 2012년 수단 대통령 오마르 알바시르Omar Al-Bashir는 아랍인과 아프리카인 사이의 불신을 활용하면서 정치적 경쟁자들을 비슷한 용어로 묘사했다. 「주요 목표는 이 벌레들로부터 해방되는 것이며, 별 문제만 없으면 그들을 한꺼번에 제거해야 합니다.」[24]

정치 상황이 불안해지면 — 민주주의를 향하는, 또는 민주주의에서 벗어나는 정치적 이행기 등 — 흔히 여러 종족 사업가가 동시에 들고일어나서 상대를 도발한다. 정치인들과 언론계 전문가들이 똑같은 절멸주의를 신봉하는 경우처럼 그들은 함께 일할 수 있고, 또는 서로 대립하면서 상대방의 행동과 견해를 분열을 악화시키기 위한 구실로 활용할 수 있다. 초파벌의 경우처럼 정체성의 여러 층위를 더 많이 활용할수록 이런 분열이 더욱 커진다. 흔히 주변부의 소규모 운동으로 출발한 세력이라도 종족 사업가들이 경쟁 파벌의 언어와 역사, 지리와 종교를 공개적으로 의문시함에 따라 점점 더 추동력을 얻는다. 라디오 인터뷰가 연설로 이어지고, 연설은 소셜 미디어 게시물의 입소문으로 이어지며, 입소문은 집회로 이어지고, 집회는 가두 충돌로 이어진다. 공포를 조장하는 언어가 자립성을 갖고 돌아다니며, 종족 사업가들이 경쟁자들의 언어와 행동을 활용해서 자기 지지자들의 신념에 확신과 불길을 불어넣는다.

흥미롭게도, 보통 시민들은 대개 종족 사업가들에 대해 분명히 안다. 이 사람들이 자기들만의 의제를 갖고 있고 전부 진실만 말하지 않는다는 점을 아는 것이다. 크라이나의 많은 세르비아인은 밀로셰비치를 사랑하지 않았다. 그가 불과 몇 년 전만 해도 헌신적인 공산당원이었다는 사실을 알았기 때문에 그를 믿지 않았다. 그들이 볼 때 밀로셰비치는 분명 순수한 사람이 아니라 권력에 굶주린 늑대였다. 밀로셰비치는 민족주의가 정치적 기반을 확보하기 위한 손쉬운 길임을 깨닫고 난 뒤에야 친세르비아 연설에 몰두했다. 하지만 시민들은 — 자기 삶이나 생계, 가족이나 미래에 대해 — 위협이 고조된다고 느끼면 기꺼이 지지를 보내게 된다. 밀로셰비치가 구사하는 언어는 꾸준히 의심의 씨앗을 뿌렸다. 밀로셰비치와 그의 정부는 충성스럽지 않은 언론인들을 숙청한 뒤 폴리티카Politika 출판사를 장악했다. 10여 개 신문사와 라디오 방송국, TV 방송국을 소유한 출판사를 손에 넣은 덕분에, 그는 공포와 의혹의 메시지를 끊임없이 내보내며 독자와 시청자를 끌어들일 수 있었다.[25] 밀로셰비치는 세르비아의 위대한 역사에 호소하면서 시청자들에게 세르비아인들이 과거에 겪은 잔학 행위를 상기시켰다. 크로아티아가 독립을 선언했을 때, 베오그라드의 주요 TV 방송국은 크라이나의 세르비아인들이 처한 상황을 집중적으로 다루었다. 〈크로아티아인들의 암울한 제노사이드 충동〉 앞에서 무기력한 상황에 빠져 있다는 것이었다.[26]

하지만 투지만이 크라이나 — 특히 부코바르시처럼 평화로운 다종족 도시 — 에 사는 세르비아인들의 최악의 공포를 확인시켜 주는 데 조력하지 않았더라면, 아마 밀로셰비치는 그들이 자기를 위해 싸우게 만들지 못했을 것이다. 밀로셰비치와 달리, 투지만은 참된 신봉자였다. 민족주의가 인기를 얻거나 민족주의자가 실제로 등장하기 전인 10년 전에 크로아티아 민족주의자가 되었다. 자그레브 대학교의 역사학 교수였던 그는 크로아티아 민족의 중세적 근원을 미화하고, 홀로코스트가 그렇게 심한 사건이 아니었다고 부정했으며, 우스타셰 체제의 〈긍정적 성과〉를 이야기했다. 1980년대에 티토가 사망한 뒤 미국과 캐나다로 가서 고국에서 민족주의 정당을 건설한다는 명분으로 우스타셰에 동조하는 추방자들과 망명자들에게 자금을 모금했다. 마침내 민주 연합당을 창건했을 때 〈하느님과 크로아티아인〉 같은 슬로건을 받아들였다. 그리고 몸집을 키우는 밀로셰비치의 언론 제국에 맞서기 위해 크로아티아 통신사를 설립했다. 그러고는 그 전파를 통해 크로아티아인들이 〈세르비아인들과 더럽고 까무잡잡한 유고슬라비아 무슬림들〉로부터 해방되어 진짜 본거지인 유럽에 합류해야 한다고 주장했다.

시민들은 만약 아무리 회박할지언정 반대파가 자신들을 말살할 가능성이 있다고 믿게 되면, 아무리 악랄한 사람이더라도 자신들을 보호해 주는 지도자에게 의지하게 마련이다. 투지만이 크로아티아 문장을 채택하고 크로아티아 정부에서 세르비아인들을 숙청하자, 크라이나의 세르비아계 주민들은 이 갑작스러운 사태를 밀로셰비치의 경고가 사실임을 입증하는 증거로 해석했다. 마찬가지로, 밀로셰비치가 세르비아계 사람들이 지배하는 유고슬라비아군에 크로아티아로 이동하라고 명령했을 때, 크로아티아인들은 투지만이 주창한 바와 같이 자신들의 생활 방식이 공격을 받고 있다고 믿게 되었다. 양 파벌 모두 결국 자신들과 문화를 구하려면 폭력만이 유일한 해법이라고 확신하게 되었다.

정체성을 둘러싸고 분열을 부추기는 인물은 정치인만이 아니다. 기업 엘리트(아마 브랜드 충성도를 추구하는), 종교 지도자(신도 확대를 추구하는), 언론인(**자신들의** 시청자, 독자와 수입을 늘리려고 하는) 등 고만고만한 종족 사업가들도 있다. 이 엘리트들 또한 변화하는 사회 속에서 패배할 운명이다. 그리고 구 유고슬라비아에서 크로아티아를 넘어 전쟁을 확대하는 데 기여한 것은 바로 이 하위 네트워크였다.

　부코바르시 같은 곳에서 갑자기 폭력 사태가 발발하자 이웃한 보스니아 헤르체고비나에서 지켜보는 시민들은 자신들 역시 이런 충돌에 휘말릴 것이라고 확신했다. 이 공화국은 인구 조사에서 자신이 〈유고슬라비아인〉이라고 응답하는 사람의 비율이 가장 높았다.[27] 보스니아 수도 사라예보는 현대적인 다채로운 도시로, 크로아티아인, 세르비아인, 보스니아 무슬림이 수십 년간 평화롭게 살고 있었다. 교육 수준이 높고 종족 간 통혼 비율도 높았다. 내전이 발발하기 7년 전인 1984년 사라예보에서 겨울 올림픽이 열리기도 했다.[28]

　당시 사라예보에 살던 베리나는 그때를 이렇게 회상했다. 「크로아티아에서 벌어진 일이 우리한테는 일어나지 않을 거라고 확신했어요.」[29] 베리나는 이제 막 경영 대학을 졸업한 상태였고 남편 다리스 코바츠는 법학을 전공하고 있었다. 세르비아인, 크로아티아인, 보스니아 무슬림은 종교 유산이 달랐지만, 사라예보 사람들은 거의 전부 독실한 신자와는 거리가 멀었다. 베리나와 다리스는 다양한 친구를 사귀면서 흥미로운 직업을 거쳤는데, 그러는 동안 다른 사람의 종족 정체성에 관해 깊이 생각해 본 적이 없었다. 두 사람은 무슬림이었지만, 보스니아에서는 누구나 보스니아어를 썼고, 다들 외모가 엇비슷했다. 「우리는 문화적으로 아주, 아주 가까웠습니다. 차이를 찾는다는 건 우스꽝스러운 일이지요. 우리는 종족상 똑같아요. 보스니아에는 통혼을 하지 않은 집안이 하나도 없어요.」[30] 다리스의 설명이다.

따라서 적대적 종족 정체성이라는 관념을 만들어 낼 필요가 있었다. 바야흐로 보스니아 안팎에서 활동하는 일군의 종족 사업가들이 자기들의 역할을 하려고 나섰다. 방송 전파와 헤드라인, 공적 토론을 지배하는 일이었다. 사라예보에서 다리스와 베리나는 라도반 카라지치Radovan Karadžić가 밀로셰비치의 메시지 — 세르비아인들이 하나의 유고슬라비아에서 함께 살아야 한다는 메시지 — 를 그대로 되풀이하는 것을 듣게 되었다. 신경 정신과 의사 출신으로 보스니아에서 세르비아 민주당을 창건한 그는 이 지역에서 밀로셰비치의 확성기가 되려고 안달이었다. 1990년 11월 선거가 치러질 때, 보스니아 헤르체고비나 시민들은 세 종족의 민족주의 정당 — 무슬림, 크로아티아인, 세르비아인 — 을 중심으로 뭉쳤는데, 어느 당도 타협할 생각이 없었다. 「사람들이 사실을 왜곡하고 바꾸기 시작했습니다. 허위 정보가 너무 많았어요.」[31] 다리스가 그 당시의 기억을 떠올렸다. 1991년 세르비아 팔레 방송사가 사라예보의 송신기를 탈취해서 보스니아 헤르체고비나의 세르비아 지역에 민족주의 뉴스를 송출했다.[32] 뉴스 진행자들은 기도하는 무슬림을 조롱하고 얼굴을 검게 분장하고 나왔으며, 강간 피해자를 웃음거리로 삼고 칼을 치켜들었다. 그리고 사라예보 동물원에서 세르비아계 아이들을 사자의 먹이로 던져 주고 있다는 가짜 뉴스를 퍼뜨렸다.[33]

오래지 않아 보스니아 헤르체고비나 시민들은 보스니아인을 자처하지 않게 되었다. 그 대신 이제 보스니아 세르비아인이나 보스니아 크로아티아인, 보스니아 무슬림으로 나뉘었다. 베리나는 이런 변화를 깨닫게 된 순간을 떠올렸다. 한 친구의 결혼식에서였다. 신부와 다리스의 학교 친구들이 비셰그라드시에서 열린 결혼식에 대거 모였다. 「보스니아에서는 결혼식에서 흔히 〈세브달린카〉라는 전통 민요를 불러요. 오스만 시절부터 전해지는 오랜 사랑 이야기죠. 보통 감정이 풍부하게 담긴 슬픈 노래예요.」[34] 하지만 베리나와 많은 이가 그 노래를 시작하는 순간 다른 친구 —세르비아인—가 갑자기 이렇게 소리를 질렀다고 했다. 「이런 거 그만하지 그래. 이따위 투르크 노래는 이제 됐다고!」

그때 기억을 떠올린 베리나는 목이 메는 듯했다. 「알다시피, 우리는 무슬림이에요. 그런데 우리는 세르비아인이나 크로아티아인하고 같은 종족이에요. 누군가 정말 우리를 심하게 욕하고 싶으면 우리를 튀르키예 사람이라고 말하죠. 우리의 보스니아 정체성과 우리의 뿌리를 없애는 거니까요.」 밀로세비치와 카라지치가 구사하는 언어에서 무슬림은 오스만 지배의 유산이었다. 오스만의 굴레 속에서 세르비아인들은 하등한 대우를 받았고, 토지 소유 허가도 거의 받지 못했다.[35] 해프닝이 벌어진 뒤 결혼식장 전체가 조용해지고 노래도 멈추었다. 그날 밤 차를 타고 집으로 오면서 베리나와 다리스는 마음이 심란했다. 베리나가 그때 기억을 떠올리며 이렇게 말했다. 「사람들이 변하고 있는 게 느껴졌어요.」

그 일로부터 5개월이 지난 1992년 3월, 보스니아 무슬림인 대통령이 보스니아의 독립을 결정하는 국민 투표를 추진했다. 세르비아와 보스니아 양쪽의 세르비아계 정치인들은 그 투표에 격렬하게 반대했다. 보스니아가 세르비아의 지배를 받는 유고슬라비아의 일부로 남기를 원했기 때문이다. 독립에 찬성하는 표가 압도적으로 많았고, 보스니아 지역의 세르비아인 군대와 보스니아 무슬림이 다수인 정부군 사이에 포격과 총격이 벌어졌다. 보스니아의 세르비아계 사람들은 몇 주 만에 ― 유고슬라비아 인민군의 지원을 받아 ― 지역 영토의 거의 70퍼센트를 장악했다. 세르비아 민병대는 수도까지 차지하고자 사라예보 주변의 언덕에 주둔했고, 정치인에서 군사 지도자로 변신한 카라지치의 지도하에 4년간 지속되는 포위전을 개시했다.

그때까지도 유고슬라비아의 종족 사업가들은 활동을 지속하고 있었다. 1992년 5월, 보스니아-크로아티아계 정치인 마테 보반Mate Boban과 카라지치는 ― 투지만과 밀로셰비치의 지원을 받아 ― 보스니아 무슬림을 완전히 배제하고 보스니아를 크로아티아 지역과 세르비아 지역으로 나누기로 합의했다.[36] 당시 보반은 이렇게 해명했다고 한다. 「우리는 그리스도 안에서 형제애로 세르비아인과 묶여 있지만, 5백 년 동안 무슬림들이 우리의 어머니들과 누이들을 유린한 사실을 제외하고는 그들과 아무런 관계가 없습니다.」[37] 이런 약탈적 차별 대우는 잔인한 결과로 이어졌다. 이후 3년간 세르비아인과 크로아티아인은 수천 명의 보스니아 무슬림을 강간하고 학살하고 추방했다. 비셰그라드에서는 남녀노소를 불문한 무슬림 1천5백 명 이상이 일제 연행되어 살해된 뒤 드리나강의 유명한 다리에서 강물로 던져졌다.[38] 다른 이들은 자기 집에서 산 채로 불태워졌다. (전쟁이 시작되었을 때 비셰그라드 주민의 약 63퍼센트가 보스니아 무슬림이었다. 지금은 거의 전부 세르비아인이다.[39])

베리나는 보스니아가 내전에 휩싸였음을 깨달은 순간을 기억한다. 둘째 아들을 출산하고 휴가를 받아 집에 있으면서, 얼마 전 돌보미를 고용한 상태였다. 어느 날 교외 산동네 출신의 젊은 여자인 돌보미가 사라예보 외곽에서 준군사 집단을 보았다고 별일 아닌 듯 말했다. 「식사 준비를 하느라 불을 때고 있더라고요.」[40] 하지만 그들은 군대가 아니라 그냥 자경단이라 겁을 먹지 않았다고도 덧붙였다.

하지만 베리나는 카라지치의 언사를 들은 적이 있었다. 민병대가 무엇을 찾고 있는지 알았다. 몇 주 전 베리나의 출산 축하 파티에서 직장 동료인 사샤가 세르비아 민주당의 당원들로부터 권유를 받아 당에 가입했으며 조만간 무기도 받는다고 설명한 것이다. 「그 사람 말이 믿기지 않았어요. 그 사람 절친이 무슬림이었거든요. 아주 멋진 여자하고 결혼해서 우리랑 거의 같은 때에 아기도 낳았고요. 조만간 일이 터질 거라고 나한테 말해 주려는 거였어요.」 베리나는 그 당시를 회상하며 고개를 저었다.

그로부터 한 달 뒤에 사샤가 살해되었다. 베리나는 어느 친구와 앉아서 이야기를 나누다가 그 소식을 들었다. 슬픔에 빠진 베리나는 울음을 터뜨렸다. 직장 동료와 그의 부인, 신생아가 불쌍했다.「그 사람이 어디서 죽었는지 알아?」한 친구가 화가 난 표정으로 베리나를 보면서 물었다.「바리케이드에서.」베리나는 대답했다.「그래, 그런데 어느 쪽이었을까?」친구가 답을 재촉했다.「세르비아 편이겠지.」베리나 입에서 한숨이 나왔다.「너 제정신이니? 그 사람은 네 남편을 죽일 수도 있는 총을 들고 거기 있었던 거야!」친구가 소리쳤다.

　베리나는 깨달았다.「그쪽 아니면 우리 쪽이었겠지.」그리고 울음을 멈추었다.

초파벌은 점차 안정된 민주주의 사회에서도 위협이 된다. 세계 최대의 민주주의 국가인 인도는 광범위한 빈곤과 문맹, 엄청난 종족 다양성, 발버둥 치는 경제에도 불구하고 50여 년간 성공을 거두었다. 인도에서는 힌두교도가 인구의 절대 다수 — 약 80퍼센트 — 를 차지한다. 무슬림은 14퍼센트를 차지하며, 기독교도, 시크교도, 자이나교도, 불교도, 비종교인이 나머지 6퍼센트를 구성한다. 헌법에서 종교의 자유를 보장하는 엄격한 세속 국가가 다양한 국민들이 비교적 평화롭게 사는 데 도움이 되었다. 하지만 2014년 우파 힌두 민족주의 정당인 인도 인민당이 집권하면서 상황이 바뀌기 시작했다. 경제 악화와 집권 여당인 국민 회의당의 부패에 좌절한 인도인들은 압도적으로 그 변화에 표를 던졌다.

　인도 역사상 30년 만에 처음으로, 2014년 선거에서 단일 정당이 과반수를 차지하게 되었다. 인도 인민당 대표 나렌드라 모디 Narendra Modi가 총리로 지명되었다. 젊은 시절 RSS — 인도인은 전부 힌두 민족에 속해야 한다는 이념에 헌신하는 준군사 조직 ―의 보병으로 복무했던 모디는 곧바로 정체성에 기반한 정치 의제를 끌어안았다. 인도를 배타적인 힌두인의 나라로 만들어야 한다는 인민당의 강경한 구상을 추구하면서 핵심 요직에 극단주의자들을 앉혔다. 인도 최대 주인 우타르프라데시주의 주 총리* 요기 아디티아나트Yogi Adityanath도 그중 하나였다.[41] 무슬림을 〈두 발 달린 짐승 무리〉라고 지칭한 적이 있는 인물이었다. 모디는 계속해서 극단주의자들에게 문화와 교육 기관을 맡겨서 지명을 바꾸고 학교 교과 과정을 통제할 수 있게 했다. 사실상 무슬림을 인도 문화사에서 지워 버리려는 시도였다.[42] 2019년 모디는 인도에서 유일하게 무슬림이 다수를 차지하는 잠무카슈미르주의 특별 지위를 취소했다.[43] 또한 무슬림을 배제하는 인도 시민권 획득 경로를 만들었다.

인도는 세계 곳곳에서 급격히 증가하는 양상에 정확히 들어맞는다. 21세기에 손꼽히는 걱정거리는 민주주의가 쇠퇴한다는 것이 아니라 세계 곳곳에서 몇몇 거대한 민주주의가 쇠퇴한다는 것이다. 이 나라들에서는 한때 정치가 주로 거버넌스 ― 세금, 사회 안전망, 보건 의료, 교육 ―에 관한 각기 다른 전망을 둘러싸고 이루어졌지만, 바야흐로 정치인들과 정당들이 점점 정체성 ― 종교적 견해, 인종적 배경, 도시와 농촌의 가치 ―을 중심으로 뭉치는 중이다. 종족적 민족주의 지도자들이 등장해서 시민들을 세속적인 사회적 이상으로부터 정체성 정치로 끌어당기고 있다. 그들이 급속한 변화와 불확실성의 시대에 하나로 뭉쳐서 자신을 보호

---

* chief minister. 직접 선거로 선출되는 주의 최고 행정 수반.

하려는 인간의 성향을 활용하고 있기 때문에 가능한 일이다. 아노크라시와 파벌화 같은 요인들이 — 예전 독재 국가만이 아니라 약해지는 민주주의 국가에서도 — 증대함에 따라 내전이 발발할 수 있는 나라의 숫자도 늘어난다.

이런 변화가 가장 극명하게 드러나는 분야는 약탈적 정당의 부상이다. 인도에서 모디는 나라 전체를 희생시키면서 힌두인의 이익을 위해 통치하고 있다. 그는 자유롭고 공정한 선거, 표현의 자유, 결사의 자유 등 인도 선거 민주주의의 세 가지 핵심 요소를 공격함으로써 정치권력을 강화한다. 또한 뇌물 수수와 부패 혐의를 날조해서 야당 지도자를 수사, 체포할 수 있는 국가 권한을 활용하고 있다. 모디 정부는 〈가짜 뉴스〉 — 즉 정부에 비판적인 기사 — 를 퍼뜨리는 언론인 블랙리스트를 작성할 계획이라고 공언하고 대규모 집회를 금지하는 법률을 집행하고 있다. 무슬림들과 진보적 힌두교도들이 모디의 시민권법에 항의하기 위해 거리로 몰려나오자, 총리는 군경을 동원해 잔인하게 진압했다.

이 모든 상황에도 불구하고 모디와 인민당의 인기가 높아졌다. 2019년 총선에서는 2014년보다 훨씬 압도적인 과반수 승리를 거두었다. 인도에서 점점 커지는 초파벌을 어떻게 부추기고 활용하는지를 아는 그가 경각심을 조성하기 위해 외부의 위협을 활용하고 민족주의를 부추긴 덕분이다. 뉴델리에서는 한때 무슬림과 힌두교도가 어울려 살았던 지역들이 이제 종교 구분선을 따라 분열되는 중이다. 힌두교도 폭도들이 거리에서 무슬림을 막대기로 두들겨 패는 일이 잦다. 모디의 약속과 달리 재임 중에 경제 상황이 나아지지 않았는데도 — 실업률은 45년 만에 최고치를 기록했는데도[44] — 모디는 특히 상층 카스트 힌두교도들에게, 그리고 힌두교도와 무슬림의 갈등을 경험한 여러 지역의 시민들에게 특히 높은 수준의 지지를 받는다. 모디가 부추기는 듯 보이는 폭력 사태는 온건 성향의 유권자들에게 경각심을 불러일으키고 무슬림에 대한 그의 주장이 진실인 듯 확신을 줌으로써 여당에 도움이 된다. 폭력 사태는 또한 경제로부터 관심을 돌리게 만드는 편리한 구실이 된다.

이런 양상은 세계 곳곳의 민주주의 국가에서 되풀이되고 있다.[45] 브라질에서는 군 대위 출신의 보우소나루가 인종과 계급 때문에 악화된 도시와 농촌의 분열을 등에 업고 2018년 대통령 선거에서 승리했다. 보우소나루는 소요가 들끓는 가운데 승리하기 위해 국민들의 공포에 호소하는 식으로 선거 운동을 개시했다. 인기 있는 전 대통령 루이스 이나시우 룰라 다시우바Luiz Inácio Lula da Silva가 부패 혐의로 유죄 판결을 받고, 경기가 침체하고, 조직폭력배가 벌인 살인 사건이 급증하는 상황이었다. 최신 인구 조사에 따르면, 브라질은 백인이 다수를 차지하던 인구 구조가 바뀌었는데(현재 국민의 약 52퍼센트가 아프리카계, 아시아계, 인디오 원주민, 또는 다인종이다), 보우소나루는 무법천지가 될지 모른다고 을러대며 이런 인종 단층선을 활용했다. 그가 내놓은 제안 하나하나에 소수자에 대한 독설이 담겨 있다. 그는 범죄를 줄인다며 다수의 흑인을 포함해 여러 인종이 섞여 사는 빈민가에 군경을 투입했고, 근무 중에 사람을 죽인 경찰을 지지했고, 원주민 공동체가 거주하는 지역의 토지 개발을 장려했고, 흑인과 토착 종족의 대학 입학 쿼터제를 비난했다. 심지어 브라질에 들어오는 아프리카 난민들을 〈지구의 쓰레기〉라고 비하했다. 이런 전략은 성공을 거두었다. 백인 남성과 부유층의 몰표를 받아 대통령에 당선된 것이다.

보통 시민들에게 종족과 인종 선전은 흔히 딴 속셈이 있는 특이한 과격파가 횡설수설하는 것처럼 느껴질 수 있다. 라디오 토크쇼, 당파적 TV 방송사, 트윗에서 쏟아 내는 이런 비방을 대다수가 단순한 과장이나 오락거리로 치부했다. 카라지치가 보스니아 방송에 나와 〈합법적인 한 민족이 감쪽같이 사라지려 한다〉고 경고했을 때, 사라예보의 주민들은 대개 믿지 못하겠다는 듯 눈을 치켜떴다. 베리나는 이렇게 회상했다. 「우리는 그 사람을 미치광이 정신과 의사이자 광대라고 불렀어요.」[46] 하지만 이 종족 사업가들이 틈새를 벌리려고 하는 단층선은 순식간에 놀랄 정도로 다루기 힘든 문제가 될 수 있다. 깜짝 놀랄 선거 결과나 예상치 못한 정권 장악이 벌어지고 마는 것이다.

다리스는 종종 그 시절에 등장한 온갖 선전과 밀로셰비치가 세르비아인들에게 조장한 경고를 곱씹어 본다. 「그때는 이게 정말 커다란 위험이라는 걸 몰랐습니다. 우리는 그저 선량한 시민으로서 우리가 믿는 바를 따랐을 뿐이에요. 모든 이가 갈라지면서 자기네 집단으로 쏠리고 나서야 이게 며칠이나 몇 달 만에 생긴 일이 아니라는 걸 깨달았지요. 몇 년간 계속 이루어지고 있던 거였어요.」[47] 실제로 시민들이 하룻밤 사이에 협소하고 이기적인 파벌로 조직되는 것은 아니다. 파벌주의가 생겨나고 있는지조차 알아채지 못하는 경우가 많다. 파벌주의가 얼마나 위험할 수 있는지 분명 알지 못한다. 시민들은 자신들이 생존을 확보하고 있고, 새롭게 등장하는 위협에 맞서 자기 가족과 공동체를 지키며, 마땅히 자기들의 것이라고 여기는 것, 즉 자신과 국가를 위한 선을 추구한다고 생각한다.

전쟁이 발발했을 때 다리스와 베리나는 너무도 충격을 받아서 이 충돌이 금방 끝날 것이라고 생각했다. 사라예보에는 2주 동안 전기와 수도가 공급되지 않았기 때문에, 베리나는 두 아기를 데리고 마케도니아에 위치한 오빠네 근처로 거처를 옮겼다. 그저 몇 주 정도 지내다 돌아올 것이라고 예상했기 때문에 옷가지도 거의 챙기지 않았다. 하지만 부부는 그 이후 3년 동안 얼굴을 보지 못했고, 베리나는 사라예보에 다시는 돌아가지 못한다. 1994년 12월 말이 되어서야 미국에서 난민 지위 신청이 승인되었다. 그때가 되면 사라예보에 있는 집을 빼앗겨서 다시는 돌아갈 수 없었다. 1995년 2월 부부는 미국에 도착했다. 스레브레니차와 주변 지역에서 무슬림 남자와 소년 8천 명이 제노사이드에 희생되기 5개월 전이었다.[48]

「믿을 수가 없었죠. 지금도 전쟁이 일어난 게 믿기지 않아요.」[49] 다리스의 말이다. 하지만 외부 관찰자들은 이미 몇 년 전부터 유고슬라비아 붕괴의 위험 신호를 알아챘다. 1990년 10월, 미국 중앙 정보국은 유고슬라비아가 2년 내에 해체될 것이며 내전이 벌어질 가능성이 높다고 예측하는 보고서를 발표했다.[50] 그런 예상을 하게 된 한 가지 이유는 시민들이 각기 다른 종족 파벌로 꾸준히 뭉치고 있다는 사실이었다. 중앙 정보국의 예상은 적중했다. 1년 반 뒤에 대규모 전쟁이 발발했다.

중앙 정보국의 다른 예상도 적중했다. 세르비아인들이 선동자가 된다는 것이었다. 이 보고서는 밀로셰비치와 세르비아 극단주의자들이 폭력 사태의 지휘자가 되며 민족주의를 활용해서 세르비아인들을 결집할 것임을 분명히 밝혔다. 일반 시민들은 내전을 예상하거나 누가 내전을 시작할지 알지 못한다. 실제로 종족 사업가들이 자신들에게서 관심을 돌리기 위해 다른 집단을 비난할 때 대개 보통 시민들은 잘못된 방향을 내다본다. 하지만 내전을 연구하는 전문가들은 어디를 보아야 할지를 안다. 사람들이 가장 의심하는 집단이 아닌 경우가 많다.

3
지위 상실이 가져온 암울한 결과

다투 우드토그 마탈람Datu Udtog Matalam은 무슬림과 가톨릭교인이 섞여 사는 필리핀 남부의 민다나오 중부 지역에서 모든 이의 사랑을 받는 인물이었다. 무슬림들에게 그는 일본군과 맞서 싸운 제2차 세계 대전의 영웅이자 현명한 종교 지도자, 지역민들 사이의 분쟁을 조정하는 공정한 중재자였다.[1] 북부 지역을 떠나 이 지역에 정착한 가톨릭교인들에게 그는 두 집단을 단합하고 평화를 유지하기 위해 헌신한 인물로 유명했다. 누구도 그가 세계에서 가장 오래 지속되는 내전을 개시하는 데 기여할 것이라고 생각하지 않았다.

마탈람은 20세기 전환기에 작은 강변 마을에서 태어났다. 연안의 주도(州都)인 코타바토에서 카누로 이틀 정도 가야 도착할 수 있는 곳이었다.[2] 지역 술탄의 아들인 마탈람은 지도자 자리를 물려받는 무슬림 공동체의 전통에 따라 〈다투(족장)〉가 되었다. 필리핀은 아직 미국 식민지였고, 여느 족장들처럼 마탈람도 지역민들의 전통적 지도자이자 마닐라에 자리한 중앙 정부의 대표자로 일했다. 1914년에는 부관리자 자리에 올라 농촌 사회에서 무슬림 활동을 감독했고, 뒤이어 학교 감독관이 되어 무슬림

아이들이 식민지 학교에 입학하도록 지휘했다. 마탈람은 식민 지배를 받아들인 첫 번째 다투 세대의 일원이었다. 실제로 그는 식민 행정관들에 맞서기보다는 그들과 협력하면서 경력을 쌓았다.

제2차 세계 대전에서 복무한 뒤 마탈람은 열대림이 무성한 민다나오에서 세 번째로 넓은 행정 구역인 코타바토 주지사로 임명되었다. 하지만 그가 강하고 유능한 행정가로 자리를 잡으면서 주 재정을 건전하게 유지하는 동안, 그를 둘러싼 세계가 변화하고 있었다. 과거에는 지역의 원주민인 모로족이 하는 일에 외부인들이 크게 간섭하지 않았다. 인구는 희박했고, 지역민들은 무장이 잘된 험악한 투사들이라고 알려져 있었다. 지역민들을 복종시키기가 쉽지 않았다. 1946년 필리핀은 독립했고, 가톨릭교인들이 점차 북부 지역에서 민다나오로 이주하기 시작했다.[3] 중앙 정부는 이주를 장려했다. 나라 전체에 경제적 이익이 되도록 민다나오의 비옥한 땅을 개발하려 했기 때문이다. 정부는 알짜 농토의 법적 소유권을 가톨릭 정착민들에게 양도했고, 지역 주민들과는 달리 각종 지원도 해주었다. 그 결과 많은 무슬림이 대대로 점유하던 땅에서 물리적으로 쫓겨났다.[4] 수많은 가톨릭교인이 이런 혜택을 등에 업고 민다나오로 이주했고, 1960년에 이르자 민다나오 대부분 지역에서 가톨릭교인의 수가 토착 무슬림보다 많아졌다. 마탈람은 이 과정에 동조하면서 마닐라의 지원을 받는 정치적, 경제적 보상을 누렸다. 한편 새로운 세대의 다투들이 등장했다. 마탈람이나 그 동년배들과 달리 새로운 지도자들은 탈식민 시대에 태어났다. 그들은 대개 마닐라에서 대학 교육을 받았고, 대부분 전문직 — 변호사나 교육자 — 이었다. 또한 무슬림이 아니라 가톨릭교인 여성과 결혼하는 경우가 많았다. 민다나오와 그 문화와의 연계도 앞 세대만큼 강하지 않았다.

그러던 중 1965년, 페르디난드 마르코스Ferdinand Marcos가 대통령에 출마했다. 1965년 치열한 선거에서 승리한 뒤 가톨릭교인인 마르코스는 반대파 공직자들을 자신에게 충성하는 사람들로 교체했다. 마탈람은 존경받는 지역 지도자이자 무슬림과 그들의 문화에 정통해 권력과 영향력의 중심부에 자리한 인물에서 아무런 권력도 없는 사람으로 전락했다.

1967년 여름, 비번이었던 법무부 요원이 마탈람의 장남을 총으로 쏘았을 때, 그의 정치적 위상이 추락한 사실이 고통스러울 정도로 분명해졌다.[5] 동료들이 조문을 오지 않으면서 이런 추락은 한층 더 충격을 주었다. 가족과 공동체의 유대가 모든 것을 의미하는 사회에서 마탈람은 이것이 깊은 모욕이라는 것을 알았다. 그는 몇 달 뒤인 1968년 5월 1일 무슬림 독립운동Muslim Independence Movement을 창설하는 것으로 대응했다. 그는 필리핀 남부의 전체 무슬림 지역이 국가로부터 분리하여 독자적으로 〈민다나오-술루 공화국〉을 창건할 것을 촉구하는 선언문을 발표했다.

모로족은 독립을 요구한 오랜 역사가 있었다. 미국이 필리핀을 차지하고 수십 년 뒤인 1935년, 주요 다투와 지역 무슬림 지도자 1백여 명이 워싱턴에 선언서를 보냈다. 필리핀에서 최종적으로 독립할 것을 주장하는 내용이 담긴 것이었다. 훨씬 많은 가톨릭 인구 안에서 자신들의 종교와 문화를 잃을 것을 우려한 그들은 적당한 방식으로 자유롭게 종교를 실천하면서 살기를 원했다. 〈우리의 종교를 잃으면 우리의 생명도 사라집니다.〉[6] 하지만 마탈람의 선언서는 공포에 사로잡힌 대응이 확대되는 결과로 이어졌다.[7] 필리핀 전역에서 언론이 〈코타바토에서 전쟁의 기운이 들끓고 있다〉는 식의 헤드라인을 내보냈다. 마르코스는 그 지역에 병력을 파견했다. 그리고 일부 가톨릭인들은 무슬림의 봉기를 예상하면서 소유지를 팔고 민다나오를 떠나는 쪽을 선택했다.

마탈람은 순식간에 무슬림 독립운동에서 물러났고 농장에 파묻혔다. 하지만 무슬림 독립운동의 창설은 무슬림과 가톨릭교인 양쪽 모두에 기름을 끼얹는 예상치 못한 효과를 발휘했다. 나라를 전쟁으로 몰고 가는 위험한 동학의 시작이었다.[8] 1969년 초, 무슬림 독립운동은 말레이시아 정부의 자금을 받는다는 소문 속에서 무슬림 게릴라를 훈련시켰고, 1970년 3월에 이르러 종파 간 폭력 사태가 발발하기 시작했다. 가톨릭 패거리들이 무슬림 농민들을 습격하고 집을 불태우는 행동을 하자 무슬림들이 보복에 나섰다. 그때부터 상황이 악화되었다. 무슬림들은 정부가 기독교도들의 폭력을 부추긴다고 비난하면서 자체 무장 집단을 결성했다. 고전적인 〈안보 딜레마〉 상황이었다. 폭력 사태를 두려워하는 사람들이 자위를 위해 무장을 하지만, 이 과정에서 적들에게 전쟁을 원한다는 확신을 심어 주는 것이다.[9]

하지만 실제로 전면적인 충돌을 부추긴 요인은 1972년 9월 계엄령을 선포한 마르코스의 결정이었다.[10] 대통령은 계엄령을 가톨릭교인과 무슬림의 폭력 확대를 막기 위해 필요한 조치라고 강변했지만, 사실은 남부 지역의 소요를 활용해서 자신의 권력을 공고히 하려는 시도였다. 마르코스는 모든 국민에게 한 달 안에 무기를 자진 제출하라고 요구했다. 무슬림 남성들에게 문화적으로 중요한 검과 칼도 정부에 제출해야 했다. 저항하려는 사람은 〈몰살당할〉 것이었다.

무기 제출 기한을 며칠 앞두고, 무장한 무슬림 수백 명이 코타바토 바로 북쪽에 있는 마라위시를 공격했다.[11] 5백~1천 명의 무슬림 반군이 민다나오 주립 대학교와 필리핀 국가 경찰 주 본부, 민다나오를 이웃 주와 연결하는 판타르 대교를 동시에 공격했다. 반군이 무슬림 독립운동에서 갈라져 나와 새로 결성한 더 극단적인 투사 집단인 모로 민족 해방 전선Moro National Liberation Front으로 싸운 첫 번째 공격이었다. 반군은 대중 봉기를 일으키는 데 실패했지만, 민다나오 남부 지역으로 도망쳐서 전열을 정비하면서 전쟁을 계속했다. 이제 전면전보다는 게릴라 전술을 구사했다. 민족 해방 전선은 처음에는 정부군을 공격하다가 이후 민간인을 포함하는 쪽으로 공격 대상을 넓혔다. 로마 가톨릭 주교나 외국인을 납치해서 몸값을 요구하기도 했다.

해가 갈수록 민족 해방 전선은 수많은 분파를 낳았고, 훨씬 더 전투적인 급진 이슬람 단체 모로 이슬람 해방 전선Moro Islamic Liberation Front과 종종 전투를 벌이기도 했다. 마르코스 이후 거의 모든 대통령이 세계 최장기 내전으로 비화한 사태를 끝내려고 다양한 수준의 자치권을 제시했다. 대부분의 경우에 정부는 약속을 이행하지 않았고, 다양한 모로족 집단이 싸움을 지속하면서 10만 명이 넘는 사망자가 발생했다.[12]

민다나오 무슬림들이 반란을 일으킨 이유는 무엇일까? 필리핀이 점점 더 아노크라시로 변모하고 있다는 사실이 그 이유 중 하나였다. 마르코스가 집권한 1965년, 그는 민주주의에 가까운 정치 체제(정치체 점수 +5점)를 물려받았다. 그는 4년 만에 이 체제를 잠식해서 확실한 아노크라시 구간(+2점)이자 내전이 벌어지는 티핑 포인트에 가까운 지점까지 몰아갔다. 개인과 소수 집단의 권리를 약화하고, 정부 권력을 확대하고, 법치를 잠식하고, 사법부의 독립성을 축소하고, 대통령 권력에 대한 수많은 견제를 제거한 결과였다. 파벌화도 극심해졌다. 제2차 세계 대전 종전 이래 필리핀 정치는 지역의 정치 집단 — 북부의 가톨릭과 남부의 무슬림 — 이 마닐라의 후원을 놓고 경쟁하는 구도가 지배했다.

하지만 파벌화된 아노크라시에 불만을 품은 채 살아가는 종족 집단은 어디에나 많으며, 대부분은 반란을 일으키지 않는다. 예를 들어, 에티오피아에는 80개가 넘는 종족 집단이 있고 주요 종교만 최소 5개에 이른다. 하지만 오직 소수만이 조직을 이루어 정부를 공격하고 있다. 인도네시아 역시 세계에서 종족적으로 가장 다양한 나라로 손꼽힌다. 360개가 넘는 부족과 종족-언어 집단이 있지만, 지금까지 4개 집단 — 암본인, 동티모르인, 아체인, 파푸아인 — 만이 무기를 들었다. 일부 집단이 나서서 싸우게 만드는 요인은 무엇일까?

지난 30여 년간 학자들은 1백 년 가까운 내전의 역사에 관한 방대한 데이터 모음 몇 가지를 활용해서 하나의 답에 초점을 맞추었다.[13] 학자들이 처음 발견한 한 가지는 충분히 예상 가능한 사실인데, 폭력적으로 바뀐 집단들이 대체로 정치 과정에서 배제되었다고 느낀다는 것이다. 이런 집단은 투표권이 제한되고 정부 공직에 거의 전혀 들어가지 못한다. 정치권력에서 체계적으로 배제된다. 하지만 학자들이 발견한 폭력의 가장 유력한 결정 요인은 한 집단의 정치적 지위의 **궤적**이다.[14] 일단 권력을 잡았다가 손에서 빠져나가는 것을 볼 때 사람들이 특히 싸움에 나설 가능성이 높았다. 정치학자들은 이런 현상을 〈지위 격하downgrading〉라고 지칭한다. 이 주제에 관해서는 여러 가지 변이가 많지만, 내전이 벌어질 가능성이 높은 나라에서 누가 폭력을 개시할지를 예측하는 신뢰할 만한 방법이다.

민다나오 모로족은 식민 통치 과정에서, 그리고 필리핀에 통합된 뒤에도 다시 권력을 점점 잃어 갔다. 한때 그 지역을 통치하던 이들이었다. 다투, 술탄, 라자*가 법을 제정하고 집행하고, 토지 분배를 결정했으며, 어떤 문화 관습을 지킬지를 정했다. 그러다 필리핀 정부가 훨씬 수가 많은 가톨릭인들로 하여금 민다나오로 이주하게 — 그리하여 현지의 무슬림들을 밀어내게 — 장려한 뒤에야 폭력 사태가 시작되었다. 마탈람과 동료 무슬림들의 지위가 격하되었다. 토지 소유와 고용 기회, 정치권력의 측면에서 그들이 지위를 상실했다는 증거를 어디에서나 볼 수 있었다. 그들은 자기네 땅을 침입한 사람들에게 생계 수단과 문화를 **빼앗기고** 있었다.

현대 사회의 많은 내전은 이런 양상을 따른다. 매사추세츠 공과 대학교의 정치학자 로저 피터슨Roger Petersen은 동유럽 나라들의 20세기 정치사를 연구하면서 정치적, 문화적 지위의 상실이 이 지역에서 충돌을 일으키는 불씨 역할을 했음을 발견했다. 분

* 모로 사회에서 〈술탄〉은 이슬람이 전해진 뒤 최고 통치자를 가리키며, 전통적인 지위인 〈다투〉와 〈라자rajah〉는 지역의 통치자를 가리킨다.

열된 사회의 수백 개 종족 집단을 연구한 듀크 대학교의 정치학자 호로위츠도 동일한 결과를 발견했다. 전쟁을 시작하는 종족 집단은 나라가 〈자신들의 것이거나 그래야 한다〉고 주장한다. 지위 격하는 유고슬라비아에서 내전을 시작한 주체가 크로아티아인이나 보스니아 무슬림이 아니라 세르비아인이었던 이유를 설명하는 데 도움이 된다. 민다나오의 모로족과 마찬가지로, 세르비아인들도 자신들이 나라의 정당한 상속자라고 보았다. 그들은 한때 직접 통치했다. 유고슬라비아가 창건되었을 때 최대 규모의 종족 집단이었고, 군대와 관료제에서 대부분의 고위직을 차지했다. 세르비아인들이 크로아티아에 이어 보스니아에서 폭력 사태를 개시한 것은 두 지역이 연방에서 탈퇴하면 자신들이 상당한 권력을 상실할 것임을 알았기 때문이다. 수니파가 이라크에서 전쟁을 시작한 것도 미국 침공 이후 자신들이 권력을 상실했기 때문이다. 모로족과 세르비아인, 수니파는 모두 지위가 격하되었고, 전부 폭력에 의지했다.

지위 격하는 정치적, 인구학적 사실인 만큼이나 심리적 현실이기도 하다. 부유하든 가난하든, 기독교도든 무슬림이든, 백인이든 흑인이든 지위가 격하된 파벌이 될 수 있다. 중요한 것은 그 집단의 성원들이 자신들이 마땅히 누려야 하는 지위가 상실됨을 **느끼고** 그 결과로 원한을 품는다는 사실이다. 여러 사례에서 원한과 분노가 파벌을 전쟁으로 몰아가는 듯 보인다. 스탠퍼드 대학교의 피어런과 레이틴은 스리랑카 싱할라족이 싱할라어를 국가 공용어로 만들려고 하자 〈타밀족이 곧바로 반응을 보이는 것〉을 발견했다. 〈타밀족은 자신들의 언어와 문화, 경제적 지위가 공격을 받고 있다고 느꼈다.)[15] 거의 언제나 불의가 벌어지고 있다는 인식이 존재한다. 권좌에 있는 이가 누구든 간에 그 자리에 있을 자격이 없고 그렇게 높은 자리에 올라갈 권리가 없다는 믿음이다. 지위 격하는 단순한 정치적 패배가 아니라 지위가 역전된 상황인 것이다. 지배적인 집단이 어느 순간 누구의 언어를 사용하고, 누구의 법을 집행하며, 누구의 문화를 존중해야 하는지를 결정하는 상황에서 그런 결정을 하지 못하는 상황으로 옮겨 간다.

인간은 원래 지는 것을 싫어한다. 돈을 잃거나 게임에서 패하는 것, 일자리, 존중, 파트너, 그리고 물론 지위를 잃는 것을 싫어한다. 심리학자 대니얼 카너먼Daniel Kahneman과 아모스 트버스키Amos Tversky는 일련의 실험을 통해 이를 입증했다. 각 실험에서 대상자들에게 가령 1백 달러를 딸 확률이 50퍼센트인데 1백 달러를 잃을 확률도 50퍼센트인 도박에 참여할 생각이 있는지 물었다.[16] 대다수의 사람이 이 도박을 거부했다. 그 이유는 무엇일까? 사람은 원래 잃는 것을 싫어한다. 이득을 얻으려고 노력하기보다는 손실을 복구하려는 동기가 훨씬 강하다. 사람들은 오랜 세월의 가난이나 실업, 차별을 참을 수 있다. 조잡한 학교나 열악한 병원, 방치된 기반 시설을 받아들일 수도 있다. 하지만 참지 못하는 한 가지가 있다. 원래 자기 것이라고 믿는 장소에서 지위를 상실하는 것은 못 참는다. 21세기에 가장 위험한 파벌은 한때 지배적이었으나 쇠퇴에 직면한 집단이다.

조지아의 압하지야인들은 이 지역에서 자신들의 역사를 기원전 6세기까지 거슬러 올라간다. 압하지야인들은 자신들이 캅카스의 원주민이며 조지아 이외에 어떤 고국도 없다고 생각한다. 이 지역은 소치 바로 남쪽에 위치해 있으며, 압하지야인들이 사는 작은 땅은 흑해의 에메랄드빛 물결 위로 우뚝 서 있는 산들이 대단히 아름다운 곳이다. 압하지야인들은 몇 차례 자치를 경험한 적이 있지만, 곧이어 오랜 기간 동안 정복을 당해야 했다. 압하지야를 지배한 세력은 로마 제국과 비잔티움 제국, 이웃한 조지아, 오스만, 소련 등이다. 이런 점령에도 불구하고 압하지야인들은 대대로 전해 내려오는 〈압수아라apsuara(압하지야인)〉라는 종족 설화의 불문율을 통해 자신들만의 독특한 문화를 유지하고 있다.

20세기에 그런 문화는 거의 죽음을 맞이했다. 첫 번째 위협은 스탈린이 압하지야 엘리트층을 처형하고, 토착 언어에 그루지야(조지아) 문자의 요소들을 강제하고, 조지아인 수만 명을 압하지야로 이주시키는 식으로 압하지야인의 지배를 지우려고 한 것이었다. 1980년대 말, 소련이 해체되기 시작하고 조지아인들이 독립을 추구하면서 두 번째 위협이 나타났다. 필리핀의 모로족처럼, 압하지야인들도 조지아인들이 스탈린의 죽음 이후 자신들이 확보한 보호받는 소수 종족 지위를 없앨까 봐 두려워했다.

그런 우려가 현실화되자 압하지야인들은 무기를 들었다. 조지아가 독립을 획득하고 1년여 뒤인 1992년 7월, 압하지야인들이 문화와 언어를 침해하는 조지아에 맞서 독립을 선언하면서 반란을 일으켰다. 러시아군의 지원을 받는 압하지야 투사들이 전쟁을 벌이며 조지아인들을 몰아내려고 했다. 수천 명의 조지아인과 압하지야인이 살해되었고, 훨씬 많은 수가 부상을 입고 쫓겨났다.[17] 충돌이 끝날 무렵에는 한때 지역 인구의 약 19퍼센트를 차지했던 압하지야인들이 절반을 이루게 되었다. 지역의 통제권이 다시 압하지야인들에게 돌아갔다.

전문가들은 압하지야인 같은 집단을 〈토박이sons of the soil〉라고 부른다. 전쟁을 벌이는, 지위가 격하된 많은 종족 집단이 이 유형에 해당한다.[18] 〈토박이〉는 한 지역의 원주민이거나 그 역사에서 중심적인 역할을 한다. 그들은 스스로 자신들이 태어난 땅의 정당한 상속자로서 특별한 혜택과 특권을 누릴 자격이 있다고 생각한다. 이런 집단이 지배적인 것은 그들이 다수 지위를 차지하거나 처음에 그 영토에 거주하거나 정복했기 때문이다. 그들은 자신이 〈토착민〉이라고 여기며, 나중에 그 땅에 정착하거나 지역의 주요 언어를 모어로 사용하지 않는 이들은 모두 〈외부자〉라고 규정한다. 1800년 이래 벌어진 내전을 다룬 한 연구에 따르면, 〈토박이〉 범주에 해당하는 종족 집단이 반란을 일으키는 비율은 약 60퍼센트로, 다른 범주 — 28퍼센트 — 에 비해 두 배 정도 높았다.[19] 이런 집단이 위험한 이유는 저항 운동을 조직하는 역량이 강하고 불만을 느끼는 정도가 압도적일 수 있기 때문이다. 둘 다 내전을 촉발하는 주체를 결정하는 데 주요한 요인이다.

토박이들이 지배하는 경우에 특권이 워낙 만연해 있기 때문에 자신들의 특권을 인식하지 못하기 쉽다. 그냥 자연스러워 보일 뿐이다. 토박이 원로들은 나라나 지역의 지도자로서 주민 전체를 위한 정치적 결정을 내린다. 그들의 언어는 〈공용어〉 — 종종 유일한 공용어 — 즉 국어다. 그들의 문화 관습과 상징이 찬양받고, 그들의 기념일이 국경일로 인정받으며, 그들의 종교 학교가 특별 대우를 받는다. 하지만 새로운 집단이 대거 들어오기 시작하면 지반이 바뀐다. 외부자들은 자기들 나름의 문화와 언어를 가져온다. 시간이 흐르면 외부자들이 지역 인구를 집어삼킬 수 있다. 가령 파푸아인들은 서뉴기니(서파푸아)의 비옥한 숲에서 평생을 살면서 정치적, 경제적으로 완전히 자급자족했다. 그런데 인도네시아에 강제로 편입되고 자바와 술라웨시, 발리에서 이주민들이 들어오자 이 모든 상황이 바뀌었다. 1965년에 파푸아 원주민들은 자유 파푸아 운동Free Papua Movement을 결성해서 독립을 추구했다.[20] 1971년 그들은 〈서파푸아 공화국〉을 선포하고 헌법 초안을 작성했다. 그리고 1977년 저강도 게릴라전을 개시해서 처음에는 외국인 소유의 구리 광산을 공격하다가 인도네시아 군경으로 공격을 확대하고 나중에는 서파푸아에 거주하는 비토착민까지 공격했다. 전쟁이 시작된 이래 10만 명에 달하는 파푸아인이 사망한 것으로 추산된다.

한 나라의 공용어를 사용하는 원어민들은 국가에서 인정받지 못한 언어를 사용하는 시민들에 비해 막대한 경제적 이득을 누린다.[21] 1939~1975년에 에스파냐를 통치한 독재자 프란시스코 프랑코Francisco Franco는 이런 사실을 잘 알았다. 프랑코가 권력을 공고히 굳힌 한 가지 방식은 카스티야어를 다른 언어들보다 추켜세우면서 에스파냐의 유일한 공용어로 선포한 것이다. 뒤이어 시민들이 바스크어, 카탈루냐어, 갈리시아어, 그 외의 다른 언어를 공적으로 사용하지 못하게 했다. 신생아에게 지역 고유의 언어로 된 이름을 지어 줄 수 없었고, 지방어를 학교에서 가르치거나 사업을 할 때 사용할 수 없었다. 결국 드러나는 것처럼, 언어는 한 민족의 정체성과 밀접하게 연결되며 궁극적으로 누구의 문화가 지배하는지를 결정한다. 우크라이나 돈바스 지역에 사는 러시아인들은 새로운 민족주의 정부가 러시아인을 배제하기 위해 우크라이나어를 공용어로 삼을 수도 있다는 것을 가장 두려워했다. 공용어를 구사하지 않으면 높은 임금을 받는 일자리를 놓고 경쟁하기가 어렵다. 교육, 특히 고등 교육 접근성을 통제하는 것은 한 종족 집단을 다른 종족 집단보다 높이는 또 다른 방편이다. 대다수 나라에서 가장 안정되고 탄탄한 직업으로 꼽히는 공무원 일자리에 대한 접근성도 마찬가지다. 이런 특권을 상실하는 상황에 직면하면 사람들은 크게 분개하고 저항하게 마련이다.

민주주의 사회에서 〈토박이〉 집단은 단순한 인구 변동 — 이민과 출산율 차이의 일정한 결합 — 으로 가장 흔하게 지위가 격하된다. 민주주의 선거는 결국 머릿수 계산이며, 호로위츠가 말한 것처럼 〈숫자는 나라의 주인이 누구인지를 보여 주는 지표다〉.[22]

인도 북동부 산악 지역인 아삼은 차 플랜테이션 농장이 많은 것으로 유명하다. 1901년을 시작으로, 현지 아삼인들(힌두교도가 압도적으로 많다)은 이웃 방글라데시에서 자기들 지역으로 벵골인들(무슬림이 압도적으로 많다)이 이주하는 것을 지켜보았다. 20세기 내내 벵골인의 숫자가 꾸준히 늘어났다. 첫 번째 이주민들은 영국 식민 정부가 인구가 희박하고 노는 땅이 많은 지역을 채우기 위해 들여온 이들이었다.[23] 영국은 두 유형 — 무슬림이 대다수인 저숙련 농민과, 공무원으로 일하면서 영국의 행정을 도울 수 있는 벵골의 힌두교도 식자층 — 의 벵골인들에게 이주를 장려했다. 하지만 1947년 인도가 독립한 뒤에도 이주가 계속되어 아삼인들을 당황하게 만들었다.[24] 1971년에서 1981년 사이에 아삼에 무려 120만 명의 이주민이 들어왔다. 결국 아삼은 인도의 다른 어떤 지역보다도 1인당 이주민 유입 수가 많은 지역이 되었다.

지역 아삼인들은 점점 우려를 내비쳤다. 첫 번째 걱정거리는 문화적인 측면이었다. 방글라데시에서 유입되는 이주민이 점점 많아지자 — 가정, 사업체, 정부에서 — 벵골어를 선택하는 곳이 많아졌고, 벵골 문화가 일상생활에서 점점 두드러지게 되었다. 아삼인들은 자기네 고향 땅에서 소수 언어 사용자가 되기를 원하지 않았다. 두 번째 걱정거리는 정치적인 측면이었다. 영국인들이 떠난 뒤 아삼인들이 지역 정부를 장악했을 때 자신들이 인구의 다수를 유지해야만 권력을 유지할 수 있음을 알아챘다. 이주민들이 유입되자 그들이 소수로 전락해서 주에 대한 통제권을 잃게 될 위험이 커졌다. 세 번째 걱정거리는 경제적인 측면이었다. 아삼은 이웃한 방글라데시보다 인구가 훨씬 적었고, 토지의 대부분이 빈 땅이라 새로운 정착민이 들어오기 딱 좋은 조건이었다. 이주 농민들이 재빨리 이 땅을 차지해서 경작을 시작한 한편, 교육 수준이 높은 벵골 힌두인들은 관료제의 좋은 일자리를 차지했다. 시간이 흐르면서 이주민들이 토착 아삼인들보다 더 높은 생활 수준을 누리게 되었다.

아삼인들은 마땅히 자신들의 공간이라고 여기는 곳에서 벵골인과 무슬림을 배제하려는 종족 파벌을 조직하는 식으로 대응했다.[25] 아삼의 정치 지도자들은 1960년에 아삼어를 주의 공용어로 삼아서 벵골어 사용자들이 주 공무원 자리를 놓고 경쟁하는 것을 어렵게 만들었다. 또한 각급 학교의 공식 교육어로 삼아서 벵골인들에게 또 다른 장벽을 부과했다. 마지막으로 주 행정 공무직에서도 아삼어에 특권적 지위를 부여했다. 하지만 계속 이주민들이 들어왔다. 아삼의 선거 감독관이 1979년 총선에 앞서 선거인 명부에서 새로운 인명 — 대부분 벵골인 — 이 예상을 웃돌 만큼 대규모로 증가했다고 보고하자, 아삼인들은 갑자기 최악의 우려가 확인되고 있다고 느꼈다. 약 1,610킬로미터 이상 떨어진 곳에 위치한 델리의 중앙 정부가 이주민들이 나라에 들어와서 투표를 하도록 허용함으로써 아삼의 변화를 부추기는 듯 보였다.

역사상 처음으로 벵골인의 비율이 늘어난 반면, 아삼인의 비율은 감소했다. 벵골인들은 지역의 주요 도시들에서 이미 오래전에 아삼인의 숫자를 앞질렀고, 그 도시들에서는 벵골어가 주요 언어가 되었다. 매사추세츠 공과 대학교의 교수로 반(反)이민 운동 전문가였던 고(故) 마이런 와이너Myron Weiner의 말을 빌리자면, 〈아삼인들에게 아삼의 도시들은 이미 이질적인 생활과 문화의 중심지가 된 상태였다〉.[26] 하지만 이런 변화는 이제 농촌 지역에서도 분명해서 영향을 받지 않은 곳이 하나도 없었다.

신규 유권자들의 급증은 지역의 인구 구성이 급격하게 바뀌고 있을 뿐만 아니라 정치적 풍경도 바뀔 가능성이 높음을 보여주었다.[27] 아삼인들에게 중요한 문제 한 가지는 외국인들이 시민권자가 되어 투표를 하는 일이 무척 쉽다는 것이었다. 당시 인도는 인도에서 출생한 사람, 부모 중 한 명이 인도에서 출생한 사람, 최소한 7년간 인도에서 거주한 사람 등 세 범주의 사람들에게 시민권을 부여했다. 따라서 누군가 방글라데시에서 아삼으로 불법적으로 들어왔더라도 10년 가까이 살면 시민이 될 수 있었다. 인도를 지배하는 정당 — 국민 회의당 — 이 합법적, 불법적 이민을 장려한 것은 놀라운 일이 아니었다. 많은 벵골인을 포함해서 다수의 외국 국적자가 국민 회의당을 지지한 반면, 아삼인들은 그렇지 않았기 때문이다.

아삼인들로서는 이 문제를 해결하기가 어려웠다. 설령 정부가 외국에서 태어난 많은 벵골인 가운데 누가 합법적인 시민인지를 결정할 의지가 있다고 하더라도 그럴 능력이 있는지가 분명하지 않았다. 인도에는 시민권 지위를 포함하는 단일한 신분증 제도가 없었고, 빈민층은 대부분 출생증명서도 갖고 있지 않았다. 합법적 벵골인과 비합법적 벵골인을 구별할 방법이 없었다.

아삼인들은 저항 운동을 조직하는 식으로 대응했다. 1979년 아삼의 중산층 출신 학생 지도자들이 전 아삼 학생 연합All Assam Students' Union을 결성했다. 새로운 일련의 요구를 분명하게 밝히는 조직이었다.[28] 1951년에서 1961년 사이에 인도에 들어온 외국 국적자들에게는 시민권을 부여해도 되지만, 1961년에서 1971년 사이에 들어온 이민자들은 인도의 다른 지역으로 이주시키되 시민권을 부여해서는 안 되며, 또한 1971년 이후에 들어온 사람들은 전부 추방하라는 요구였다. 이런 사실상의 종족 청소를 통해 아삼인들은 자신들의 정치적, 문화적 지배권을 확보할 것이었다. 그들이 내세운 목표는 〈불법 이민자〉의 추방이었지만, 벵골인 전체 — 합법적이든 불법적이든 — 가 표적이 되었다. 정부는 이런 요구를 무시했고 한층 더 급진적인 단체가 결성되었다. 아삼 통일 해방 전선United Liberation Front of Assam은 민병대 전술을 활용해서 민간인인 공무원과 사업가를 대상으로 폭탄 공격과 암살을 일삼았다.[29] 분리 독립을 외치기도 했다. 하지만 집권당인 국민 회의

당은 — 국민 회의당 후보들에게 투표하는 성향이 높은 — 벵골인들을 추방하거나 심지어 이민 유입을 제한할 생각도 없었다. 아삼의 분리 독립을 허용할 생각은 더더욱 없었다.

전 아삼 학생 연합 지도자들 — 대부분 도시 중산층으로 교육 수준이 높은 이들 — 은 공포와 외국인 혐오를 활용했다. 벵골인 이주민들이 소중한 땅과 일자리를 빼앗아 가면서 자원에 부당한 짐을 지우고 농토를 고갈시키고 있다고, 농촌의 아삼인들을 설득하려 했다.[30] 지도자들은 이민 유입을 〈침략〉이라고 지칭하면서 자신들의 운동을 문화적, 정치적, 인구학적 생존을 위한 싸움으로 포장했다. 방글라데시가 이주를 부추겨서 결국 아삼을 자국 영토로 편입시키려 한다는 음모론이 횡행했다.

처음에 아삼인들에게 분노의 표적이 된 대상 — 힌두교도와 무슬림을 막론하고 벵골인 이민자 — 은 자신들을 겨냥한 폭력 행위가 늘어나는데도 침묵으로 일관했다. 하지만 1980년부터는 추방에 반대하기 위해서 독자적인 단체를 만들기 시작했다. 1980년 5월에 결성된 전 아삼 소수자 학생 연합All Assam Minority Students Union은 1971년 이전에 아삼에 온 모든 이민자에게 시민권을 부여하고 소수 종족을 괴롭히는 행동을 멈추라고 요구했다.[31] 전 아삼 학생 연합과 전 아삼 소수자 학생 연합의 지지자들이 폭력적으로 충돌했고, 주 관리와 자산을 겨냥한 테러 공격이 벌어졌다는 보도가 잇따랐다.

더욱 조직적인 폭력으로 발전하는 데 1983년 선거가 결정적인 사건으로 작용했다. 아삼인들의 요구대로 정부가 저항 운동과 타협해서 1971년 이후 이민자들을 선거인 명부에서 제외할지 여부가 쟁점이었다. 정부가 1979년부터 사용된, 아삼인들이 불법이라고 간주하는 1971년 이후 이민자들이 포함된 선거인 명부를 계속 사용하겠다고 발표하자 폭력 사태가 고조되었다. 아삼의 지도자들은 선거 보이콧을 호소했고, 투쟁이 벌어졌다. 아삼 전문가 산지브 바루아Sanjib Baruah에 따르면, 폭력 사태는 선거가 아삼의 〈생존을 위한 최후의 싸움〉이라는 믿음이 반영된 결과였다.[32]

마나시 피라크 바타차르지Manash Firaq Bhattacharjee는 벵골인으로, 그 당시에 아삼 중부의 말리가온시에 위치한 학교에 다니고 있었다. 그는 그때의 기억을 회상했다. 「아삼인 〈순교자들〉을 기리기 위해 길가에 세운 기념비에는 아삼 격언이 적혀 있었습니다. 〈우리는 피를 내줄지언정 나라는 내주지 않으리라.〉[33] 지역 아삼인들이 밤중에 횃불을 들고 행진을 벌이기도 했지요. 우리는 어둠 속에 앉아서 그 사람들이 우리 집을 지나가면서 〈외국인은 나가라〉라고 연호하는 소리를 듣곤 했습니다.」

폭력 사태는 1983년 2월 18일에 정점에 달했다.[34] 아침 8시, 도시 주변 지역인 넬리에서 몰려온 소작농들과 농민들이 무슬림 마을 몇 곳을 둘러싸고 북을 두드리며 소리쳤다. 〈아삼이여 영원하라.〉 그들은 마체테와 창, 자작 총을 사용해서 무려 4천 명의 벵골 이민자를 학살했다.[35] 살해된 사람들은 대부분 여자들과 아이들이었다. 남자들과 달리 공격자들보다 빨리 달려서 도망치지 못했기 때문이다. 그 밖에도 수십만 명이 도망쳤는데, 결국 대부분 난민촌에 들어갔다.

훗날 〈넬리 학살〉이라 불리게 된 이 사건은 지위가 격하된 사람들, 즉 새로운 인구학적 현실로부터 위협감을 느끼게 된 이들의 필사적인 행위였다.

경제적 요인은 오랫동안 내전을 연구하는 연구자들을 혼란스럽게 만드는 것이었다. 초기의 통계 분석은 1인당 소득과 폭력의 상관관계를 발견한 듯 보였고, 전쟁 자체가 이를 입증하는 듯했다. 가난한 나라의 시민들이 부자 나라의 시민들보다 서로 싸울 가능성이 훨씬 높았다. 하지만 학자들이 좋은 거버넌스 ─ 시민 참여, 경쟁 선거, 행정부 권한 제한 등 ─ 의 측정치를 고려하게 되자 경제적 변수의 중요성이 한결 줄어들었다. 많은 이가 전쟁의 위험 신호로 여기는 소득 불평등은 예상과 반대였다. 피어런이 2010년 세계은행 보고서에서 말한 것처럼, 〈소득 불평등과 내전 사이에는 분명한 상관관계가 없을 뿐만 아니라, 오히려 소득 분배가 평등한 나라가 내전이 벌어질 가능성이 미세하게나마 더 높았다〉.[36]

   그렇다고 해서 경제적 요인이 아무 의미가 없다거나 소득 불평등이 중요하지 않다는 이야기는 아니다. 어쨌든 경제는 어떤 종족 집단이 버림받거나 폄하된다고 느끼는지를 결정하는 데 막대한 역할을 한다. 경제적 부당성은 기존의 분노와 원한을 악화하는 것으로 보인다. 또한 부유한 이들이 손쉽게 가난한 이들을 억누를 수 있게 한다. 우크라이나 동부 돈바스 지역에 사는 시민들은 2014년에 자신들의 대통령을 잃은 동시에 제조업 일자리도 상실했다.[37] 정치에서 배제되는 동시에 자신들의 경제적 미래도 확신할 수 없었다.[38] 아삼인들은 새로 온 이주민들이 더 나은 일자리를 챙기는 광경을 보았다. 마찬가지로 모로족은 정부가 무슬림 소유의 토지를 수용해서 가톨릭 정착민들과 외국인들이 장악한 플랜테이션 농장에 넘겨주고 나서야 봉기를 일으켰다. 지역 무슬림들은 정치적으로 무력해서 대응하지 못했다. 「벌목꾼들이 우리의 아름다운 언덕과 산을 망치러 왔습니다. 그자들에 이어 영구 정착민들이 왔어요. 그리고 두 세력이 힘을 합쳐 우리를 …… 숲속 깊은 곳으로 쫓아냈지요.」[39] 1992년 모로족의 한 지도자가 불만을 토로하며 한 말이다.

경제적 차별은 의도한 것이 아니더라도 당하는 쪽에서는 원한을 느낄 수 있다. 농촌의 전통 사회가 도시의 세속적 사회로 뒤바뀌는 근대화 과정은 기계화된 세계에서 교육과 기술로 경쟁할 수 있는 시민들에게 유리하다. 세계화는 저발전 국가들로 제조업 일자리를 이동시킨 한편 서비스 중심의 노동자들(공교롭게도 여성이 압도적으로 많다)에게 혜택을 주었다. 〈토박이〉 남성들은 이런 지각 변동에 영향을 받기가 쉽다. 그들은 대개 나라의 경제, 문화, 정치의 중심부에서 멀리 떨어진 농촌 지역에 산다. 또한 상대적으로 가난하고 교육 수준이 낮으며, 따라서 경쟁에 더 취약하다. 그들이 원래 지녔던 이점 — 이 땅의 선주민이라는 이점 — 이 사라질 뿐만 아니라 불리한 조건이 되기도 한다. 세계가 그들 없이 앞으로 나아가는 가운데 그들은 잊히고 무시당한다고 느낀다.

유고슬라비아 내전으로 이어지는 시기 동안 보스니아의 세르비아계 사람들은 그 지역의 크로아티아계 사람들이나 보스니아 무슬림보다 가난했다. 그들은 도시에 사는 다른 종족들이 더 부유한 것을 보고 오래전부터 원한을 품었다. 세르비아계 사람들은 유고슬라비아에서 정치적, 군사적으로 훨씬 유력한 집단이었음에도 불구하고 반농민이라고 멸시받았다. 모로족은 땅을 빼앗겼을 뿐만 아니라 교육 수준이 높은 이주민들이 들어오자 경쟁을 할 수 없어서 경제적으로 피해를 보았다.

실제로 이민 유입이 종종 충돌의 화약고가 된다. 다른 나라로 가는 이민자들은 더 가난한 농촌 사람들 — 토박이들 — 과 경쟁하면서 원한에 기름을 붓고 이 집단들이 폭력에 의지하도록 밀어붙인다. 그렇다면 특히 기후 변화 때문에 세계가 전례 없는 인간 이주의 시기로 접어드는 것은 특히 걱정스러운 일이다. 해수면이 높아지고 가뭄이 빈발하고 기후 패턴이 바뀜에 따라 점점 더 많은 사람이 어쩔 수 없이 기후 환경이 좋은 지역으로 이주하게 된다. 세계은행의 예측에 따르면, 2050년에 이르러 동남아시아와 사하라 사막 이남 아프리카, 라틴 아메리카에서 1억 4천만 명이 넘는 〈기후 이민자〉가 발생할 가능성이 높다.[40] 전문가들은 또한 기후 변화가 자원 부족으로 이어져서 충돌에 기름을 부을 가능성이 있다고 경고한 바 있다. 시리아 전쟁은 그 초기 사례다.[41] 2006년에서 2010년 사이에 시리아는 파괴적인 가뭄을 겪었는데, 정부의 차별적인 농업 정책과 물 사용 정책이 결합되어 대규모 흉작이 발생했다. 150만 명 — 대부분 수니파 — 정도가 기회를 찾아 농촌에서 도시로 이주했다. 기독교도적 알라위파 권력의 중심부인 수도 다마스쿠스에서 수니파는 바샤르 알아사드Bashar al-Assad 대통령의 적으로 간주되었고, 오래지 않아 종교 때문에 차별을 받는다고 느껴서 원한을 키웠다. 정부가 종파를 바탕으로 지하수 개발권을 부여하자 분노가 격화되어 전쟁으로 나아가는 길을 재촉했다.

기후 변화가 계속되면 자연재해가 자주 일어나서 가난한 농민 집단에게 집중적으로 영향을 미치고 경제 위기가 발생할 가능성이 높아진다. 바로 이런 시기에 시민들은 차별적인 정치, 경제 정책의 고통과 무능한 정부를 실감한다. 『미국 국립 과학원 회보 *Proceedings of the National Academy of Sciences*』에 발표된 2016년의 한 연구에 따르면, 기후와 관련된 재난이 일어난 뒤 종족적으로 파벌화된 나라들에서 무력 충돌이 벌어질 가능성이 더 높았다.[42] 1980년에서 2010년 사이에 이 나라들 중 거의 4분의 1에서 벌어진 충돌은 위협 증폭기로 작용하는 기후 재앙과 나란히 벌어졌다. 한 나라가 이미 내전의 위험이 높으면, 자연재해 때문에 사태가 악화되는 경향이 있었다. 세계적으로 가뭄과 산불, 허리케인, 혹서가 더 잦고 극심해지는 — 더 많은 이주를 부추기는 — 상황에서 지위가 격하되는 이들이 봉기할 이유가 한층 많아질 것이다.

4
희망이 사라질 때

북아일랜드의 아일랜드 가톨릭교인들은 상실에 익숙했다. 12세기에 앵글로-노르만인들이 그들의 땅을 침략한 것을 시작으로 수백 년에 걸친 영국의 식민 지배 내내 이런 상실이 계속되었고, 영국이 스코틀랜드 개신교인들에게 노스 해협을 건너가 정착하도록 장려한 17세기에 확대되었다. 1652년에 이르면 가톨릭교인들이 소유한 토지가 전부 몰수되었고, 1690년에 이르면 얼스터-스코트인 — 당시 스코틀랜드에서 이주한 개신교인의 명칭 — 들이 북부 인구의 다수를 차지했다.

가장 고통스러운 상실은 1922년에 벌어졌는데, 당시 북부에 살던 아일랜드 가톨릭교인들은 나머지 아일랜드 지역과 더불어 독립을 얻지 못했다. 영국은 아일랜드 자유국 — 신생 독립국 — 을 만들었지만, 북부의 6개 주는 영국의 통제하에 남겨 두었다. 설상가상으로 웨스트민스터 당국 — 영국 정부 — 은 북아일랜드의 경계선을 수정해서 개신교인들 — 스스로 영국인이라고 생각한 이들 — 이 인구의 3분의 2를 차지하게 보장했다. 결국 가톨릭교인이 아니라 개신교인이 새로 구성된 반자치 정부를 지배하면서 교육과 법률, 공공사업, 산업, 농업 등을 통제하게 되었다. 웨스트민스터 당국은 개신교인들이 법과 질서를 유지하는 한 그들 마음대로 통치하도록 허용했다. 북부의 가톨릭교인들은 아일랜드의 나머지 지역과 차단되었을 뿐만 아니라 이제 자기네 땅에서 소수자가 되었다. 북아일랜드가 탄생할 무렵이면 외국 침입자들의 〈정복〉이 마무리되었다.

개신교인들은 계속해서 아일랜드 가톨릭교인들을 권력에서 배제하고 좋은 일자리와 땅, 주택을 허용하지 않는 쪽으로 고안된 일련의 비민주적 법률을 시행했다.[1] 초대 총리 제임스 크레이그James Craig 경에 따르면, 북아일랜드는 얼스터 다수자의 이익에 봉사하는 것을 주된 목표로 삼는 〈개신교 국가〉가 될 것이었다. 북아일랜드는 영국의 일부였음에도 불구하고 〈1인 1표〉가 존재하지 않았다. 지방 정부 선거에서 투표를 하려면 주택을 소유해야 했는데, 이것은 개신교인들에게 압도적으로 유리한 규정이었다. 개신교인들이 지배하는 시 의회가 주택을 어떤 식으로 할당할지를 결정했기 때문이다. 그들은 당연히 개신교인들을 선호했으므로 가톨릭교인들은 몇 년을 대기해야 부동산을 소유할 수 있었다. 시 의회는 또한 정부 공무원 일자리를 통제했는데, 가톨릭교인들은 종종 이름이나 주소만 대도 취업을 거부당했다.[2] 아일랜드 가톨릭교인 게리 플레밍Gary Fleming은 이 체제를 다음과 같이 설명했다. 〈이 체제는 기본적으로 부모님과 나, 우리 가족과 미래의 가족을 2등 시민으로 대우하기 위해 고안된 것이다.〉[3] 그리하여 새로 독립한 남부 아일랜드 자유국의 아일랜드계 가톨릭교인들은 자유와 법 앞의 동등한 권리를 누린 반면, 북아일랜드의 아일랜드계 가톨릭교인들은 그러지 못했다. 그 대신 그들은 시간이 흐르면서 상황이 나빠지는 것을 보았고, 점점 분노했다.

영국이 개신교인들에게 북아일랜드 통치를 맡기기로 결정하자, 그들은 인구의 3분의 1을 배제하는 부분적 민주주의를 창조할 수 있었다. 아일랜드 가톨릭교인들은 개신교인들과 동등한 권리를 갖고 권력 경쟁을 할 수 없었다. 그들은 동등한 보호를 누리거나 동등한 자원을 받지 못했다. 이 체제는 또한 더 커다란 영향도 미쳤다. 개신교인의 편을 든 결과로 두 개의 초파벌이 생겨난 것이다. 북아일랜드의 가톨릭교인들과 개신교인들은 또한 정치적, 경제적, 지리적으로 분열되었다. 개신교인들은 영국의 일부로 남기를 원하는 통합주의unionist 정당에 몰표를 주었다. 가톨릭교인들은 아일랜드의 일부가 되기를 원하는 민족주의 정당에만 거의 표를 던졌다. 개신교인들은 전문직과 사업가 계층을 지배하면서 사업체와 대규모 농장의 다수를 소유했다. 가톨릭교인들은 부두나 건설 현장, 소규모 농장에서 일하는 미숙련 노동자가 많았다. 가톨릭교인은 개신교인보다 가난했고, 도시의 고립된 구역이나 농촌의 외딴 지역에 살았으며, 양쪽 공동체의 사람들은 자녀를 자기 집단의 학교에 보냈다. 개신교인에게 가톨릭교인이 가난한 이유를 물으면, 대체로 그들이 게으르고 무책임하며 아이를 너무 많이 낳기 때문이라고 대답했다. 체계적인 차별이 원인이라고 생각하는 경우는 거의 없었다. 하지만 가톨릭교인이라면 악순환이 확고히 자리를 잡았다는 사실을 이해할 수 있었다.

세기 중반에 이르러 북아일랜드에는 내전의 밑바탕이 되는 조건이 두루 존재하게 되었다. 부분적 민주주의, 정체성에 기반을 두고 경쟁하는 파벌, 깊이 뿌리를 내리고 있지만 정치에서 배제된

토착 주민 등이 그것이다. 하지만 가톨릭교인들은 오랫동안 — 사실상 1922년 이래 — 차별과 빈곤의 아픔을 느끼면서도 폭력에 저항했다. 자신들의 삶이 개선될 것이라고 믿고 기대했기 때문이다.

이 모든 상황이 1969년 여름에 바뀌었다. 8월 12일, 개신교인 1만여 명이 북아일랜드 북서쪽 경계에 있는 데리의 보그사이드 주변을 따라 행진했다. 그곳은 가톨릭 노동 계급이 빽빽하게 모여 사는 동네였다. 개신교인들이 폐위된 가톨릭 군주 제임스 2세의 공격을 물리친 1689년 데리 포위전을 기념하는 행진에 해마다 수백 명의 개신교인이 참가했다. 하지만 1969년의 행진은 특히 도발적인 행동이었다. 개신교인들은 점차 차별에 항의하는 목소리를 높이는 아일랜드 가톨릭교인들이 자기 분수를 알기를 바랐다. 보그사이드의 남녀노소가 지켜보는 가운데 행진 대열이 보그사이드를 지나갔다. 가톨릭 구경꾼들에게 동전을 던지기도 했다. 행진자들에게 돌멩이가 날아갔다. 곧이어 개신교인이 지배하는 왕립 얼스터 경찰대가 도착했고, 경찰봉과 장갑 차량으로 보그사이드 거리를 헤치며 길을 냈다. 당시 한창이던 미국 민권 시위에 고무된 보그사이드의 가톨릭교인들이 맞서 싸웠다. 자기네 동네에 진입하는 경찰과 행진 대열에 계속 돌멩이를 던지다가 지붕 위에서 자작 화염병을 던지기 시작했다. 사태는 금세 폭동으로 비화했다. 다음 날 경찰대가 전투복과 방독면을 쓰고 나타나 동네를 최루 가스로 뒤덮고, 〈B 특수 부대〉— 개신교인들로 구성된 마스크를 쓴 준군사 부대 — 가 현장에 배치되었는데도, 보그사이드 주민들은 놀라지 않았다. 가톨릭교인들은 개신교 지도자들이 권력을 유지하기 위해 어떤 짓이든 벌인다는 점을 알았다.

폭동 3일째, 영국군 3백 명이 데리에 도착했다. 경찰이 상황을 통제하지 못할 것을 우려한 북아일랜드 개신교인 총리가 파병을 요청한 것이었다. 아일랜드가 분리되고 런던 당국이 아일랜드에 직접 개입한 첫 번째 사례였고, 보그사이드의 가톨릭교인들은 흥분을 감추지 못했다. 그들은 군인들을 환영했고, 개신교인 폭도들과 경찰대로부터 자신들이 보호를 받으리라고 확신했다. 하지만 그런 일은 벌어지지 않았다. 얼마 지나지 않아 보그사이드 시민들은 영국 군인들이 이곳에 온 목적은 아일랜드 가톨릭교인들이 아니라 개신교인들을 도와주기 위해서임을 알게 되었다. 군인들은 반란 진압 전술을 구사하고, 가톨릭교인들이 사는 주택을 급습해서 수색하고, 시위대와 충돌하는 등 잔인하게 행동했다. 그들은 가톨릭교인들을 동등한 권리를 지닌 시민이 아니라 적으로 대했다.

그로부터 3일 뒤 휴전이 선포될 때까지 1천여 명이 부상을 입고 건물이 불에 탔으며 나라 곳곳에서 벌어진 폭동으로 6명 — 벨파스트에서 5명, 아마에서 1명 — 이 살해되었다. 보그사이드 전투는 평화적인 아일랜드의 종언이었다. 가톨릭교인들은 곧바로 지역 곳곳에서 시위를 조직했고, 양쪽은 점점 상대의 의도에 관해 피해망상을 키우고 있었다. 언론인 패트릭 비숍Patrick Bishop과 이먼 말리Eamonn Mallie에 따르면, 〈가톨릭교인들은 자신들이 개신교 박해의 희생자가 될 것임을 확신한 반면, 개신교인들은 아일랜드 공화군이 반란을 벌이기 일보 직전이라고 믿었다〉.[4] 영국군은 벨파스트에서 아일랜드인 지역을 무장 해제 하려 했고, 아일랜드인들은 더 많은 폭동으로 대응했다. 가톨릭 지역을 방어하기 위해 아일랜드 공화군 — 아일랜드 가톨릭교인들의 준군사 조직 — 이 결성되었지만, 1970년 10월에 이르자 오히려 공세에 나섰다. 처음에는 상점과 사업체에 폭탄을 터뜨렸지만 이내 영국군 병사들을 표적으로 삼기 시작했다. 그들이 원하는 목표는 영국과 영국군이 철수하는 것이었다.

보그사이드에서 첫 번째 전투가 벌어지고 나서 2년여가 지난 1972년 1월 30일, 영국 군인들이 다시 한번 이 동네에 진입했다. 〈피의 일요일Bloody Sunday〉이라고 알려진 날이었다. 그들은 이번에는 비무장 민간인 26명에게 발포했고, 14명이 치명상을 입었다. 아일랜드 가톨릭교인들은 재판 없이 가톨릭교인을 수감하기로 한 얼스터 정부의 결정에 평화롭게 항의 시위를 벌이던 중이었다. 영국 군인들은 시위대가 도망치려 하자 등 뒤에서 총을 쏘았다. 훗날 〈분쟁The Troubles〉이라고 불리게 되는 내전의 시작이었다.

가톨릭교인들은 전쟁을 원하지 않았다. 북아일랜드에서 공정한 정치적 대표권과 평등한 대우를 얻기 위해 수십 년간 평화롭게 시위를 벌인 바 있었다. 편지를 쓰고, 시민권 협회를 결성하고, 가두시위를 벌였다. 야외 집회와 연좌시위를 하고, 1968년에는 벨파스트에 있는 북아일랜드 의회를 점거하기도 했다. 1969년 1월에는 미국의 셀마-몽고메리 행진을 본보기로 삼아 벨파스트에서 데리까지 〈대행진〉을 조직했다. 하지만 개신교인들은 내내 타협에 전혀 관심을 보이지 않았다. 하나도 변한 것이 없었다.

영국 군인들이 들어오기 전에 가톨릭교인들은 민주적인 런던 정부가 북아일랜드 개신교인들의 최악의 경향을 제어할 것이라고 기대했었다. 지역 개신교인들이 완강하게 자신들을 권력에서 배제하는 것은 알았지만, 영국 지도자들은 지나치게 파벌적이고 유사 민주적인 북아일랜드 지도자들보다는 그래도 공정하다고 생각했다. 과거에도 영국인들은 최상의 감독자는 아니었지만(일종의 부재 통치자로서, 제국의 다른 지역에 신경 쓰느라 정신이 없었다) 가톨릭교인들은 결국 영국인들이 자신들을 보호해 줄 것이라고 믿었다.

영국 군인들이 반란 진압 전술을 구사하자 진실이 드러났다. 바로 이 시점에서 가톨릭교인들은 희망을 잃었다. 영국 군인들이 보그사이드에서 진압봉을 휘두르기 시작할 무렵이면, 평화 시위는 무의미하다는 것이 분명해졌다. 신페인당 당수를 지낸 제리 애덤스Gerry Adams에 따르면, 체제를 바꾸려는 모든 시도가 〈실패로 돌아갔다〉.[5] 가톨릭교인들은 영국 군인들이 자신들을 수가 많아서 위협적으로 보는 것은 말할 것도 없고 별종으로 취급하는 것을 보았다. 아일랜드인들이 수천 년간 살아온 땅에 상대적으로 새로 들어온 개신교인들을 보호하러 온 군인들이었다. 영국이 개신교인들의 편을 들면서 가톨릭교인들을 공격하자 희망은 사라졌다. 마침내 현실을 이해하는 데 필요한 증거가 나타난 것이었다. 폭력을 쓰지 않으면 그들의 운명은 정해진 셈이었다.

학자들은 대체로 어디서 내전이 발발하고 누가 내전을 시작하는지를 안다. 종족 파벌들이 지배하는 아노크라시 사회에서 지위가 격하된 이들이다. 그런데 무엇이 내전을 촉발하는 것일까?

무엇 때문에 한 나라가 결국 충돌로 치달을까? 시민들은 많은 고통을 흡수할 수 있다. 오랜 차별과 가난을 조용히 받아들이면서 서서히 몰락하는 고통을 견딘다. 참을 수 없는 것은 희망이 사라지는 현실이다. 한 집단이 미래를 내다보는데 계속 고통만 받을 뿐 아무 희망도 보이지 않을 때, 앞으로 나아가기 위한 유일한 길로 폭력에 주목하기 시작한다.[6]

사람들은 기본적으로 희망을 품고 산다. 지금의 삶이 아무리 형편없더라도 노력만 하면 좋아질 것이라고 믿고 싶어 한다. 희망 덕분에 현재가 견딜 만하며, 짓밟힌 사람들도 체제를 불태우기보다는 그 안에서 일하려는 의욕이 생긴다. 하지만 불확실성이 있어야 희망을 품을 수 있다. 시민들은 미래가 어떻게 펼쳐질지 모르고, 마음속으로 더 나은 미래를 기대할 수 있기 때문에 희망을 품는다. 아일랜드 가톨릭교인들이 희망을 품었던 이유는 영국 정부가 결국 자신들을 돕기 위해 개입할 것이라고 믿었기 때문이다. 영국이 진압봉을 휘두르자 이제 더는 환상을 가질 수 없었다. 정부가 노골적으로 잔인하게 나오면 희망이 움츠러든다. 민다나오의 모로족은 마르코스 대통령이 계엄령을 선포하고 강제로 자신들의 땅과 무기를 빼앗자 삶이 나아질 것이라는 희망을 잃었다. 그리고 북아일랜드 가톨릭교인들은 영국 군인들이 자신들을 자기 땅의 침입자로 대우하자 평화적인 개혁의 희망을 잃었다.

집단들이 기존 체제에 대한 믿음을 잃으면, 극단주의자들이 종종 끼어들어 대안을 내놓는다. 북아일랜드에서는 아일랜드 공화군이 그런 극단주의자들이었다. 아일랜드의 유명한 공화주의자이자 영국의 지배에서 벗어나 통일된 아일랜드 공화국을 세우기 위해 활동한 대니 모리슨Danny Morrison에 따르면, 〈그때까지 사람들은 무기력한 처지였는데, 아일랜드 공화군이 사람들에게 희망을 던져 준 것이었다〉.[7]

시리아에서 내전이 벌어질 것이라고 예상한 사람은 아무도 없었다. 튀니지와 이집트, 리비아, 바레인, 예멘 등지에서 〈아랍의 봄〉 시위대가 변화를 요구하며 거리로 쏟아져 나왔을 때에도 시리아 시민들은 조용히 지켜보기만 했다. 시위가 시작되고 몇 주 만에 튀니지 대통령 제인 엘아비디네 벤 알리Zein el-Abidine Ben Ali가 사임하고, 이집트의 대통령이자 장기 독재자 호스니 무바라크Hosni Mubarak가 시위를 견디지 못하고 물러나는 모습을 보았다. 하지만 시리아인들은 곧바로 〈아랍의 봄〉 대열에 동참하지 않았다. 대통령 알아사드가 공포와 위협을 능수능란하게 활용하면서 국민들을 분열시키고 반대파를 공세적으로 탄압했기 때문이다.

하지만 밑바탕을 이루는 상황은 여전했다. 알아사드는 국민들에게 지속적으로 개혁을 약속했지만 제대로 실천하지 않았다. 다수를 이루는 수니파보다 알라위파를 우대하면서 분파적 정치를 공고히 굳혔다. 2006년에서 2010년 사이에 가뭄이 이어지면서 이런 격차 — 알라위파와 수니파, 부자와 빈자, 도시와 농촌 — 가 더욱 두드러졌다. 대다수의 시리아인은 동부의 농촌 지역에 사는 수니파였지만, 지중해 연안에 사는 알라위파의 부유한 도시 엘리트들이 그들을 통치했다. 가뭄 직후에 농촌의 수니파 수십만 명이 도시의 가난한 동네로 몰려들었는데, 알아사드와 정부는 그들을 전혀 돕지 않았다. 이렇게 새로 만들어진 〈빈곤 벨트misery belts〉

에 거주하는 수니파는 자신들을 희생시키면서 정부 공공사업과 일자리가 알라위파 동네로 집중되는 것을 확인했다.[8] 또한 군경이 정부가 정한 선을 넘는 사람은 누구든 괴롭히는 것도 지켜보았다. 그 예로, 다른 아랍 나라들의 각성에 고무된 다라의 젊은이들이 벽에 다음과 같은 내용의 그라피티를 그린 뒤 일제 검거되어 고문을 당하고 살해되었다. 〈국민은 정권의 몰락을 원한다.〉 그럼에도 다른 나라들에서 일어난 봉기는 수니파에게 희망을 주었다. 튀니지, 이집트, 리비아 사람들이 독재자에 맞서서 항의 시위를 벌일 수 있다면 자신들도 그렇게 할 수 있었기 때문이다.

2011년 3월 15일 시위가 시작되었을 때 시리아인들은 낙관적이었다. 튀니지와 이집트에서 시위가 성공을 거둔 것처럼, 자신들의 시위도 효과를 발휘하리라고 믿었다. 초기에는 온건한 요구를 내걸었다. 표현의 자유와 반대파 집단을 결성할 자유, 임의 연행과 구금을 당하지 않을 자유를 원했다. 하지만 시간이 흐르면서 점점 요구 수준이 대담해졌다. 얼마 지나지 않아 시위대는 교육 개선, 종파에 따른 고용 차별 금지, 만연한 정부 부패 종식 등을 요구했다.

시리아 남서부에 있는 다라는 자동차로 요르단과 10분, 이스라엘과는 30분 떨어져 있는 도시인데, 초창기 시위의 중심이 되었다. 젊은 그라피티 예술가들이 살해된 사건이 그 계기였다. (자식을 찾으러 경찰서에 간 부모들은 이런 말을 들었다. 「자식들은 잊어버려. 더 낳으면 되니까. 어떻게 하는지 기억이 나지 않으면 부인을 데리고 와. 우리가 보여 줄 테니까.」) 마침내 수니파는 페이스북을 통해 약속을 잡았고 3월 18일에 한 사원에 집결했다.

군 정보기관의 출입이 금지된 몇 안 되는 장소였다. 사람들이 외쳤다. 〈자유Hurriyeh, 자유!〉 얼굴을 가리지도 않고, 보란 듯이 휴대 전화로 영상을 찍었다. 사원 안에 있으면 안전하다고 확신했기 때문이다. 사원에서 나오자 바깥에서 시위대 수천 명이 그들을 기다리고 있었다. 거리에 가득 찬 인파를 헤치며 주 정부 청사로 향했다. 처음으로 맛보는 자유에 한껏 들뜬 모습이었다.

하지만 얼마 지나지 않아 시위대는 알아사드의 하수인인 경찰과 민방위군에 맞닥뜨렸고 최루 가스 세례를 받았다. 시위대는 돌멩이를 던지면서 대응했다. 최루 가스와 돌멩이가 계속해서 오갔다. 오후 늦게 시위대는 검은 옷에 마스크를 쓴 정체불명의 남자들을 맞닥뜨렸다. 알아사드의 정예 보안군인 총안보부에 소속된 그들의 목표는 군중을 해산시키는 것이었다. 처음에는 공중에 총을 쏘았지만, 시위대가 해산하지 않자 저격수들이 시위대를 한 명씩 골라 저격하기 시작했다. 수니파는 인근 사원으로 몸을 피한 뒤, 이곳을 병원 겸 집결 장소로 변신시켰다. 하얀색 침대보에 요구 사항을 적어서 건물 바깥에 내걸었다. 여전히 알아사드가 협상에 나설 것이라는 희망을 품고 있었다.

시위 5일째인 3월 23일 밤, 다라의 전등이 갑자기 일제히 꺼지고 휴대 전화도 먹통이 되었다. 돌격 소총으로 무장한 군인들이 사원에 들이닥쳐 평화적인 시위대에 발포했고, 수십 명이 살해되었다. 앰뷸런스를 타고 달려온 의사 한 명과 구급대원 한 명도 바깥에 자리한 저격수에게 살해당했다. 시리아 전역의 수니파가 나라 곳곳에서 시위를 조직하면서 공격에 항의했다. 「우리는 거리에서 구호만 외쳤습니다. 아무도 우리 말에 관심을 기울이지 않아도 목숨이 남아 있는 한 구호를 외칠 수 있었어요. 그런데 정권이 우리를 공격하기 시작하자 옆에서 구경하던 사람들이 대열에 합세해서 같이 목소리를 냈습니다. 피 때문이죠. 피를 보고 사람들이 움직인 겁니다.」⁹ 알레포에 사는 한 남자의 증언이다.

얼마 지나지 않아 수니파는 희망을 잃었다. 시리아인들은 알아사드 대통령이 시위에 어떻게 대응할지 알지 못했지만, 개혁을 개시하리라는 믿음이 있었다. 어쨌든 대통령은 목소리가 부드럽고, 배운 사람이었고, 영국에서 유학한 경험도 있었으며, 새로운 유형의 개혁적 아랍 지도자임을 자처했기 때문이다. 알아사드가 기꺼이 타협에 나설 것이라는 생각은 합리적이었다. 하지만 알아사드가 대응에 나서자 그의 의도가 분명해졌다.¹⁰ 1주일 뒤인 3월 30일, 시위대가 거리로 나온 이래 처음으로 알아사드가 텔레비전에 나와 국민들을 향해 연설을 했다. 자말Jamal이라는 의사는 하마에 있는 병원의 텔레비전 앞에서 다른 의사들과 간호사들과 모여, 걱정 반 기대 반의 마음으로 그 장면을 지켜보았다. 대통령 참모들이 알아사드가 개혁안을 발표할 예정이며 다라에서 수감된 시위자들도 석방될 것이라고 암시한 바 있었다. 하지만 알아사드는 오히려 시리아의 적들에게 지원을 받는 극단주의 〈테러리스트들〉이 봉기를 일으킨 것이라고 비난했다. 그러면서 아무런 양보 조치도 내놓지 않았다. 알아사드는 카메라를 정면으로 바라보면서 말했다. 「전쟁을 원한다면 우리도 전쟁 준비가 되어 있습니다.」 자말과 동료들, 심지어 그때만 해도 알아사드를 지지하던 이들조차 충격을 받았다. 「두 눈으로 보면서도 믿기지가 않더군요.」¹¹

알아사드가 호전적으로 나오자 항의 시위의 물결이 한층 높아졌다. 중동 전문가 데이비드 W. 레시David W. Lesch에 따르면, 이 연설은 〈시리아를 파국적 전쟁으로 몰아가는 계기로 작용했다〉.[12] 시위가 고조되면서 규모와 분노가 더 커졌다. 경찰과 보안군은 점점 폭력적으로 바뀌면서, 시위대를 구타하고 실탄을 쏘고 수만 명의 시위자를 체포했다. 4월 말에 이르러 다라는 시리아군에 포위된 첫 번째 도시가 되었다. 탱크가 출동하고 옥상에 저격수들이 배치되었다. 급파된 보안군은 식량을 징발하고 전력을 차단했다. 시위대도 무장을 갖추기 시작했다. 6월이 되자 일부 보안군 장교들이 민간인을 죽이는 것을 거부하면서 탈영했고, 7월 말에는 이 탈영한 장교들이 자유 시리아군을 결성했다고 발표했다. 2011년 9월, 정부군은 반군 민병대의 공격을 계속 물리쳐야 했다. 수니파는 시위로 더 나은 삶을 누리게 되리라는 기대를 품었었다. 하지만 알아사드의 연설과 수니파 시민들을 대상으로 이루어진 잔인한 진압은 미래에 대한 믿음을 산산이 부숴 버렸다.

시위 자체는 내전으로 이어지지 않는다. 사실 시위는 기본적으로 희망에서 우러나는 행동이다. 일반 시민이 집을 나와 종이와 플래카드를 들고 거리로 나가서 구호를 외치기 시작하는 것은 정부가 자신들의 말에 귀를 기울이고 자신들의 삶이 개선될 것이라고 믿기 때문이다. 만약 사람들이 정부가 자신들에게 총을 쏠 것이라고 생각한다면, 집 밖으로 나가지 않거나 — 너무 무서워서 행동에 나서지 못하거나 — 결의를 불태우며 나가게 마련이다. 휴대 전화 하나만 달랑 들고서 거리로 나가는 것은 낙관적인 행동이다. 체제가 스스로 교정할 것이라고 믿기 때문이다. 만약 알아사드가 시위에 직면해서 개혁을 이루었다면, 수니파는 피켓을 챙겨서 집으로 돌아갔을 것이다.

시위가 실패로 돌아가면 희망이 사라지고 폭력의 구실이 생긴다. 시민들이 결국 체제에 대한 믿음이 잘못되었음을 깨달을 때 이런 결과가 나타난다. 이스라엘에서 팔레스타인인들은 오랫동안 비폭력 시위를 벌였지만—대규모 시위와 조업 중단, 파업, 보이콧 등—정부와 교섭에서 전혀 진전을 이루지 못했다. 그 결과는 어땠을까? 팔레스타인 언론인 라드완 아부 아야시Radwan Abu Ayyash에 따르면, 〈사람들이 폭발했다〉.[13] 시위가 실패로 돌아간 뒤에 폭력 사태가 고조되는 것은 이런 이유 때문이다.[14] 시위는 극단주의자들이 장악하기 전에 체제를 바로잡으려는 최후의 필사적인 시도다. 평화적 변화를 추구하는 낙관주의자들에게 남은 마지막 카드인 셈이다.

대개 오랫동안 평화 시위가 벌어지고 난 뒤 내전이 일어나는 것은 이 때문이다.[15] 시위자들 스스로가 병사로 변신하는 것은 아니다. 불만을 품은 집단의 호전적인 성원들이 이제 다른 선택지가 전혀 없다고 느끼면서 무력 저항을 조직하는 것이 일반적이다. 아일랜드 공화군 대원인 브렌던 휴스Brendan Hughes는 이렇게 지적했다. 〈아일랜드 사람들이 수백 년 동안 조직적인 활동을 하고, 선거전을 벌이고, 온갖 방법을 써가며 자신들의 정당한 목표를 추구했음을 기억하라. 그때마다 영국인들은 폭력적 대응으로 일관했다.〉[16] 평화 시위가 통하지 않을 때에만 파벌의 극단적 성원들이 우위를 점하게 된다. 그때부터 납치, 암살, 폭탄 공격이 시작된다. 아랍-이스라엘 분쟁에서 가장 폭력적인 국면—2차 인티파다intifada —— 이 시작된 때는 2000년 이스라엘 총리 에후드 바라크 Ehud Barak와 팔레스타인 지도자 아라파트가 캠프 데이비드에서 진행한 회담이 결렬된 뒤의 일이다. 한편 알제리인들은 프랑스의 체계적인 차별에 맞서 오랫동안 총파업과 보이콧, 항의 시위를 벌인 끝에 호전적 시민들이 테러로 돌아섰다. 실패한 시위는 온건파와 그들의 방식이 실패했음을 보여 주는 신호다.

민주주의와 독재 모두 비교적 쉽게 항의 시위를 다룰 수 있다. 1989년 톈안먼 광장에서 시위가 벌어졌을 때, 중국 정부는 학생 지도자들을 면밀하게 감시하고, 회합을 도청하고, 시위 참가자의 신원을 확인해서 연행하고 처벌할 수 있었다. 정부는 또한 계엄령을 선포하고 무려 25만 명의 병력을 베이징에 보낼 수도 있었다. 이런 압도적인 권위주의 권력에 직면한 시위는 기반을 확보하는 데 무척 어려움을 겪었다. 건강한 민주주의는 시위 실패를 경험할 가능성이 낮다. 체제 자체가 타협과 합의를 위한 여러 가지 통로를 만들어 낼 수 있기 때문이다.

하지만 아노크라시 상태에서는 시위가 특히 안정을 해칠 수 있다. 체제가 제도적으로 허약한 탓에 침착한 방식으로 극단적 요소들을 근절하고 대응하지 못하며, 너무 취약하고 불안정해서 현실적인 정치 개혁을 보장하지 못하기 때문이다. 중간 구간의 나라들은 폭력적인 극단주의 집단이 형성되기에 딱 맞는 조건을 제공한다.

시위는 또한 국민들이 파벌화된 나라에서 여러 문제를 야기할 수 있다. 하버드 대학교의 비폭력 저항 전문가인 에리카 체노웨스Erica Chenoweth에 따르면, 시위 집단에 한 나라 국민의 광범위한 부류가 포함될 때 정부가 협상에 나설 가능성이 높아진다. 즉 시위를 진압할 가능성이 낮아진다. 시위 집단이 규모가 크고 주류일수록 정치인들의 지지를 얻을 가능성이 높다. 종족적, 종교적 파벌, 특히 초파벌은 다양하지 않다. 그들은 사회의 한 요소를 대표하며 따라서 상대적으로 정부가 타협에 나설 이유가 적다. 미국 민권 운동이 성공을 거둔 이유 중 하나는 그것이 진정한 동맹이었다는 점이다. 민권 운동은 존 F. 케네디John F. Kennedy 대통령과 로버트 F. 케네디Robert F. Kennedy 법무 장관 등 정부의 유력한 동맹자들만이 아니라 나라 전역의 백인 자유주의자들도 아우르는 운동이었다. 연방 수사국의 추적을 받은 블랙 팬서당은 그렇지 못했다. 이 조직은 아프리카계 미국인으로 구성된 배타적인 단체였기 때문이다. 권력이 없는 종족적으로 배타적인 파벌은 정치적으로 무시당하기 쉽다. 그리고 처벌받기도 쉽다.

　시위는 일종의 경고다. 시민들이 체제가 여전히 작동하지만 문제가 생겼다고 생각한다는 표시다. 2010년 이래 세계 곳곳에서 시위가 급증하고 있다.[17] 1900년에 데이터가 수집되기 시작한 이래 어느 때보다도 지난 10년간 더 많은 시위가 벌어졌다. 2019년 한 해에만 칠레, 레바논, 이란, 이라크, 인도, 볼리비아, 중국, 에스파냐, 러시아, 체코 공화국, 알제리, 수단, 카자흐스탄 등 모든 대륙의 114개 나라에서 정치적 시위가 분출했다.[18] 서유럽과 미국의 자유 민주주의 국가를 포함해서 비영리 연구소인 프리덤 하우스가 〈자유롭다〉고 평가한 나라들에서 시위가 가장 많이 증가했다.

　충격적인 것은 이 시위들이 어느 때보다도 더욱 빠른 속도로 실패하고 있다는 사실이다. 1990년대에는 평화 시위의 성공률이 65퍼센트였다. 정부를 전복하거나 독립을 얻는 결과로 이어졌다는 뜻이다.[19] 하지만 2010년 이후로는 성공률이 34퍼센트로 떨어졌다. 체노웨스도 〈정말로 어떤 변화가 나타나고 있다〉고 인정했다.[20] 그리하여 세계에서 가장 오래되고 자유로운 민주주의 체제들이 점차 취약해지고 있다.

실패한 시위는 내전의 위기가 무르익은 나라에서 위험한 순간을 만들어 낸다. 선거도 같은 효과를 미칠 수 있다. 1990년대 코트디부아르가 민주주의로 이행하면서 초기에 잇따라 치러진 선거는 좋은 사례가 된다. 1960년에 프랑스로부터 독립한 이 나라는 1993년까지 펠릭스 우푸에부아니Félix Houphouët-Boigny 대통령이 통치했다. 〈파파 우푸에〉라는 애칭으로 불린 그는 커피와 코코아 산업을 발전시키는 데 일조했다. 또한 한 종족 집단이 다른 집단을 정치적으로 지배하는 것을 막기 위해 할당제를 도입했다. 그 결과 경제가 번영하고 정치적으로 안정된 나라가 만들어졌다.

　　1990년 첫 번째 다당제 선거가 치러지는 가운데 우푸에부아니 대통령을 비롯한 정치인들이 종족 정체성을 활용해서 정치적 지지를 창출하려고 하면서 이 모든 상황이 바뀌었다. 대통령과 야당 지도자 로랑 그바그보Laurent Gbagbo가 맞붙었는데, 그바그보는 우푸에부아니가 자기 부족인 바울레족의 이익만 도모한다고 비난했다. 바울레족은 코트디부아르 최대 규모의 종족 집단으로 남부에 집중되어 있었다. 우푸에부아니의 여당은 반대로 그바그보의 야당이 외국인과 북부 종족 집단의 이익을 대표한다고 비난했다. 종족적 파벌주의는 1995년 선거에서도 계속 창궐했고, 야당은 선거 정책이 불공정하다면서 선거를 보이콧했다. 집권 세력은 야당 파벌에 속한 인사들을 정부에서 배제하면서 북부와 남부의 분열을 한층 악화시켰다. 결국 2002년 9월에 북부 시민들이 반란을 일으켰다. 권력에서 배제된 것이 주된 이유였다.

파벌화가 심한 아노크라시에서 선거는 잠재적으로 안정을 해치는 계기가 된다. 지위가 격하된 집단이 패배할 때 특히 그렇다. 1960년에서 2000년 사이에 지구 곳곳에서 벌어진 충돌을 살펴본 연구자들은 종족 집단이 선거에서 패배하고 나서 폭력에 호소하는 경우가 많음을 발견했다.[21] 부룬디에서는 1993년 선거 이후 내전이 벌어졌다. 소수 종족이자 부룬디군의 다수를 장악하고 있는 투치족이 사상 최초로 치러진 다당제 대통령·의회 선거에서 패배한 뒤 반란을 일으킨 것이다. 우크라이나에서도 2014년 대규모 시위를 견디지 못하고 사임한 야누코비치 대통령의 후임자를 뽑는 특별 선거에서 포로셴코가 승리한 직후에 내전이 시작되었다. 러시아어권인 우크라이나 동부의 야누코비치 지지자들은 독립을 선언하고 무기를 집어 들었다. 미국에서는 에이브러햄 링컨Abraham Lincoln 대통령이 사상 최초로 남부 민주당의 지지를 받지 않은 채 집권하자 남부인들이 연방에서 탈퇴하기로 결심했다.

시위와 마찬가지로, 선거도 그 자체로는 위험하지 않다. 실제로 대다수 시민은 선거를 민주주의의 보증 수표로 여기면서 열심히 참여한다. 코트디부아르 시민의 80퍼센트 이상이 내전 직전에 치러진 선거에 참여했다. 부룬디에서도 1993년 선거에서 등록 유권자의 93퍼센트 이상이 투표했다. 선거는 사람들에게 희망을 준다.[22] 또한 시민들이 장기적인 시각을 갖도록 한다. 이번에 지더라도 다음에는 이길 수 있다고 믿기 때문이다. 시민들이 미래에 대해 희망을 품을수록 체제 안에서 평화롭게 활동하려는 성향이 높아진다.

하지만 패배하는 쪽이 다시는 권력을 얻지 못할 것이라고 생각하면 희망이 사라진다. 미국의 1860년 선거는 남부 민주당에게 괴멸적인 패배였다. 한때 유력했던 남부에서 선거인단 표를 하나도 얻지 못한 후보가 백악관에 입성했기 때문이다. 노예제 폐지를 강령으로 삼은 공화당은 이제 당선되기 위해 남부인들에게 영합할 필요가 없었다.

선거는 미래에 관한 중요한 정보를 제공하며 따라서 불확실성을 줄인다. 첫째, 선거는 한 집단의 경쟁 능력을 선명하게 보여준다. 한 당이 연속으로 두 번 지게 되면 지배권을 확보할 표를 얻지 못하기 때문에 권력에서 배제될 가능성이 높아진다. 선거는 승자 독식 체제에서 특히 안정을 위협할 수 있다. 대통령 다수결 선거제는 한 나라에서 다수 집단에게 지나치게 유리하다. 한 당이나 파벌이 시민 과반수의 지지를 얻지 못하면 절대 권력을 잡지 못한다. 코트디부아르는 미국과 똑같은 대통령제로, 대통령이 다수결 원칙에 따라 권력을 얻으며 국가수반일 뿐 아니라 정부 수반, 군 최고 통수권자이기도 하다. 이런 식의 체제에서는 선거 승리가 특히 중대하다. 아프가니스탄, 앙골라, 브라질, 부룬디, 인도네시아, 나이지리아, 필리핀, 르완다, 베네수엘라 등은 모두 같은 유형의 대통령제이며, 모두 높은 수준의 정치 폭력을 경험했다. 한 연구에 따르면, 1960년에서 1995년 사이에 내전을 경험한 민주주의 국가는 전부 다수제나 대통령제였다.[23] 비례 대표제 국가는 하나도 없었다.

다수제에서 종족 파벌화가 나타나면 선거가 한층 더 곤란해진다. 시민들이 종족 파벌을 중심으로 뭉치면, 선거에서 항상 자기 파벌에 표를 던지기 때문에 투표 결과가 예측 가능해진다. 그 나라의 인구 구성을 보고 사람들이 어떻게 투표할지를 정확히 추측할 수 있기 때문에 모두들 선거 결과를 안다. 인구 구성이 변화하거나 정치 체제가 바뀌거나 파벌이 포용적으로 돌아서지 않으면, 정치적 결과가 달라질 것이라고 기대할 이유가 거의 없다.

선거는 또한 집권당이 공정하게 행동할지 여부에 관한 정보도 제공한다. 선거는 집권 세력이 정말로 민주주의를 위해 노력하는지를 보여 준다. 만약 한쪽이 선거 결과를 조작할 수 있고, 민주적인 견제와 균형이 너무 허약해서 평화적인 권력 교체를 강제하지 못한다면, 공정한 경쟁에 대한 희망이 사라진다. 1948년 알제리에서 새롭게 의회를 구성하기 위해 치러진 선거는 프랑스 정착민들이 자신들의 승리를 보장하기 위해 공공연하고 심하게 조작했기 때문에 〈알제리 선거election algerienne〉라는 문구가 불공정 선거와 동의어가 되었다. 조작 선거는 배제된 집단들에게 지금이나 향후에 전통적 수단으로 권력을 얻거나 되찾을 기회가 없음을 확인시킨다. 선거를 조작하는 능력은 희망을 조롱한다.

선거 자체가 파벌화로 이어지면서 정치인들에게 〈종족 전술을 구사〉하도록 부추길 수 있다. 종족적 민족주의와 불만의 깊은 감정을 의식적으로 창출해서 자신들이 집권하는 데 필요한 지지를 결집시키는 전술이다. 선거로 이어지는 운동은 또한 반란을 일으키기 위한 결정적인 기반을 제공한다. 반란을 일으키려면 각 집단이 정치에 별로 관심이 없는 시민들을 폭넓은 운동으로 끌어당겨야 하기 때문이다. 당선을 위한 운동은 정치권력을 놓고 경쟁하기 위해 사람들을 특정한 이데올로기 아래로 단합시키는 과정이다. 어떻게 보면 무력 동원의 평화적인 전조다. 일단 선거가 치러지면 당 지도자들에게는 이미 구성된 지지자 무리가 있는데, 그중 일부는 기꺼이 싸우려고 한다.[24] 조직화된 정치 파벌과 무장 파벌을 가르는 선이 위험할 정도로 가늘어질 수 있다. 특히 쉽게 무기를 구하고 유통할 수 있는 나라에서는 더욱 그렇다.

선거는 한 나라를 강화하면서 시민들이 유의미한 시민적 의무의 행동으로 단합하도록 한다. 또한 제도에 대한 믿음을 새롭게 만들고 한 사람이 행사하는 투표의 힘을 재확인하는 계기가 되기도 한다. 다른 한편으로 선거는 한 집단의 지위가 하락하는 고통스러운 증거를 보여 주면서 그 성원들이 미래의 대표성에 대한 희망을 잃게 할 수 있고, 무기를 들고 싸워도 잃을 것이 없다고 확신시킬 수도 있다.

내전은 때로 단일한 사건, 하나의 계기에서 생겨나기도 한다. 때로는 선거가, 또는 실패한 시위나 자연재해가 계기가 된다. 필리핀에서는 군인들이 무슬림 신병들을 죽인 단 한 번의 학살이 내전의 결정적 원인이 되었다. 레바논에서는 어느 기독교인 남자가 아들의 결혼식에 가던 길에 살해당한 일이 촉발점이 되었다. 과테말라 내전은 파괴적인 지진으로 정부가 얼마나 무능하고 부패한지가 드러난 뒤에 확대되었다. 하지만 이런 폭발점들에는 오랜 배경이 존재한다. 대개 내전은 일반 시민보다 권력과 정치에 한층 깊이 관심을 갖는 소규모 극단주의자 무리 — 학생, 망명한 반체제 인사, 군부 출신 인사 — 에서 시작된다.

보그사이드에서 폭동을 일으킨 남녀노소가 아일랜드 내전을 개시한 것은 아니다. 내전을 일으킨 것은 아일랜드 공화군을 창설한 급진주의자들이다. 숀 맥 스티오페인Seán Mac Stíofáin, 셰이머스 투메이Seamus Twomey, 조 케이힐Joe Cahill 등 아일랜드 공화군 창설자들은 수십 년간 만난 끝에 첫 번째 공격을 계획했다. 미국 내전 — 남북 전쟁 — 에서는 이른바 미닛 맨Minute Men 민병대 — 미국 혁명전쟁 시대 애국자들을 본뜬 집단 — 들이 전쟁이 벌어지기 수십 년 전인 1830년대부터 남부 전역에서 등장하기 시작했다.[25] 급진적 연방 탈퇴론자들로 구성된 소규모 집단이 이 민병대를 조직했는데, 그들은 거의 전부 백인 플랜테이션 농장주로서 남부 독립을 위한 지지를 구축하고자 했다. 그들이 백인 노동 계급을 자신들의 대의로 결집시키는 데는 오랜 시간이 걸렸다. 시리아 — 대다수 사람이 폭발적 내전이 아랍의 봄 시위에서 생겨났다고 생각하는 나라 — 에서도 자유 시리아군 조직자들은 6개월 가까이 튀르키예에서 만남을 가진 뒤에야 싸움을 시작했다. 전사 집단이 결성되었음을 일반 시민들이 알 무렵이면 대개 그 집단은 사람들이 생각하는 것보다 더 오래되고 강한 상태다.

정부가 의도치 않게 전사 집단의 신병 모집자가 되기도 한다. 여러 연구에서 밝혀진 것처럼, 정부가 극단주의 집단의 초기 결집에 잔학한 무력으로 대응하면 인기 없는 집단조차도 지역 차원에서 더 많은 지지를 받는다.[26] 정부가 자국 시민들을 공격하면 거리에 나온 사람들이 급진주의자로 변모하게 된다. 시리아 남서부의 엔지니어인 아부 타이르Abu Tha'ir는 다라에서 어떻게 이런 일이 벌어졌는지를 설명했다. 도시의 전력이 차단된 뒤 정부군이 알오마리 사원을 습격해서 시리아인 수십 명을 살해하자, 마을 사람들이 총소리를 듣고 다라로 달려와서 평화를 호소했다. 보안군은 그들을 무시하거나 대화를 시도하는 대신 발포해서 지역의 모든 마을에서 온 민간인들을 도살했다. 타이르는 이렇게 말했다. 「혹시라도 이 사건에 관해 책을 쓴다면 『1주일 만에 혁명을 일으키는 법』이라고 제목을 붙일 겁니다.」[27]

물론 초기의 전사들은 정부군의 민간인 살상이 충돌을 전면전으로 확대시킬 수 있음을 알았다. 정부의 가혹한 대응에서 기회를 포착하고 그에 따라 행동한 것이다. 하마스는 학교와 사원, 주거 구역에 무기를 쌓아 놓고 이스라엘군이 그곳을 포격하게 자극했다.[28] 브라질의 마르크스주의 혁명가 카를루스 마리겔라Carlos Marighella는 동료 전사들에게 폭력적 대응을 도발하기 위해 정부군을 표적으로 삼을 것을 촉구했다.[29] 그는 정부가 시민들에 대한 탄압을 강화하면서 무고한 사람을 연행하고 도시의 삶을 견딜 수 없게 만들면 시민들이 정부에 등을 돌릴 것이라고 믿었다. 아일랜드 공화군의 토미 고먼Tommy Gorman은 북아일랜드에서 영국군과 정부가 가혹한 전술을 구사함으로써 〈우리의 가장 훌륭한 징병 대리인 노릇을 했다〉고 회고했다.[30] 에스파냐에서 폭력적 분리주의 단체 바스크 조국과 자유Euskadi Ta Askatasuna가 바스크 시민들 사이에서 특히 인기를 얻게 된 계기는 프랑코 대통령이 제2차 세계 대전 중에 독일이 바스크인 마을을 잔인하게 폭격하도록 허용한 것이었다. 어느 바스크 문제 전문가는 이렇게 표현했다. 〈도시와 마을에 통제할 수 없는 군경을 풀어놓는 것만큼 사람들을 급진화하는 조치는 없다.〉[31] 이것은 정부가 강경한 태도를 보이기로 결정한 뒤 내전이 폭발하는 이유이기도 하다. 극단주의자들은 이미 호전성을 끌어안고 있다. 바뀌는 부분은 일반 시민들이 이제 자신들도 호전성을 받아들이는 것이 유리하다고 판단한다는 것이다.

폭력적 극단주의자들은 또한 평화 시위운동을 활용해서 혼돈의 씨앗을 뿌릴 수도 있다. 체노웨스는 이런 사람들을 〈폭력 충돌 사업가violent conflict entrepreneur〉라고 부른다.[32] 그들은 사회 운동을 폭력으로 유도하면서 가로채려고 한다. 이는 정부의 가혹한 반격을 도발하기 위해 고안된 행동이기도 하지만, 시위자들 사이에서 공포와 불안을 조성함으로써 온건한 성원들도 무기를 들 필요가 있음을 확신하게 만들려는 시도이기도 하다. 갑자기 일반 시민들이 평화적 수단을 추구하는 이들은 자신들을 보호할 수 없다고 확신하면서 극단주의자들에게 의지하려 한다. 지도자들은 자신들이 이렇게 안전 딜레마를 창출하고 있음을 알지 못할 수도 있다. 세르비아계 사람들을 크로아티아 내의 소수자로 재정의하면서 그들에게 충성 맹세를 요구한 투지만은 이런 조치가 세르비아계 사람들에게 얼마나 큰 공포를 안겨 줄지, 또 그들을 밀로셰비치의 품으로 떠미는 결과를 가져올지 알지 못했을 것이다. 이런 공포에 직면하는 경우에 대개 해당 집단의 급진파가 승자가 된다.

그렇다면 정부, 특히 민주적 정부는 왜 전쟁을 피하는 데 도움이 되는데도 시위자들에게 굴복하지 않을까? 그에 대한 한 가지 답은 몇몇 정부는 자신들의 생존이 걸려 있는 일이라고 믿기 때문이다. 알아사드가 볼 때, 시리아의 민주화란 수니파가 지배하는 길을 닦으면서 자신과 알라위파 지지자들이 천민이나 그 이하로 몰락하는 것을 의미했다. 알아사드는 이라크의 후세인이나 리비아의 무아마르 카다피Muammar Gaddafi가 권좌에서 내려온 뒤 어떻게 되었는지를 이미 보았다. 그는 그런 결말을 원하지 않았다.

다종족 국가의 다른 지도자들은 오직 전쟁만이 나라를 하나로 뭉치게 만든다고 확신하게 된다. 1955년에서 2002년 사이의 민족 자결 운동을 살펴본 연구에서 나는 잠재적 분리주의 집단이 여럿 존재하는 나라일수록 지도자들이 협상을 꺼리는 — 그리고 싸움을 선호하는 — 경향이 있음을 발견했다.[33] 만약 지도자가 한 집단에 독립을 부여하면 다른 집단들도 각자 요구를 내걸게 된다 — 분리주의의 연쇄 반응이 촉발된다 — 고 믿는다면, 전쟁을 벌이는 것이 미래의 도전을 억제하는 데 도움이 될 것이다. 인도네시아가 동티모르의 독립 선언에 가혹하게 대응하면서 동티모르 인구의 25퍼센트 정도를 살해한 것은 다른 많은 종족 집단도 독립을 요구하지 못하게 하려는 시도였다.

정부의 핵심 지지층 — 통치 엘리트, 유권자 기반, 군 장교 — 또한 나라를 충돌로 유도할 수 있다. 이 가운데 일부 또는 전체 집단에 신세를 진 지도자들은 명령을 내리기보다는 받아들이는 데 익숙할 수도 있다. 프랑스 정부가 전쟁을 벌이고 나서야 알제리에 독립을 허용하기로 한 이유는 알제리에 거주하는 정치적으로 유력한 프랑스 정착민들이 군 장교들의 지지를 받으면서 타협을 거부했기 때문이다. 당시 프랑스계 알제리인들이 경찰을 통제하는 내무부를 장악했다. 중국 공산당 지도자 자오쯔양(趙紫陽)은 톈안먼 광장 시위대와 타협하는 쪽을 선호했지만, 공산당 강경파는 ─ 미지근하게 대응한다는 이유로 ─ 그를 권력에서 밀어내고 군사적 대응을 추구했다.

무지 또한 정부의 과잉 반응을 유도해서 광범위한 충돌을 촉발할 수 있다. 여러 연구에서 밝혀진 것처럼, 어떤 지역과 관계가 소원해서 접촉이 별로 없고 영향력도 미치지 못하는 경우에 정부가 과잉 대응을 할 가능성이 특히 높다.[34] 북아일랜드 문제 영국 수석 교섭가인 조너선 파월Jonathan Powell은 이렇게 말했다. 「영국은 사실 북아일랜드에서 어떤 일이 벌어지고 있는지 알지 못했습니다. …… 영국의 첩보는 낡은 내용이었어요. 엉뚱한 사람들을 잡아 가둔 겁니다.」[35] 하지만 영국은 폭력에 호소함으로써 개혁 가능성에 대한 가톨릭교인들의 믿음을 무너뜨렸을 뿐만 아니라 그들을 두 팔을 활짝 벌린 아일랜드 공화군의 품에 안겨 주었다.

정부가 지속적인 항의 시위에 어떻게 대응할지는 분명하지 않다. 감정이 고조되고 예상치 못한 사태가 발생한다. 비타협성과 공포가 자리를 잡는다. 양쪽 사람들 모두 복수를 요구하고 추구한다. 지위가 격하된 집단의 성원들이 초기에 벌이는 테러 행위가 흔히 사람들이 생각하는 것보다 더 위험한 것은 이 때문이다. 폭력 사업가violence entrepreneur들은 더 큰 목표를 노린다. 21세기 초의 몇십 년 동안 전쟁을 도발하려는 이 극단주의자들은 전례 없이 강력한 신무기를 보유하고 있다. 값싸고 신속하고, 분노와 원한을 불러일으키는 데 더없이 훌륭하며, 대다수 사람이 아직 그 위험성을 충분히 알지 못하는 무기다. 소셜 미디어가 바로 그것이다.

5
촉매

차로 한 시간을 달리다가, 누군가가 뒤를 쫓아오고 있다는 것을 알아챘다. 회색 세단은 언제든 우리가 탄 차를 멈춰 세울 수 있었다. 우리의 도요타 소형차는 움푹 팬 구멍과 자전거, 보행자를 피하느라 시속 약 48킬로미터를 넘지 못했다. 목적지 ― 수풀이 우거진 정원과 서늘한 산 공기, 군사 기지로 유명한 만달레이 북쪽의 옛 식민 도시 ― 에 다다르자 군복 차림의 남자 하나가 기다리고 있었다. 「이름이 뭡니까? …… 어느 나라 사람이에요? …… 여기는 왜 왔습니까?」

남편과 어린 딸과 나는 주목할 만한 변화가 되리라고 여긴 과정을 두 눈으로 직접 보려고 미얀마에 머무르는 중이었다. 그해 2011년은 수십 년 동안 혹독하게 나라를 통치해 온 미얀마 군사 정부가 민간 통치로의 이행에 막 합의한 때였다. 나라를 지배하는 장군들은 선거를 허용하기로 했고, 저명한 야당 지도자 아웅산 수치Aung San Suu Kyi를 석방하는 데도 동의했다. 모든 일이 순조롭게 진행되면, 이 아름다운 나라의 삶이 극적으로 바뀌고 나라가 더 자유롭고 번영하며 시민들에게 너그러워질 것이었다.

하지만 우리는 또한 두려움에 가득 차 있었다. 미얀마는 언제든 정치적 격변이 일어나도 전혀 이상하지 않은 나라라는 불편한 감정을 떨쳐 버릴 수 없었기 때문이다. 진정한 선거가 치러져서 아웅 산 수치가 총리에 해당하는 지도자로 선출되면 미얀마는 순식간에 아노크라시가 될 가능성이 높았다. 이 과정에서 군부가 으뜸가는 패배자가 되어 독재적인 지배권과 국고를 마음껏 사용할 수 있는 권리를 포기하게 될 터였다. 또한 여러 파벌, 특히 불교도 파벌이 등장하는 사태도 걱정되었다. 미얀마 — 옛 이름은 버마 — 는 특히 다수인 불교도와 소수인 무슬림이 대결하는 종족 충돌의 오랜 역사가 있었다. 이 불안한 관계는 1826년부터 1948년까지 이어진 영국의 점령 시절까지 거슬러 올라간다. 그 무렵에 인도인들과 무슬림 숙련 노동자들이 영국인들이 장악한 산업에서 일하기 위해 버마로 이주했다. 특히 다수의 이민자가 유입된 지역들에서 많은 토착 불교도 — 미얀마의 〈토박이들〉 — 가 소외감을 느꼈다. 불교도들은 새로운 산업 경제에서 배제되어 저임금 농업 노동으로 밀려났다. 1930년대에 불교도 급진 민족주의자들이 무슬림 반대 캠페인을 개시하면서 〈버마인들을 위한 버마〉를 요구했다.[1] 그 후로 줄곧 인도 무슬림과 로힝야족 — 버마 서부 아라칸 지역 출신의 무슬림 — 은 계속 차별을 받으면서 시민권과 법적 대표성을 박탈당하고 노동 수용소로 강제 이송되었다.[2] 반란 집단이 저항을 시도하자, 정부는 투쟁과 시위를 구실로 삼아 진압에 나섰다.[3] 정치 체제가 경쟁에 개방되면 불교도들이 자신들의 정치적 힘을 과시하면서 이런 분열을 활용하려는 유인이 한층 커질 수 있었다.

하지만 우리가 방문하고 1년이 지났을 때, 미얀마의 민주주의를 낙관할 만한 이유가 있었다. 정부는 카렌족 분리주의 반군과 휴전하는 데 동의하고 정치범 수백 명을 석방했으며, 아웅 산 수치의 당이 총선에서 압도적 승리를 거두었다. 검열법도 느슨해지는 추세였다.

우리가 미얀마를 여행하는 동안 인터넷에 접속할 수 있었던 곳은 먼지가 풀풀 날리는 양곤 시내에 자리한 영국 식민지 시절의 호텔에 있는 컴퓨터뿐이었다. 보통은 연결이 되지 않았다. 사람들에게 아이폰을 보여 주어도 무표정한 반응뿐이었는데, 그것이 무엇인지 몰랐기 때문이다. 하지만 2011년에 새 정부는 인터넷 규제를 크게 완화했다. 얼마 지나지 않아 페이스북이 서비스를 시작했다. 아웅 산 수치가 국가 고문으로 임명되는 2015년에 이르면, 미얀마는 시민의 1퍼센트만이 인터넷에 접속하는 나라 — 북한을 제외하면 세계 최하위 — 에서 시민의 22퍼센트가 접속하는 나라로 바뀐 상태였다. 거대한 전진처럼 보였다.

하지만 재앙이 조성되고 있었다. 2012년 승려가 다수인 불교도 초민족주의자 집단이 페이스북을 이용해서 미얀마 전역의 무슬림 인구를 표적으로 삼았다.[4] 지역에서 벌어진 폭력 사태를 무슬림 탓으로 돌리면서, 그들을 지역의 침략자이자 다수파 불교도를 위협하는 세력으로 몰아세웠다. 여러 사람에게 공유된 게시물 가운데는 〈무슬림을 돼지 먹이로 던져 버리자〉라는 언급도 있었다.[5] 그룹 페이지들은 로힝야족을 나라에서 추방할 것을 요구하는 대규모 집회를 열자고 제안했다. 페이스북은 순식간에 미얀마에서 가장 인기 있는 소셜 미디어 플랫폼 — 그와 동시에 주요한 디지털 뉴스 출처 — 이 되었다. 오래지 않아 미얀마 군부 지도자들은 페이스북을 이용해서 혐오 발언과 가짜 뉴스를 게시했다.[6] 군부가 힘을 잃을 수도 있는 상황에서 〈공포〉는 그들의 영향력과 권력을 떠받치는 역할을 했다. 관리들이 가짜 계정을 수천 개 만들어 허위 정보를 퍼뜨리는 가운데 군부를 적으로 돌리기를 원하지 않는 정부 지도자들은 이런 이야기를 지지하면서 벵골인들 ― 불법 이민자로 여겨지는 로힝야족을 지칭하는 표현 ― 이 폭력과 범죄를 일삼는다고 비난했다.

2012년 6월 무슬림 8만 명이 〈집에서 쫓겨났다〉고 보도되면서 라카인주에서 불교도와 무슬림 사이에 처음으로 폭력 사태가 일어났다. 1년도 지나지 않아 세계는 로힝야족을 겨냥한 종족 청소 작전에 관한 보도를 접하게 된다.[7] 초기의 폭력 사태는 정부 군경이 방관하며 지켜보는 가운데 지역 불교도 폭도들이 자행한 것처럼 보였다. 라카인족 남자들 ― 불교도 ― 은 화염병과 마체테, 자작 무기를 휘두르면서 지역 곳곳에서 마을을 습격했다. 간혹 군인들이 가세했다. 페이스북에서 퍼지는 가짜 정보가 분명 폭력을 부추기고 있었지만, 정부는 로힝야족 무슬림의 존재조차 인정하지 않았다. 종족 청소와 군대의 범죄를 보도한 언론인들은 투옥되었다. 페이스북에 개입을 요청하려던 사람들은 답을 듣지 못했다. 2013년 스탠퍼드 대학교에서 다큐멘터리를 공부하는 오스트레일리아 학생 엘라 캘런Aela Callan이 폭력 사태를 영상에 담아 페이스북의 커뮤니케이션·공공 정책 담당 부회장 엘리엇 슈라지 Elliot Schrage에게 연락했다. 캘런은 혐오 발언과 로힝야족 제노사이드의 연관성을 폭로하는 자신의 프로젝트를 전달했지만, 페이스북은 못 본 체했다. 1년 뒤 노르웨이 이동 통신 회사 텔레노르가 미얀마 시장에 진출하면서, 휴대 전화 구매자들이 데이터 요금 없이도 페이스북을 이용할 수 있게 했고 이로써 페이스북 이용자가 크게 늘어났다.

이후 몇 년간 수십 명의 언론인, 기업, 인권 단체, 외국 정부, 심지어 미얀마 시민 들은 페이스북에서 혐오 발언과 허위 정보가 아무 제지도 받지 않고 퍼지는 현상에 대해 플랫폼에 계속 경고했다.[8] 하지만 페이스북은 침묵으로 일관하면서 이 문제를 인정하려 하지 않았다. 2016년 10월 군부가 로힝야족을 겨냥한 공세를 강화하면서 로힝야족을 살해, 강간하고 연행하는 동시에 집까지 불태우자 폭력 사태가 점차 확대되었다.[9] 2016년 12월까지 수백 명이 살해되고 수천 명이 도망쳤다. 하지만 2017년 8월 미얀마 군이 불교도 폭도들과 함께 대량 살상, 국외 추방, 강간 등의 문제를 일으키면서 진짜 제노사이드가 시작되었다. 2018년 1월에 이르면 로힝야족 2만 4천 명이 살해되고 여성과 아동 1만 8천 명이 강간을 비롯한 성폭력을 당한 것으로 추산되었다.[10] 그 밖에 11만 6천 명이 구타를 당하고, 3만 6천 명이 불길에 던져졌으며, 로힝야족 추정 인구 1백만 명 중 약 70만 명이 도망쳐야 했다. 베트남 전쟁 이래 아시아에서 벌어진 최대 규모의 탈출 사태였다.

세계는 민주주의를 위해 싸운 노벨 평화상 수상자 아웅 산 수치의 대응을 기대하며 지켜보았다. 하지만 그는 폭력 사태를 인정하지 않으면서, 오히려 미얀마 서부에서 도망치는 로힝야족을 찍은 사진들이 가짜라고 주장했다. 그러면서 페이스북에 이렇게 썼다. 〈우리는 인권과 민주적 보호를 박탈당하는 게 어떤 의미인지를 누구보다도 잘 안다.〉 그리고 ─ 튀르키예 대통령 에르도안과의 통화에서 ― 미얀마에 사는 모든 사람은 보호받을 자격이 있다고 주장했다. 하지만 로힝야족의 상황은 실제 문제가 아니라 〈거대한 허위 정보라는 빙산〉이 낳은 결과라고 강변했다.[11]

2010년 이래 해마다 세계는 민주주의 사다리를 올라가는 나라보다 내려가는 나라가 더 많은 현실을 목도하고 있다.[12] 새롭게 민주화된 나라들만이 아니라, 한때 오랫동안 신성불가침의 민주주의를 자랑하던 부유한 자유주의 국가들에서도 이런 퇴보가 나타난다. 선거로 뽑힌 일부 지도자들이 표현의 자유를 공격하고 헌법을 개정해서 권력을 자신들의 수중에 집중시키고 있다. 다른 지도자들은 대의제 선거를 약화시키려고 시도한다. 모든 지도자가 시민들에게 독재적 조치의 필요성을 설득하려고 한다. 스웨덴의 민주주의 다양성 연구소는 세계 각지의 여러 민주주의 유형에 관한 자세한 데이터를 수집한 뒤 100점을 기준으로 분류한다. 100점이 가장 민주적인 나라이고 0점이 가장 비민주적인 나라다. 연구소에 따르면, 에스파냐가 서유럽에서 가장 큰 폭으로 점수가 떨어졌고, 그리스, 독일, 프랑스, 영국, 아일랜드, 오스트리아가 그 뒤를 이었다. 세계에서 가장 자유로운 북유럽 나라들 또한 2010년 이래 점수가 떨어졌다. 지난 1백 년의 대부분 동안 1위를 기록한 덴마크는 브이뎀 점수에서 10점이 낮아졌고, 스웨덴은 35점이 낮아졌다. 이처럼 세계 곳곳에서 민주주의가 빠른 속도로 쇠퇴한 탓에 민주주의 다양성 연구소는 2020년에 처음으로 〈독재화 경보 Autocratization Alert〉를 발표했다.
　　적어도 한동안 아프리카는 이런 추세에서 두드러진 예외였다.[13] 지난 10년의 대부분 동안 사하라 사막 이남 아프리카는 지구상에서 민주주의가 축소되지 않고 계속 확대된 유일한 지역이었다. 부르키나파소는 27년간 반(半)권위주의 통치가 중단 없이 이어진 끝에 2015년 역사상 처음으로 민주주의 이행을 경험했다. 시에라리온은 2018년에 집권당이 야당에 패배해서 물러난 뒤 민주주의로 이행했다. 코트디부아르는 2015년에 독립한 이후 처음으로 국제 사회의 감독하에 가장 폭넓은 선거를 치렀다. 그리고 감비아는 20년에 걸친 군부 통치를 끝내고 2017년에 민주주의로 이행했다.

아프리카는 다른 면에서도 독보적이었다. 같은 시기에 아프리카 나라들은 세계 어느 나라보다도 인터넷 사용률이 낮았다.[14] 2016년 북한이 가장 낮았지만, 그다음 12개 나라 — 에리트레아, 소말리아, 니제르, 중앙아프리카 공화국, 부룬디, 차드, 콩고 민주 공화국 등 — 가 모두 아프리카에 있었다. 아프리카에서 인터넷 접속이 늘어난 때는 2014년인데, 당시 소셜 미디어가 주요한 소통 수단이 되었다. 페이스북, 유튜브, 트위터는 2015년부터 사하라 사막 이남 아프리카에 진출했으며, 이 과정에서 충돌 수준이 높아지기 시작했다. 가령 에티오피아에서는 티그라이족과 오모로족 사이의 오랜 긴장이 2019년에 점점 끓어올랐다. 지방 관리들이 청년들을 무장시키고 있다고 주장하는 가짜 동영상이 잇따라 등장한 탓이다.[15] 2018년 이후 새롭게 민주적으로 선출된 정부로 이행하는 과정에서 충돌은 계속 고조되었다. 한 분석가에 따르면, 이는 〈페이스북이 지배하는 인터넷 접속이 급증하는 시기〉와 일치했다.[16] 중앙아프리카 공화국의 소셜 미디어에서 조장되는 혐오 발언도 최근 들어 무슬림과 기독교인 사이의 분열을 부추기고 있다. 2019년 사하라 사막 이남 아프리카의 브이뎀 점수도 세계 다른 지역들처럼 하락하기 시작했다.

지구적 차원에서 민주주의가 쇠퇴하는 현상이 인터넷의 등장과 스마트폰의 도입, 광범위한 소셜 미디어의 사용과 밀접한 관련이 있는 것은 우연의 일치일 리 없다.[17] 우리가 살아가는 완전히 새로운 정보 환경은 아마 이 세기에 세계가 목격한 가장 거대한 문화적, 기술적 변화일 것이다. 페이스북은 처음에 민주화의 위대한 도구로 찬양받았다. 사람들을 연결하고, 생각과 견해의 자유로운 교환을 장려하며, 주요 언론 매체보다 시민들 스스로 뉴스를 선별하게 해줄 것으로 기대되었다. 사람들의 수중에 권력을 쥐어 주는 완벽한 도구인 듯했다. 반정부파는 조직하고 소통하는 새로운 길을 갖게 되었고, 이 길은 자유와 개혁의 새 시대를 안내한다고 약속했다. 페이스북은 2009년에 세계에서 가장 인기 있는 플랫폼이 되었다. 2010년에 이르면 유튜브, 트위터, 와츠앱, 인스타그램이 모두 인기를 누리면서 성장했다. 2013년에 미국인의 23퍼센트가 최소한 뉴스의 일부를 소셜 미디어를 통해 확인했다.[18] 2016년에는 그 비율이 62퍼센트에 달했다. 지금은 70퍼센트가 넘는다.

하지만 소셜 미디어 플랫폼은 결국 판도라의 상자였다는 것이 드러나고 있다. 정보 공유의 시대는 허위 정보(잘못된 정보)나 가짜 정보(고의로 퍼뜨리는 잘못된 정보)가 확산되면서도 규제를 받지 않는 무분별한 통로를 양산한다. 예전에는 언론 환경에서 배제된 — 또는 적어도 대규모 청중을 확보하는 데 어려움을 겪던

— 사기꾼, 음모론자, 트롤, 선동가, 반민주주의자 등이 갑자기 영향력을 얻었다. 워싱턴 대학교의 공공 정보 센터의 공동 설립자인 케이트 스타버드Kate Starbird는 이렇게 말했다. 「2009년만 해도 허위 정보 문제가 상대적으로 미미해서 우리는 〈아, 그 문제는 크게 걱정할 게 없어요. 우리가 접하는 대부분의 정보는 진실이고 선의를 품은 사람들에게서 나온 거니까요〉 하고 말할 수 있었죠.」[19] 하지만 그로부터 5년 만에 소셜 미디어 플랫폼에 올라오는 잘못된 정보의 양이 급증했다. 소셜 미디어가 각국에 진출하고 더 많은 사람의 관심을 얻게 되자 뚜렷한 양상이 나타났다. 종족 파벌이 늘어나고 사회적 분열이 확대되었고, 이민자에 대한 원한이 커지고 협박을 일삼는 포퓰리스트가 당선되었으며, 폭력 사태가 늘어났다. 규제를 받지 않는 개방된 소셜 미디어 플랫폼은 결국 내전으로 이어지는 조건을 부추기는 완벽한 촉매였음이 드러났다.

문제는 소셜 미디어가 추구하는 사업 모델이다.[20] 페이스북이나 유튜브, 구글, 트위터 같은 정보 기술 기업들은 돈을 벌기 위해 사람들을 최대한 오랫동안 자사 플랫폼에 잡아 두어야 — 또는 그들의 표현대로 〈관여하게engaged〉 만들어야 — 한다. 이용자가 — 고양이에 관한 링크를 클릭하거나 연예인에 관한 기사를 리트윗하거나 동영상을 공유하면서 — 오랜 시간 연결되어 있을수록 회사의 광고 수입이 증가한다. 또한 관여 시간이 길어지면 이용자에 관한 행동 데이터를 더 많이 수집할 수 있는데, 이를 바탕으로 쉽게 타깃 광고를 사용해서 훨씬 더 많은 돈을 벌어들인다. 2009년 페이스북은 〈좋아요〉 버튼을 도입했다. 이 기능으로 페이스북은 어떤 게시물이 이용자들에게 가장 인기 있는지를 알 수 있게 되었다. 같은 해 — 각국의 민주주의가 쇠퇴하기 시작한 전해 — 에 페이스북은 두 번째 혁신을 도입했다. 이용자의 과거 〈좋아요〉 이력을 활용해서 맞춤형 게시물을 보여 주는 알고리즘이었다. 유튜브를 소유한 구글도 곧 그 뒤를 따랐다.

결국 드러나는 것처럼, 사람들은 고요보다 공포, 진실보다 거짓, 공감보다 분노를 좋아한다. 사람들은 밋밋한 게시물보다 자극적인 것을 훨씬 좋아하는데, 이를 이용해 입소문을 타고 싶은 마음에 도발적인 자료를 올리고 싶어 한다. 〈좋아요〉 버튼이 생기면서 페이스북 개인 이용자들은 갑자기 진실이든 아니든 간에 분노를 자극하는 콘텐츠를 올리면 보상을 받게 되었다. 그 후 진행된 연구들에 따르면, 사람들을 계속 관여하게 만드는 정보는 분노와 원한, 폭력으로 이끄는 내용이다. 50만 건의 트윗을 분석한 뉴욕 대학교의 윌리엄 J. 브래디William J. Brady와 동료들은 도덕적이거나 감정적인 단어를 사용할 때마다 리트윗이 20퍼센트 증가했음을 발견했다.[21] 퓨 리서치 센터Pew Research Center의 또 다른 연구에 따르면, 〈격분한 반론〉을 나타내는 게시물이 다른 유형의 콘텐츠에 비해 〈좋아요〉와 〈공유〉를 두 배 가까이 받았다.[22] 미국의 컴퓨터 과학자로 구글의 윤리 담당자를 지낸 트리스탄 해리스Tristan Harris는 2019년 『뉴욕 타임스The New York Times』와의 인터뷰를 통해 이런 유인을 설명했다. 〈만약 내가 유튜브이고 당신이 더 많은 걸 보기를 원한다면, 언제나 당신을 크레이지타운*으로 유도할 겁니다.〉[23]

설상가상으로 이런 행동 알고리즘은 스스로 강화하면서 이

* Crazytown. 2016년부터 방영 중인 미국 드라마.

용자들을 위험한 경로로 인도하는 기이한 정보 창고를 만들어 냈다. 음모론과 반쪽 진실half-truth, 급진적 변화를 추구하는 극단주의자들로 나아가는 길로 인도하는 것이다. 이른바 추천 엔진들은 이용자들이 더욱 협소하고 극단적인 정보로 몰려가도록 보장해 주었다.[24] 가령 어떤 이용자가 고양이를 도와주는 경찰관에 관한 게시물에 〈좋아요〉를 누르면, 페이스북은 경찰관 자선 협회에 이어 경찰을 치켜세우는 이야기, 그리고 점점 더 광신적인 자료로 이용자를 유도하곤 했다. 로마 라 사피엔차 대학교의 컴퓨터 과학자 발테르 콰트로치오키Walter Quattrociocchi는 4년여 동안 각기 다른 페이스북 그룹에 올라온 5천4백만 건의 댓글을 분석했다.[25] 그 결과 토론이 오래 계속될수록 댓글이 점점 극단적으로 바뀐다는 사실을 알아냈다. 한 연구에서는 2020년 시청자 2억 8천6백만 명을 보유한 도발적인 토크 쇼 진행자 조 로건Joe Rogan이 만든 〈온건한〉 우파 콘텐츠를 소비하는 유튜브 시청자들이 대개 훨씬 더 급진적인 대안 우파 콘텐츠로 이끌린다는 사실이 밝혀졌다. 이 연구는 유튜브가 〈급진화 송유관〉이라는 결론을 내렸다.[26]

내전을 연구하는 우리 같은 사람들에게 소셜 미디어가 무서운 이유는 바론 이런 〈관여〉라는 사업 모델 때문이다. 현재의 모델은 자신이 퍼뜨리는 정보가 많은 관심을 끌기만 하면 진실인지 아닌지 신경 쓰지 않는다. 오늘날 뉴스와 정보의 새로운 게이트키퍼 노릇을 담당하는 빅테크 기업들은 누가 자사의 플랫폼을 사용하는지, 또는 그들이 무엇을 말하는지를 제한할 이유가 전혀 없다. 실제로 사람을 끌어들이는 정보를 최대한 널리 퍼뜨리는 것이 빅테크 주주들에게는 이익이 된다.

만약 당신이 극단주의자이고 자신의 의견을 전파하고자 한다면, 소셜 미디어는 완벽한 도구다. 대표적인 사례로, 미얀마에서는 급진적 불교 승려 아신 위라투Ashin Wirathu 같은 극단주의자들이 로힝야족을 비난하며, 그 견해에 귀 기울이는 열렬한 청중을 확보했다.[27] 군부 통치 시기에 극단적 견해 때문에 투옥된 전력이 있는 위라투는 2013년 이후 추앙받는 급진적 종교인으로 등장해서 종교 공동체 안팎에서 수천 명의 추종자를 확보했다. 위라투는 나라 곳곳을 돌면서 미얀마의 무슬림 문제에 대해 〈설법〉하고 군부가 개입을 확대할 것을 호소했다. (2019년 정부는 그를 선동죄로 기소했다. 아웅 산 수치가 무슬림 〈침략자들〉을 충분히 가혹하게 다루지 않는다고 주장했기 때문이다.)

페이스북이 2017년에 벌어진 제노사이드와 직접적으로 관련이 있음을 보여 주는 인상적인 보도와 기사가 잇따라 등장했다. 2018년 페이스북은 결국 자사 플랫폼이 공동체 폭력을 부추겼다고 인정했다.[28] 최고 경영자 마크 저커버그Mark Zuckerberg는 혐오 발언과 허위 정보의 흐름을 막는 데 전력을 기울이겠다고 약속했다. 회사는 버마어를 구사하는 대리인 세 명을 채용했는데, 그들은 결국 484개 페이지와 157개 계정, 17개 그룹을 폐쇄했다. 대다수의 활동가와 인권 단체는 이 정도 조치로는 어림없다고 판단했다.[29]

또한 전반적인 추세를 막기에는 너무 늦은 조치였다. 페이스북에서 차단된 군 지도자들은 이미 반이슬람, 반로힝야족 트윗이 확산되기 시작한 트위터로 옮겨 갔다.[30] 2017년 여름 로이터Reuter가 발견한 신규 트위터 계정 수백 개 중 하나의 주인은 광범위한 정서를 표명했다. 〈미얀마에는 로힝야족이 존재하지 않는다. 불법 이민자들과 테러리스트들만 있을 뿐이다.〉[31] 하지만 트위터 또한 이런 게시물을 차단하려 하지 않았다. 오늘날 소셜 미디어 기업들은 자사 플랫폼이 동남아시아의 작은 나라에서 소수 집단을 뿌리 뽑는 데 어떻게 활용되는지에 대해 전혀 관심을 기울이지 않는다는 것이 사람들의 전반적인 견해다.

미얀마 군부가 로힝야족에 무력 공세를 편 것은 내전이 아니었다. 로힝야족은 조직화하거나 반격할 능력이 없었다. 이 공세는 정부와 불교도 시민들이 한 소수 집단에 가한 일방적인 공격이었다. 일종의 종족 청소였다. 종족 사업가들이 공포와 폭력을 선동하기 위해 소셜 미디어에서 받은 확성기의 도움으로 세계 각지에서 벌이고 있는 충돌의 극단적 사례다. 2018년 봄에 이르면, 페이스북이 미얀마의 국민적 대화를 완벽하게 지배하게 되어 틴 초 Htin Kyaw 대통령은 자신의 사임을 텔레비전이나 라디오가 아니라 페이스북을 통해 선언했다.[32]

유감스럽지만 그렇다 하더라도 미얀마에서는 언제 내전이 벌어질지 모른다. 아웅 산 수치의 당이 2020년 11월 선거에서 압도적 승리를 거두고 몇 달 뒤, 군부가 부정 선거라고 주장하며 쿠데타를 일으켜서 아웅 산 수치를 비롯한 야당 지도자들을 축출했다. 2021년 봄 시위대와 경찰이 거리에서 충돌했다. 소셜 미디어가 앞장서서 씨를 뿌린 오랜 분열의 시기를 거치면서 양쪽 다 격분한 상태였다. 군부는 신속하게 평화 시위대 진압에 나서면서 거리에서 민간인에게 총격을 가하고, 시위대를 구타하고 수감했으며, 지도부로 의심되는 이들을 밤중에 자택에서 연행했다. 페이스북이 미얀마 군부를 플랫폼에서 차단하고 군부가 소유한 사업체의 광고를 내렸지만, 장군들은 개인 페이지를 통해 쿠데타를 합리화하고 하급 관리들을 결집하기 위해 방대한 양의 선전물을 퍼뜨렸다.[33]

2021년 3월 마지막 주말에 전례 없는 규모의 유혈 사태가 일어났다. 지역의 시위 지도자 중 한 명으로 양곤 외곽에 사는 소에 나잉 윈은 미국 언론인과 인터뷰를 하면서 울부짖었다.[34] 그는 비폭력 시위가 효과가 없다고 생각했다. 「외교가 실패하고 학살이 계속되면, 미얀마 사람들은 어쩔 수 없이 자위에 나서야 할 겁니다.」 소에 나잉 윈은 이미 전투 훈련을 시작했다고 털어놓았다. 그러면서 내전이 벌어지기 일보 직전이라고 말했다.

2015년 대통령 선거에 출마하기로 결정했을 때 로드리고 두테르테Rodrigo Duterte는 무명 인사였다. 그는 〈필리핀의 과일 바구니〉로 유명한 민다나오의 한 도시에서 시장으로 일했는데, 자금도 거의 없고 정치적 지지도 별로 없었다. 하지만 당선에 도움이 될 만한 소셜 미디어 부대를 구성하기 위해 마케팅 컨설턴트 닉 가부나다Nic Gabunada를 고용해야 한다는 것은 알았다. 소문에 따르면, 가부나다는 비용을 들여 수백 명의 소셜 미디어 인플루언서를 고용해 두테르테를 치켜세우고 경쟁 후보들을 비판하게 했으며 해시태그를 대대적으로 활용해서 게시물들에 대한 관심을 끌었다.

두테르테는 소셜 미디어 플랫폼을 활용해서 필리핀 정부에 대한 불만을 이용하고 더욱 증폭시켰다. 언론을 정치 엘리트들의 도구라고 비판하고, 제도에 의문을 제기했으며, 기성 정치권을 부패 세력으로 몰아세웠다. 마약 확산에 대한 시민들의 공포를 부추기고, 질서를 회복하기 위해 경찰이 단속에 나서야 한다고 주장했다. 페이스북은 2016년 두테르테의 승리에 결정적인 역할을 했다. 인터넷을 이용하는 인구의 97퍼센트 이상이 페이스북 이용자인 이 나라를 두고 블룸버그Bloomberg의 언론인 로런 에터Lauren Etter는 〈으뜸가는 페이스북 나라〉라고 지칭했다.[35]

선거 운동을 시작할 당시 두테르테는 저명한 언론인이자 필리핀 최대의 온라인 뉴스 사이트인 〈래플러Rappler〉의 창립자인 마리아 레사Maria Ressa가 조직한 대학생 유권자 포럼에 참석한 유일한 후보였다.[36] 두테르테는 곧바로 젊은이들의 주요한 플랫폼인 페이스북을 통해 그들에게 손을 뻗는 데 집중했다. 선거 운동을 새롭게 개조하면서 경쟁 후보들에 관한 가짜 뉴스와 소문을 퍼뜨리는 사람들을 대대적으로 늘렸다.

이 전략은 효과를 발휘했다.[37] 두테르테는 마닐라 광역권과 남부의 세부아노어권 지역과 —오랫동안 피해를 입은 모로족의 근거지인 — 민다나오에서 과반수를 득표했다. 출구 조사를 통해 드러난 것처럼, 두테르테는 기존 체제와 부패한 정치 엘리트 모두에 진력이 난, 교육 수준이 높은 젊은 유권자들에게 지지를 얻었다.[38] 선거 운동 예산이 경쟁 후보들에 비해 턱없이 적었음에도 두테르테는 2016년 필리핀 제16대 대통령이 되었다.[39]

이 과정은 하나의 양상이 되었다. 소셜 미디어를 통한 대중적 지지 물결에 편승해서 독재적 충동으로 무장한 아웃사이더를 권좌에 앉히는 방식 말이다. 튀르키예의 에르도안과 인도의 모디에게서도 이런 양상이 나타났다. 이 양상은 에스파냐의 마리아노라호이Mariano Rajoy가 집권하는 데에도 도움이 되었다. 전부 소셜 미디어에 정통한 다크호스 후보들이었다. 라호이는 앞선 선거에서 상대 후보에게 투표한 페이스북 이용자들을 신중하게 공략한 결과 2016년 에스파냐에서 예상외의 승리를 거두었다. 소셜 미디어는 이 후보들에게 정보와 선전을 퍼뜨릴 수 있는 규제가 없는 환경만이 아니라 다양한 플랫폼까지 제공한다. 이로써 후보들은 유튜브와 트위터, 페이스북에서 각기 다른 이용자에게 접근할 수 있다. 과거에는 정치인이 유권자에게 영향을 미치려면 당 지도자들과 주요 방송과 신문 등 여러 게이트 키퍼를 통과해야 했다. 소셜 미디어는 ─ 주류와 비주류에 상관없이 ─ 어떤 후보나 당이든 이런 통제를 우회할 수 있게 해주었다.

하지만 단순히 노출의 문제가 아니다. 소셜 미디어의 알고리즘은 이 아웃사이더들이 으뜸가는 관여의 추동 요인 ─ 공포와 분노 ─ 에 편승해서, 대규모 청중에게 경쟁자들과 한 나라의 제도에 관한 거짓말을 퍼뜨릴 수 있음을 의미한다. 2017년 프리덤 하우스가 펴낸 보고서에 따르면, 그해에 최소한 17개국에서 가짜 정보 캠페인이 선거에 영향을 미쳤다.[40] 수단 정부는 국가 정보 안보부 내에 〈사이버 지하드 전사〉를 채용하는 내부 기관을 창설했다. 이 전사들은 가짜 계정을 만들어서 페이스북과 와츠앱에서 인기 있는 그룹에 침투한 뒤 정부 정책에 우호적인 글을 쓰는 한편 정권을 비판하는 언론인을 비방했다. 보고서의 기록에 따르면, 베네수엘라 정부 요원들은 정기적으로 조작 동영상을 활용해서 소셜 미디어에 반대파 시위자들에 관한 거짓말을 퍼뜨리면서 선거를 앞두고 혼란을 조성하고 반정부 운동의 신뢰성을 훼손했다. 케냐에서는 2017년 8월 선거 직전에 소셜 미디어와 문자 앱 이용자들이 CNN이나 BBC, NTV 케냐 등 신뢰받는 매체의 로고가 붙은 가짜 뉴스 기사와 동영상을 꾸준히 공유했다.[41]

현대사에서 반민주적 성향의 포퓰리스트가 집권하는 것은 처음 있는 일이 아니다. 민주주의 국가가 퇴보를 겪는 것도 마찬가지다. 하지만 그 방식에는 차이가 있다. 전에는 군 장성들이 쿠데타를 일으키면서 독재가 생겨났다. 하지만 지금은 **유권자들 스스로가** 독재를 탄생시킨다.

이런 일이 벌어지는 주된 이유는 소셜 미디어 덕분에 후보자들이 하나의 정부 형태로서 민주주의에 관해 시민들이 가질 법한 의심을 키우거나 편승할 수 있다는 사실이다. 가짜 정보 캠페인을 활용해서 제도를 공격하면서 대의 정부와 자유 언론, 독립적 사법부에 대한 사람들의 신뢰를 훼손하고, 관용과 다원주의에 대한 지지를 갉아먹을 수 있다. 또한 가짜 정보를 활용해서 공포를 부추김으로써 법질서를 강조하는 극우파 후보가 당선되는 데 기여할 수도 있다. 마지막으로, 가짜 정보를 활용해서 부정 선거를 주장하고 최소한 일부 유권자들에게 선거 결과가 뒤집어졌다고 설득하면서 시민들이 선거 결과에 의문을 제기하게 만들 수 있다. 민주주의에서 후보자들에 관해 좋은 결정을 내리려면 유권자가 좋은 정보를 입수해야 하는데, 소셜 미디어는 유권자들에게 나쁜 정보를 쏟아붓고 있다. 사람들이 민주적 절차에 대한 신뢰를 상실함에 따라 대안적 체제를 지지하는 성향이 강해진다. 그리고 보호와 어느 정도의 미래를 약속하는 카리스마적 개인의 수중에 기꺼이 권력을 쥐어 준다.

두테르테가 필리핀에서 민주적 규범을 거의 모조리 어기면서 바로 이런 행동을 했다. 보우소나루가 브라질에서 보여 준 행동도 이런 식이었다. 두테르테와 마찬가지로, 누구도 보우소나루가 대통령에 당선될 가능성이 있다고 생각하지 않았다. 2014년 활동가이자 캠페인 책임자 파디 쿠란Fadi Quran이 브라질 유권자들을 대상으로 여론 조사를 실시한 결과, 66퍼센트가 보우소나루를 찍을 생각이 없다고 답했다.[42] 그는 극우파에 경험이 너무 부족한 인물이라고 여겨졌다. 하지만 보우소나루는 얼마 안 되는 전 재산을 털어서 페이스북과 유튜브에 광고를 냈다. 브라질 후보로는 처음으로 소셜 미디어를 통해 선거 운동을 벌인 것이다.[43] 초기에 올린 유튜브 동영상과 페이스북 게시물은 상대 진영을 야만적으로 공격하는 내용이었다.[44] 보우소나루는 지우마 호세프Dilma Rousseff 전 대통령을 보스턴 마라톤 폭탄 테러의 테러리스트에 비유했다. 호세프의 여성 정책 담당 비서관인 엘레오노라 메니쿠시Eleonora Menicucci가 — 기묘하게도 — 공산주의자인 동시에 나치라고 주장하는 동영상을 만들어서 나라 전체를 당혹감에 빠뜨렸다. 몇몇 동영상에서 그는 극단적 형태의 정치적 고문(拷問)을 요구했으며, 다른 영상에서는 군사 독재로 회귀할 것을 주장했다.

이 영상들은 서서히 〈좋아요〉와 조회 수가 점점 늘어났다. 처음에는 갖가지 음모론을 유포하는 정도였지만, 시간이 흐르면서 글로벌한 대안 우파의 사상을 내세우기 시작했다. 다른 포퓰리스트 지도자들처럼, 보우소나루 역시 부정직한 정치 엘리트에 맞서 브라질 국민을 위해 싸우는 아웃사이더를 자처했다.[45] 전통 언론에서 꼼꼼히 따지자, 그는 보통 사람들과 직접 소통하기 위해 소셜 미디어에 점점 더 의존하면서 구식 언론은 부패하고 거짓말이 넘쳐 난다고 비난했다.[46] 소셜 미디어 캠페인을 시작하고 6개월 뒤, 보우소나루는 대통령에 당선되었다. 그에게 표를 던진 국민의 90퍼센트 가까이가 이런 이야기를 진실이라고 믿었다. 현재 그는 와츠앱과 트위터를 통해 빈번하게 지지자들과 소통을 하는데, 감정을 강조하기 위해 대문자를 자주 쓴다. 지난 몇 년간 보우소나루는 매주 유튜브와 페이스북 라이브를 진행하면서 1천만 명이 넘는 폴로어를 대상으로 생방송을 하고 있다.

이렇게 민주주의에서 멀어지면 결국 이 지도자들이 인기를 잃을 것이라고 생각할 수도 있을 것이다. 하지만 그들이 권력을 굳힐 무렵이면 선호하는 소통 수단 — 소셜 미디어 — 을 성공적으로 활용해 나라의 평화와 그들 자신의 번영을 유지하려면 반민주적 조치가 필요하다고 이미 유권자들을 설득한 상태이다. 두테르테는 주로 — 자신이 열렬히 지지하는 — 중국 출신의 사람을 수백 명 고용해서 가짜 소셜 미디어 계정을 만든 뒤 비판자들을 괴롭히고 대통령을 치켜세우는 글을 쓰게 한다.[47] 두테르테를 언급하는 전체 트위터 계정 중 20퍼센트가 봇으로 추정된다.[48] 2020년 10월에는 두테르테 지지율이 91퍼센트에 달했다.

헝가리에서도 비슷한 일이 벌어지고 있다. 오르반 대통령 역시 시간이 흐를수록 인기가 더 높아졌다. 유럽을 보면, 독일의 독일을 위한 대안, 이탈리아의 북부 동맹, 벨기에의 플랑드르의 이익, 프랑스의 국민 연합(옛 국민 전선), 오스트리아의 자유당 같은 우파 반이민 정당이 모두 최근에 지지율이 높아졌다. 소셜 미디어가 구조화되는 방식은 다원주의적이다. 적자생존의 장인 소셜 미디어에서는 가장 공격적이고 뻔뻔한 목소리가 다른 모든 목소리를 집어삼킨다. 그리고 자유 민주주의와 권위주의의 체제 경쟁에서 소셜 미디어는 의도와 무관하게 독재자들의 승리를 돕고 있다.

소셜 미디어는 각국을 민주주의 사다리에서 끌어내리기만 하는 것이 아니다. 종족, 사회, 종교, 지리적 분열을 고조시켜서 파벌 형성의 첫 단계를 개시할 수도 있다. 물론 이는 신화와 감정, 불만의 정치 — 모두 파벌주의를 부추기는 것 — 가 대단히 매력적인 콘텐츠에 기여하기 때문이다. 소셜 미디어 알고리즘은 이런 분열적 콘텐츠를 부추긴다. 의도적으로 사람들을 분리하면서 가치관이나 견해가 다른 사람들을 끝없이 갈라지는 현실로 몰아붙이고 사회를 갈가리 찢어 놓는다.

가령 스웨덴은 극우 민족주의 정치로 유명하지 않다. 실제로 정반대, 즉 진보적인 정치 문화와 너그러운 복지 체제로 유명하다. 스웨덴 사람들은 언제나 〈스웨덴 예외주의〉, 다시 말해 공동체에 대한 헌신과 평등, 상호 관심을 자랑스러워했다. 실제로 그런 문화를 가리키는 이름까지 있다. 〈국민의 집〉이라는 뜻을 가진 〈folkhemmet〉가 그것이다.

하지만 2014년 9월 9일, 전 네오나치 정당이 스웨덴 의회에서 제3당으로 올라섰다. 모든 서구 민주주의 국가 가운데 스웨덴이 인종주의적인 외국인 혐오 정당을 끌어안았다는 사실에 충격을 받은 『뉴욕 타임스』 기자 조 베커Jo Becker는 몇 달 동안 취재를 하면서 어떻게 이런 일이 벌어졌는지를 자세히 파헤쳤다.[49] 〈스웨덴 민주당〉이라는 이름을 가진 이 당은 제2차 세계 대전 중에 나

치 무장 친위대Waffen SS 활동에 가담한 화학자가 1988년에 창건
했다. 2005년 당 지도자 임미 오케손Jimmie Akesson은 당의 이미지
를 개혁하는 과제에 착수했다. 그는 스와스티카 문양과 군화를 정
장과 넥타이로 바꾸고 나치즘에서 포퓰리즘으로 이념을 교체했
다. 이제 당원들은 회합에서 나치 제복을 입을 수 없었다. 하지만
당에는 문제가 하나 있었다. 스웨덴 신문, 텔레비전과 라디오 프
로그램 등이 민주당의 광고를 거부한 것이다. 우체국은 종종 민주
당의 대규모 우편 발송을 거부했다. 당은 몸집을 키우지 못했다.
대다수 시민은 그런 당이 존재하는지도 몰랐다.

그런데 인터넷 덕분에 상황이 바뀌었다. 베커가 알아낸 것
처럼, 2009년 웹 디자이너 출신인 오케손은 온라인에 집중적으
로 진지를 구축하기 시작했다. 페이스북 페이지를 여러 개 만들어
서 자신을 비롯한 당 지도자들이 추종자들과 직접 소통할 수 있었
다. 〈사회 뉴스Samhällsnytt〉와 〈뉴스 투데이Nyheter Idag〉라는 뉴스 사
이트 두 곳을 만들어서 매일 벌어지는 사건과 관련된 극우 성향의
기사를 계속해서 내보냈다. 대부분의 정보—이민자나 극좌파와
관련된 정보—는 의도적인 가짜 뉴스였지만, 금세 독자층이 생
겨났다. 베커의 분석에 따르면, 2018년에 스웨덴에서 선거와 관
련된 쓰레기 뉴스의 절대 다수—85퍼센트—가 이 두 사이트에
서 나온 것이었고, 세 번째 출처는 〈자유 타임스Fria Tider〉였다. 1백
만 명이 넘는 사람들이 이 사이트들을 매주 방문했다. 스웨덴 양
대 신문사의 독자 수와 맞먹는 규모였다.[50] 2010년—온라인 캠
페인으로 전환하고 불과 1년 뒤—당은 사상 최초로 스웨덴 의회
에서 의석을 확보했다.[51] 2014년에 이르면 의회에서 제3당에 올

라섰다. 고작 9년 만에 이룬 성과였다.

　스웨덴 민주당은 자신들이 네오나치가 아니라고 주장한다. 당 지도자들은 그들이 스웨덴에서 벌어지고 있는 사회 변화를 걱정하는 평범한 노동 계급 사람들이라고 말하곤 한다. 확실히 그들은 번듯하게 보인다. 당원들은 말쑥한 블레이저를 입고 있다. 하지만 그들이 온라인에서 지지하는 언어는 다른 이야기를 들려준다. 민주당은 자신의 역사적 권리가 위태로워지고 있다고 느끼는 정체성 파벌이다. 열등한 〈타자〉와의 관계 속에서 자신을 정의하면서 그들을 〈국민의 집〉에서 배제하고자 하는 파벌이다. 민주당이 운영하는 사이트를 보면, 범죄를 저지르는 무슬림 이민자, 동물을 학대하는 무슬림 이민자, 서구 법률을 지키려 하지 않는 무슬림 이민자에 관한 기사가 넘쳐 난다. 〈눈 밝은 이웃의 조언을 받아 외국인 강도 검거〉라는 기사 옆에는 연출된 것이 분명한 사진이 실려 있다. 당은 스웨덴을 소박하고 행복했던 시절로 되돌려야 한다고 강조한다. 〈국민의 집〉으로의 복원이 그들의 목표다.[52]

　소셜 미디어는 모든 종족 사업가의 꿈이 실현된 공간이다. 알고리즘은 충격적인 자료를 두드러지게 내세움으로써 극단적 민족주의자들이 사람들에게 〈타자〉에 대한 유독한 견해를 심어 주게 도와준다. 소수 인종을 악마화하고 표적으로 삼으면서 분열을 일으키는 이상적인 수단이다. 종족 사업가들은 이를 활용해서 공통의 서사와 사람들이 지지할 수 있는 이야기를 창조하며, 추종자들에게 토끼 구멍으로 내려가도록 부추긴다.[53] 스웨덴 유튜버들은 과격한 반이민을 표방하는 동영상을 만드는데, 그중 베다드 오도바식Vedad Odobasic은 〈성난 외국인Angry Foreigner〉이라는 별

명(백인인 그는 원래 보스니아 헤르체고비나 출신이다)으로 불리는 인물이다. 그가 만든 한 영상의 제목은 〈인터뷰: 다문화주의의 희생자〉이고, 다른 영상은 〈스웨덴에서는 여행자들이 안전하지 않다〉이다. 그의 영상은 모두 합쳐 3천3백만 회가 넘는 조회 수를 기록하고 있다. 또 다른 스웨덴 유튜버 렌나르트 마티카이넨Lennart Matikainen은 보수 성향의 유튜브 〈뉴스〉 플랫폼인 〈스웹티브이Swebbtv〉에서 프로그램을 진행했다. 극우파 정책과 음모론을 옹호하는 플랫폼이다.[54] 유튜브는 2020년에 커뮤니티 가이드라인을 위반했다는 이유로 이 플랫폼을 차단했다. 하지만 마티카이넨의 개인 계정은 조회 수가 6백만 회가 넘는다.

지난 10년간 세계 곳곳에서 종족 사업가들이 소셜 미디어의 도움을 받아 등장해서 번성했다. 인도에서는 모디가 종족 사업가의 전형적인 각본을 그대로 따라 하면서 비힌두인을 폄하하고 있다. 모디는 트위터와 페이스북, 유튜브에서 4천7백만 팔로어와 직접 소통하면서 힌두 종족주의를 선전한다. 2020년 3월 시점에서 그는 세계 정치인 가운데 전 미국 대통령 오바마와 당시 대통령 트럼프에 이어 트위터 팔로어 수 3위를 차지했다.[55] 그는 종종 소셜 미디어를 활용해서 인도 문화에서 힌두교 교육을 우선시하자는 운동인 〈힌두트바Hindutva(힌두주의)〉를 선전한다. 그만큼 거물은 아니지만 역시 미디어에 정통한 종족 사업가들이 이런 시도를 돕고 있다. TV 진행자 아르납 고스와미Arnab Goswami는 모디를 지지하면서 허위 정보와 혐오 발언을 퍼뜨리며,[56] 유명한 요가 수행자 바바 람데브Baba Ramdev는 자기 플랫폼을 활용해서 힌두 민족주의 기반에 불을 붙이고 — 그러면서 아유르베다 제품을 판매

하고 — 있다.[57]

브라질에서는 유튜버 난두 모라Nando Moura가 보우소나루를 지지하는 음모론과 피해망상적인 극우파의 불만을 적극적으로 받아들이면서 구독자를 늘려 현재 3백만 명을 돌파했다.[58] 영국 에서는 유튜버이자 소셜 미디어 인플루언서로 188만 명의 구독 자를 보유한 폴 조지프 왓슨Paul Joseph Watson이 이슬람은 성폭력을 미화하며 난민들은 〈기생충 병〉을 옮긴다고 비난한다.[59]

지금 밀로셰비치가 살아 있다면 소셜 미디어에 흠뻑 빠져서 트위터나 페이스북에서 대세르비아 신화를 치켜세우고 있으리 라. 아마 알바니아인들이 폭동을 일으키기 시작했다는 가짜 동영 상에 〈좋아요〉를 누르고, 크로아티아인들이 세르비아인의 일자 리를 차지한다는 기사를 공유했을 것이다. 또한 보스니아인들이 세르비아 아동을 학대한다는 음모론을 리트윗할 것이다. 트롤 팀 을 채용해서 자신의 〈단합〉 호소를 퍼뜨리고 적수들에 대한 가짜 정보를 확산시킬 것이다. 그리고 소셜 미디어 알고리즘은 그에게 톡톡히 보상을 해줄 것이다. 더 많은 팔로어와 〈좋아요〉, 그리고 아마 훨씬 많은 돈까지 말이다.

역사적으로 건전한 공적 담론을 장려하기 위해 표현의 자유 를 보장하고 대의적 발언권 원칙을 통해 악선동을 차단한 세계 곳 곳의 민주주의 국가에서 오늘날 종족 사업가들이 활동 범위를 넓 히는 모습을 보면 아찔하다. 프랑스 같은 민주주의 국가에서 그 들이 소셜 미디어의 도움을 받는 것은 분명하다. 극우 정당인 〈국 민 연합〉은 한때 비주류 운동으로 무시당하고, 그 지도자 장마리 르펜Jean-Marie Le Pen은 이민자 폄하와 프랑스 문화의 우월성을 추악한 언변으로 늘어놓았다. 그런데 르펜의 딸인 마린 르펜Marine Le Pen이 당수가 된 오늘날에는 프랑스의 어떤 주요 정당보다도 더욱 정교한 소셜 미디어 활동을 통해 ─ 인종적 긴장을 활용하고 자극하면서 ─ 메시지를 전파하고 있다. 르펜은 소셜 미디어에서 각종 조사를 수행하고, 밈을 만들고, 적수들의 신뢰도를 깎아내리려는 당의 시도를 지휘하는 상근 직원을 열다섯 명이나 두고 있다.[60] 2017년 결선 투표에서 패배하고 유럽 연합의 예산을 유용한 혐의로 조사를 받았는데도 불구하고, 르펜은 유럽 연합 의회에서 에마뉘엘 마크롱Emmanuel Macron의 당보다 많은 22석을 확보하고 본인도 프랑스 의회에서 한자리를 차지했다.[61]

원래 전에는 극우 정당이 자유 민주주의 국가에서 당선되기가 어려웠다. 하지만 종족 사업가들이 공포와 불만 이야기 ─〈토박이들〉이 일자리를 빼앗긴다는 신화 ─ 를 퍼뜨리면 소셜 미디어의 포로가 된 시청자들은 넘어가고 만다. 페이스북의 한 중역은 이렇게 말했다. 「우파 포퓰리즘이 항상 더 매력적입니다.」[62] 이 중역에 따르면, 포퓰리즘은〈민족, 보호, 타자, 분노, 공포〉와 같은 감정적으로 충만한 주제에 호소하는 식으로〈강력〉하고〈원시적인〉반응을 촉발시킨다. 스웨덴에서〈사회 뉴스〉와〈뉴스 투데이〉에 올라오는 이야기는 이 점을 염두에 두고 작성되었다. 스웨덴인의 안전, 가족의 안전, 스웨덴의 문화와 사회에 대한 공포를 조성하는 내용이었다. 주로 이런 사이트들에서, 알고리즘에 의해 부각되고 강화된 뉴스를 접하면 금세 스웨덴이 결딴나는 중이고 이것이 다 이민자들과 극좌파들 때문이라고 믿게 된다. 누가 뭐라고 설득해도 이런 믿음만 강해질 뿐이다.

사람들은 서구 민주주의가 폭력적 충돌에 얼마나 취약한지 좀처럼 알지 못한다. 잇따라 위기를 맞으면서도 끈질기게 살아남는 민주주의의 회복력과 안정성에 익숙해져 있기 때문이다. 하지만 소셜 미디어 덕분에 생겨난 공간에서 민주주의의 적들이 쉽게 사회에 침투해서 내부에서부터 안정을 뒤흔들 수 있게 된 지금은 사정이 다르다. 인터넷은 국민에 의한, 국민을 위한 정부가 얼마나 취약할 수 있는지를 여실히 보여 주고 있다.

턱수염이 덥수룩한 33세의 버클리 대학교의 대학원생 셰인 바우어Shane Bauer가 미국 최대의 민병대 단체에 가입하기는 너무도 쉬운 일이었다.[63] 그가 한 일이라곤 페이스북에 접속해서 불쑥불쑥 나타나는 많은 민병대 사이트에 〈좋아요〉를 누른 것뿐이었다. 바우어가 민병대 단체에 가입하려던 이유는 자기와 가족에 대한 보호가 필요했기 때문이 아니다. 바우어는 수상 경력이 있는 언론인이었다. 그리고 2016년에 미국 각지에서 태동하는 민병대들의 막후에서 어떤 일이 벌어지고 있는지를 탐사하려 했다.

바우어는 세 단체에 〈좋아요〉를 눌렀다. 스리 퍼센터 네이션 Three Percenter Nation과 패트리어틱 워리어스Patriotic Warriors, 애리조나주 민병대Arizona State Militia가 그것이다. 이 페이지들에 〈좋아요〉를 누르면 페이스북이 자동으로 다른 민병대 페이지를 추천해 준다. (내가 페이스북에서 〈애리조나주 민병대〉를 검색하자 애리조나주의 민병대 다섯 곳에 가입할 수 있다고 알려 주었다.) 페이스북은 당신이 관심 있는 어떤 공동체와도 순식간에 연결해 준다.

바우어는 이 페이지들 전부에 〈좋아요〉를 눌렀다. 하지만 비공개 페이스북 그룹에 가입하려면 운영자에게 자신이 진짜 관심이 있는 사람임을 설득해야 했다. 그는 페이스북 계정을 만들어서 오바마를 깎아내리는 자료와 성조기에 관한 밈을 올리기 시작했다. 시리아인들이 미국 국경을 불법적으로 건너오기 쉽도록 먼저 멕시코로 향한다는 블로그 포스트도 썼다. 그러고는 각기 다른 민병대 페이지에서 발견한 수십 명의 사람에게 〈친구 신청〉을 했다. 며칠 만에 친구가 1백 명이 넘었다. 그 직후 바우어는 스리 퍼센트 유나이티드 패트리어츠Three Percent United Patriots가 운영하는 비공개 페이스북 그룹 〈봄 방학 작전Operation Spring Break〉을 발견했다. 가입 신청을 해서 들어가 보니 조만간 활동이 있을 예정이라는 안내가 있었다. 애리조나-멕시코 국경을 따라 국경 방비 활동을 한다는 것이었다. 페이스북에 올라온 정보에 따르면, 개인 무기와 구급약, 보디 캠을 챙겨서 현장에 가기만 하면 되었다. 곧바로 준비를 해서 그곳으로 향했다.

오늘날 사람들을 조직하는 데는 소셜 미디어만 한 도구가 없다. 특히 그 사람들이 불만이나 위협을 느끼는 경우에는 더욱 강력한 도구가 된다. 아랍의 봄 시위대가 이런 식으로 2011년에 조직되었고, 2017년 여성 행진Women's March도 이렇게 모였으며, 〈흑인의 생명도 소중하다〉 역시 처음에 이렇게 사람들을 끌어모았다. 하지만 생각이 비슷한 사람들을 끌어당기는 이런 힘이 극단적인 분노로 가득 찬 서사 — 그리고 폭력에 대한 갈망 — 와 교차하면 일촉즉발의 화약고가 만들어진다. 이제 막 생겨난 운동의 성원들은 인터넷을 활용해서 서로를 발견하고 조직을 만들며, 평화 시위를 방해하고 대의명분으로 무장한다. 이제 그들은 폭탄 제조법에 관한 정보를 쉽게 공유하고 비공개 온라인 대화방을 활용해서 전투 경험이 있는 외국 군사 고문과 접촉할 수 있다.[64] 게다가 페이스북에는 〈온라인 무기 장터가 우후죽순처럼 생겨나서 권총과 수류탄에서부터 중기관총과 유도 미사일까지 구입할 수 있다〉.[65] 오랫동안 폭력적 극단주의를 연구한 전문가 J. M. 버거J. M. Berger 는 2012년부터 소셜 미디어에서 백인 민족주의 단체가 성장하는 과정을 추적했다. 2012년만 해도 이 단체들 대부분 폴로어가 몇 명밖에 없었다. 그로부터 4년 뒤 대부분의 단체가 폴로어가 6백 퍼센트 이상 증가했다. 그리고 버거의 말에 따르면, 2018년에 이르러 〈신구의 극단적 인종주의자 수십만 명이 페이스북에 몰려들었다〉.[66] 2018년 이후 백인 민족주의 단체의 수가 다소 줄어들었지만 이런 조직에 속한 전체 성원은 감소한 것 같지 않다.[67] 프라우드 보이스 등과 같은 인기 있는 단체들이 군소 경쟁 단체들을 물리치면서 통합이 이루어진 것으로 보인다.

세계는 이슬람 국가(IS)의 부상과 더불어 소셜 미디어의 조직화 위력을 목도했다. 이슬람 국가는 웹사이트, 채팅방, 트위터 같은 플랫폼을 활용해서 선전물을 퍼뜨렸는데, 사람들이 거실에 편안히 앉아서 급진화되는 성과를 낳았다. 1백여 개 국가에서 최소한 3만 명의 시민을 끌어들여 시리아의 전투에 가세하게 만들었다. 소셜 미디어는 이런 목적에 안성맞춤이었기 때문에, 이슬람 국가에서 이탈한 한 사람이 말한 것처럼, 담당자들은 후한 대우를 받았다. 「소셜 미디어 사람들이 병사들보다 더 중요합니다. ……월 소득이 더 많아요. 차도 좋은 걸 갖고 있고요. 내부 사람들에게 싸우라고 격려하는 힘과 더 많은 신병을 이슬람 국가로 데려오는 힘도 있습니다.」[68]

　원래 폭력적 극단주의 집단이 직면하는 주요한 과제 하나는 자금을 어떻게 끌어모을지에 관한 것이었다. 특히 한 지역을 장악하지 못하는 경우에는 이런 문제가 심각했다. 하지만 이제 앱 덕분에 국경을 가로질러 즉시 돈을 송금하는 일이 쉬워졌고 그로써 주변부의 군소 집단도 생명력을 유지할 수 있게 되었다. 러시아계 미국인 학자 베라 미로노바Vera Mironova는 2011년 시리아에서 새로 결성된 반군 단체 ─ 마게린 알알라Mahgerin al-Allah ─ 의 창건자 중 한 명에게 어떻게 자금을 확보하는지 물었다. 「이 일을 하면서 제가 처음 한 일이 단체를 소개하는 유튜브 영상을 만드는 거였죠. 단체 지도자들에게 단체가 얼마나 큰지 보여 주기 위해 최대한 많은 사람을 모으라고 요청했습니다. 장비가 충분하다는 걸 보여 주려고 무기하고 차량도 전부 가져오라고 했고요. 그다음 군복을 입고 군사 대형으로 서라고 했습니다. 그들이 전문가라는 걸 알려 주려는 생각이었죠.」[69] 그 단체는 페르시아만에 거주하는 시리아인 부자 한 명에게 재정 지원을 받았다.

　일단 사람들을 조직해서 급진화하면, 소셜 미디어 자체가 이 화약고에 불을 붙이는 성냥을 제공한다. 극단주의 영상과 언어 때문에 집단적 공포와 위협감이 생기면 싸우고 싶어 근질근질한 이들에게 권력이 넘어간다. 체노웨스에 따르면, 이런 폭력 사업가들은 거의 언제나 비폭력 저항 운동에 말참견을 늘어놓으면서 이런 운동을 극단으로 몰고간다. 이를 가장 쉽게 할 수 있는 수단이 소셜 미디어다. 선동과 도발로 큰 효과를 낼 수 있기 때문이다. 프랑스에서 벌어진 〈노란 조끼yellow vest〉 운동도 이런 식으로 영향을 받은 듯하다. 외부의 급진주의자들과 선동가들이 폭력을 옹호하기 위해 페이스북 그룹에 가입한 것이다. 정보 기술 오남용 전문가인 러네이 디레스타Renée DiResta에 따르면, 바로 이런 사람들이 〈사태에 불을 지를 가능성이 높은 이들〉이다.[70]

결국 폭력의 촉매로 작용하는 것은 소셜 미디어의 알고리즘이다. 알고리즘은 끝없는 위기감을 부추김으로써 절망감을 더욱 키운다. 극단주의자들이 퍼뜨리는 가짜 정보는 평화적 시위자들의 평판을 해치고, 조만간 반정부 집단의 반격이 일어난다는 확신을 시민들에게 주입하며, 자기들 운동 내부의 온건파는 국민을 보호하기 위해 충분히 노력하지 않거나 반정부파에 비해 무능하고 허약하다는 인식 — 종종 그릇된 인식 — 을 퍼뜨린다. 바로 이 순간에 폭력 사태가 벌어진다. 시민들이 전통적 수단으로는 문제를 해결할 희망이 없다고 확신하게 되는 때다.

소셜 미디어가 부추기는 가운데 시민들은 이제 타협이 불가능하다고 믿게 된다.

6

우리는 얼마나 가까운가?

2021년 1월 6일 이른 아침, 겨울 코트에 MAGA 모자*를 쓴 트럼프 지지자 무리가 백악관 바로 남쪽에 있는 일립스 공원에 모이기 시작했다.[1] 미국 구석구석에서 워싱턴으로 달려온 이들이었다. 사람들은 대통령이 나타나기를 기다리면서 미국의 유서 깊은 장소를 둘러보았다. 남쪽에는 워싱턴 기념탑, 서쪽에는 링컨 기념관, 동쪽으로는 국회 의사당이 있었다. 사람들이 서 있는 잔디밭은 한때 북군의 숙영지로 쓰였다. 그들 역시 — 스스로 자부하는 것처럼 — 애국자들이었으므로 안성맞춤의 장소였다. 그들은 미국을 너무도 사랑했기 때문에 그냥 내버려둘 수 없었다.

정오가 되어 트럼프 대통령이 연설을 하러 나올 무렵, 〈미국을 구하자Save America〉 집회는 수천 명 규모로 늘어난 상태였다. 군중은 흥분을 가라앉히지 못했다. 11월 대통령 선거가 치러진 뒤에 몇 주 동안 트럼프는 민주당의 바이든에게 패배한 사실을 인정하려 하지 않으면서, 광범위한 부정 선거 때문에 자신이 정당하게 압승을 거두고도 결과가 뒤집어졌다고 주장했다. 민주당이 주

---

* 〈미국을 다시 위대하게 만들자Make America Great Again〉라는 트럼프의 선거 운동 구호가 적힌 빨간색 모자.

마다 막후에서 공작을 벌여 자신의 패배로 몰아갔다는 것이었다. 선거 이후, 트럼프는 변호사를 대거 동원해서 선거 결과에 이의를 제기했고, 각 주지사와 선거 담당 관리들에게 투표 집계를 바꾸라고 협박했다. 또한 부통령 마이크 펜스Mike Pence가 선거인단 투표 결과를 뒤집을 권한이 있다는 허위 주장을 펼치기도 했다. 하지만 이런 시도는 무위로 돌아갔고, 그날 아침 트럼프가 지지자들 앞에 섰을 때 의원들은 바이든의 승리를 확인하기 위해 의사당에 모이고 있었다.

트럼프는 지지자들에게 그럴 필요가 없다고 말했다. 성조기에 둘러싸여 연단에 선 트럼프는 청중에게 자신은 포기할 생각이 없다고 단언했다. 공화당 의원들이 아직 투표 결과를 뒤집을 수 있다는 주장이었다. 한 시간여 동안 지지자들은 숭배와 자부심이 뒤섞인 감정으로 연설에 귀를 기울였고, 트럼프가 입을 열 때마다 분노와 에너지가 솟구쳤다. 사람들은 트럼프의 이름이 적힌 깃발과 그가 내세우는 구호가 새겨진 플래카드를 흔들었다. 〈도둑질을 멈춰라.〉 트럼프가 지지자들을 바라보며 선 가운데 군중 곳곳에서 〈USA, USA, USA!〉라는 연호가 터져 나왔다.

트럼프는 흡족한 표정이었다. 풀뿌리 단체들이 공화당 자금 모금자들, 선거 참모들과 나란히 집회를 조직하는 데 힘을 보태 주었고,[2] 트럼프는 대규모 참가자들이 모이도록 자기 몫을 하면서 12월 19일에 트윗을 날렸다. 〈1월 6일 DC에서 대규모 시위 예정. 모두 모여서 한판 벌여 봅시다!〉[3] 새해 첫날 다시 트윗을 올렸다. 〈1월 6일 오전 11시 워싱턴 DC에서 **대규모** 항의 집회 예정. 자세한 장소는 추후 공개. 도둑질을 멈춰라!〉 펜스가 확정된 선거 결과에 간섭하지 않겠다는 뜻을 밝히자 트럼프는 더욱 목소리를 높였다. 1월 4일 조지아에서 열린 집회에서 트럼프는 이렇게 선언했다. 「리버럴 민주당이 상원과 백악관을 차지하면 — 백악관은 차지하지 못할 텐데 — 우리는 악착같이 싸울 거요. …… 다시 뺏어 옵시다!」[4]

대통령이 일립스 공원에 모인 군중에게 외쳤다. 「오늘이 끝이 아니지요. 시작일 뿐이니까요!」[5] 참전 군인, 사업가, 부동산 중개인, 할아버지, 자녀를 키우는 여자, 주 의원, 올림픽 선수 출신, 오렌지색 모자를 쓴 프라우드 보이스 성원 등 온갖 사람이 모여 있었다. 대부분 남자였다. 일부는 〈하느님, 총, 트럼프〉라는 문구가 담긴 티셔츠를 입고 있었고, 성경을 든 이들도 있었다. (전날 밤 집회에서 그레그 로크Greg Locke 목사는 군중에게 하느님이 〈애국자 군대〉를 일으키는 중이라고 외쳤다.)[6] 청중이 열광적으로 환호하자 트럼프는 추종자들에게 의사당까지 행진하고 의원들에게 똑바로 행동하라고 압박을 가하기를 촉구했다. 「의원들한테 자부심과 대담성을 불어넣어서 우리 나라를 되찾아야 한다는 걸 가르쳐 줍시다.」 그러고는 트럼프는 자기도 같이 가겠다고 약속했다.

사실 트럼프는 백악관으로 돌아갔다. 하지만 지지자들은 어떻게 해야 할지 알았다. 트럼프의 트윗에 힘을 얻은 지지자들은 몇 주 동안 페이스북과 우파 소셜 네트워크 서비스인 팔러*에서 이 순간을 준비하고 있었다. 소셜 미디어에서 〈도둑맞은〉 선거 결과에 함께 분노를 키우면서 이동 경로를 조정했다. 경찰을 피하기

* Parler. 2018년 서비스를 시작한 미국의 소셜 미디어. 2020년 대선 직후 기존 소셜 미디어의 규제에 불만을 품은 세력이 대거 팔러로 이동했다.

위해 의사당까지 가는 최적의 경로를 짜고, 의사당 건물에 쳐들어갈 때 어떤 장비와 도구가 필요한지 정보를 공유했다. 온라인에서 목소리를 높인 일부 극단주의자들은 펜스와 하원 의장 펠로시를 비롯한 의원들을 체포하자고 호소했다. 많은 이가 싸움을 대비해 무장을 갖추었다. 방탄조끼와 방독면, 집 타이(수갑용)에 장전한 권총까지 철저히 준비했다.[7]

지도자 자신이 오래전부터 정치적 폭력을 정당화하며 부추긴 바 있었다. 일찍이 2016년에 힐러리 클린턴Hillary Clinton을 상대로 대통령 선거 운동을 벌일 때 〈그 여자를 교도소에 처넣자!〉는 구호가 울려 퍼졌다. 트럼프는 선거 운동을 하면서 이런 호전적 태도를 보일수록 군중이 환호한다는 사실을 깨달았다. 2016년 선거 몇 달 전, 시더래피즈시에 모인 지지자들에게 선거 집회를 방해하는 이들과 몸싸움이 벌어지면 자기가 변호사 비용을 대주겠다고 말하기도 했다.[8] 같은 달에 라스베이거스에서 열린 집회에 한 방해꾼이 나타나 시끄러워지자 트럼프는 목소리를 높였다. 「내 장담하는데, 저자 면상에 주먹을 날리고 싶구먼.」[9] 나중에는 총기를 가진 사람들이 힐러리가 대통령이 되는 일을 막을 수 있다고 넌지시 말해서 국민 전체를 놀라게 했다.[10] 「여러분, 만약 힐러리가 자기 맘대로 판사를 뽑기 시작하면 아무것도 할 수 없어요. 그래도 헌법 수정 조항 제2조*를 충실히 따르는 사람들이 있죠. 잘 모르겠지만 있을 겁니다.」

대통령을 지내면서 대담해진 트럼프였다.[11] 임기 6개월째에 백인 민족주의 시위대가 샬러츠빌에 집결해서 시위 반대자

* 1791년 비준된 조항으로 각 주가 민병대를 유지하는 권리를 보장함.

한 명을 죽였을 때, 트럼프는 폭력 사태를 가볍게 무시하면서 양쪽 모두에 〈아주 좋은 사람들〉이 있다고 말했을 뿐이다. 그리고 2020년 〈흑인의 생명도 소중하다〉 시위가 벌어졌을 때는 미니애폴리스나 포틀랜드 같은 도시에서 벌어진 폭동을 비난했지만, 곧이어 시위대를 〈테러리스트〉라고 지칭하고 연방 요원들을 출동시키겠다고 위협하면서 오히려 긴장을 고조시켰다. 그해 봄, 코로나19 팬데믹 때문에 각 주가 상점과 식당을 폐쇄하자 〈애국자들〉에게 미시간주 의사당으로 달려가서 민주당 소속 휘트머 주지사에게 영업 제한 철폐를 요구해 〈미시간주를 해방시키라〉고 호소했다.[12] 무장한 시위자들이 상원 본회의실에서 미시간 주의원들을 내려다보는 사진들이 온라인에 퍼진 뒤, 트럼프는 트위터에서 그들을 치켜세우면서 다시 〈아주 좋은 사람들〉이라고 지칭했다.

높은 지위에 있는 트럼프 지지자들 — 공화당 의원, 복음주의 교회 지도자, 보수 언론 엘리트들 — 은 오랫동안 이런 언사를 가볍게 무시하면서, 그가 허풍이 좀 세고 카리스마 있는 지도자일 뿐이라고 주장했다. 하지만 그해 1월 아침에 일립스 공원에 모여 있던 군중에게 대통령의 언사는 추상적인 말이 아니었다. 트럼프는 그들에게 임무를 내리고 있었다. 영광스러운 공화국이 깨지는 것을 막으라고 말이다. 「악착같이 싸우지 않으면 나라가 없어질 판입니다.」[13]

트럼프가 연설을 채 마치기도 전에 군중은 의사당을 향해 우르르 몰려갔다. 굳이 옆길로 가는 대신 펜실베이니아와 컨스티튜션 대로를 따라 행진하면서 내셔널 몰로 곧바로 가서 셀카를 찍고 서로 영상을 찍어 주었다. 전날 밤 누군가 공화당 전국 위원회와 민주당 전국 위원회 본부 근처에 파이프 폭탄을 설치해 두었다. 의사당에 모인 군중은 건물을 둘러싸고 선거인단 투표 집계를 방해하기 위해 진입할 길을 찾았다. 어떤 이는 전술 장비를 착용하고 있었고, 누군가는 자동 소총을 휘둘렀다. 남부 연합 깃발과 성조기, 〈트럼프를 위해 싸우자〉나 〈트럼프를 지지하는 참전 군인들〉, 〈주님이 구원하신다〉 등의 문구가 적힌 깃발이 곳곳에서 휘날렸다. 여기저기 모조 교수대가 세워졌다.

서쪽 편에서 폭도들이 순식간에 바리케이드를 넘어뜨리고 경찰과 폭력적으로 충돌했다. 다른 이들은 담장을 기어올랐다. 몇몇 사람은 화학 물질을 분사하고 창문을 깨뜨렸다. 어떤 이들은 창문을 닦기 위해 설치된 구조물을 타고 2층으로 올라갔다. 동쪽 편에서는 가장 높이 설치된 바리케이드를 돌파했다. 펜스 부통령을 비롯한 상원 의원들이 상원 본회의실에서 급히 빠져나간 지 10분 뒤에, 트럼프가 트윗을 올렸다. 〈마이크 펜스는 우리 나라와 헌법을 보호하기 위해 마땅히 해야 하는 일을 할 만한 용기가 없었다.〉[14] 힘을 얻은 시위대는 마침내 서쪽 편 정문을 부수었다. 원형 홀에 난입한 시위대는 공격 대상의 이름을 연호했다. 〈펠로시, 슈머, 펜스!〉

경찰이 하원 본회의실에 바리케이드를 세우고 의원들이 서둘러 철수하는 가운데, 시위대는 복도를 따라 밀려들면서 셀카를 찍어 댔다. 자신만만하고 겁이 없는 모습이었다. 시위대는 의사당이 자기네 것이고 법이 자기들을 보호해 줄 것처럼 곳곳을 누볐다. 숨길 것도, 두려워할 것도 없는 듯했다. 사무실을 뒤져 약탈하고, 가구를 부수고, 하원 의장 인장이 찍힌 연단을 훔치고, 노트북과 달라이 라마 사진 액자를 훔치고, 조각상을 훼손하고, 중국 미술품을 벽에서 뜯어냈다. 전 세계에 습격 상황을 실시간 영상으로 내보냈다. 하원 본회의실에 난입하고, 상원 연단에서 하느님을 부르고, 실물 크기의 제럴드 포드 조각상 옆에서 포즈를 취하면서 빨간색 MAGA 모자를 씌우고 〈트럼프 2020 헛소리는 이제 그만〉이라고 쓴 깃발을 둘렀다. 한껏 고무된 모습이었다. 도둑맞은 선거에서 공화국을 구하는 미국의 진정한 애국자들이었다.

오후 3시쯤 트럼프가 트윗을 올렸다. 〈폭력은 안 됩니다!〉[15] 하지만 너무 늦은 발언이었다. 한 폭도가 이미 총에 맞아 사경을 헤매고 있었다. 폭도들에게 밟힌 사람도 한 명 있었다. 많은 경찰관이 부상을 입었다. 의사당 포위는 네 시간 이상 지속되었고, 상황이 끝날 무렵에는 다섯 명이 사망했다. 트럼프의 참모진과 대통령 당선인 바이든이 여러 차례 자제를 호소한 뒤인 오후 4시 17분, 트럼프는 트윗에 동영상을 하나 게시했다. 그는 백악관 집무실에서 떨어진 식당에서 텔레비전을 통해 의사당 포위 사태를 지켜보고 있었다. 〈압승을 거둔 선거였고, 모두 아는 사실〉이라는 것이 트럼프의 판단이었다.[16] 하지만 이제 집으로 돌아갈 시간이라고 폭도들에게 전했다. 〈사랑합니다, 여러분. 여러분은 아주 특별한 존재예요.〉

두어 시간 뒤 트럼프가 다시 트윗을 올렸다. 이번에는 폭동을 변호하면서 오랫동안 부당한 대우를 받아 온 〈위대한 애국자들〉에게서 선거 승리를 앗아 간 자연스러운 결과라고 주장했다. 〈오늘을 영원히 기억합시다!〉[17]

미국인이라면 모두 그렇겠지만, 나 역시 1월 6일 벌어진 사태에 충격을 받았다. 하지만 그와 동시에 무척 익숙한 광경이었다. 트럼프 대통령이 2020년 선거에서 패배한 뒤 뻗대는 모습을 보니 마두로나 그바그보 같은 다른 대통령들이 떠올랐다. 2015년 베네수엘라 선거를 몇 달 앞두고 마두로는 결과가 어떻게 나오든 대통령 자리를 포기하지 않겠다고 선언했고, 그바그보는 2010년 코트디부아르 선거가 끝난 뒤 표를 도둑질당했다고 주장하면서 권력 이양을 거부했다. 베네수엘라는 권위주의로 치달았고, 코트디부아르는 내전으로 빠져들었다. 마음속 한구석에서는 지금 벌어지는 상황의 함의를 도저히 받아들일 수 없었다. 사라예보에서 만난 다리스가 오랜 세월이 흐른 뒤에도 다문화로 생동하던 나라의 사람들이 어떻게 해서 그렇게 서로 폭력을 휘두르게 되었는지를 이해하려고 분투하던 모습이 떠올랐다. 〈여기는 미국인데, 우리는 관용과 유서 깊은 민주주의로 유명하잖아〉 하는 생각이 들었다.

하지만 역사가 펼쳐지는 현장에서 그 역사를 분석하는 구조적 방법론을 갖춘 정치학은 이런 경우에 큰 도움이 될 수 있다. 소중히 여기는 민주주의가 쇠퇴하거나 전쟁을 향해 치닫고 있다고 믿고 싶어 하는 사람은 아무도 없다. 쇠퇴는 대개 누적적으로 벌어지기 때문에 사람들은 자신이 직접 경험하고 있을 때조차 흔히 알아채거나 이해하지 못한다. 만약 당신이 — 과거에 당신이 우크라이나나 코트디부아르, 베네수엘라의 사태를 지켜본 것과 똑같은 방식으로 — 미국에서 벌어지는 사태를 지켜보는 외국의 분석가라면, 체크리스트를 훑어보면서 내전 발발 가능성을 높이는 조건을 하나씩 평가해 볼 것이다. 그리고 2백여 년 전에 세워진 민주주의 국가인 미국이 위험한 구간에 들어섰음을 발견하게 될 것이다.

첫 번째 조건 — 아노크라시에 얼마나 가까운가 — 은 미국의 정치체 점수에서 분명하게 드러난다. 앞에서 설명한 것처럼 완전한 독재 -10점부터 완전한 민주주의 +10점까지 각 나라에 점수를 매기는 방식이다.[18] -5점부터 +5점까지는 중간 구간이다. 미국의 정치체 데이터는 1776년부터 수집되었다. 미국이 아노크라시였던 마지막 시기는 1797년에서 1800년 사이인데, 주로 정치적 경쟁이 제한되었던 까닭에 +5점이 매겨졌다(1790년대에 연방당이 창건된 뒤 연방주의자들이 정부를 지배했다).[19] 미국의 정치체 점수는 민주 공화당의 토머스 제퍼슨Thomas Jefferson이 대통령에 취임한 1801년 3월에 +6점으로 높아졌고, 다시 민주당 앤드루 잭슨Andrew Jackson이 취임한 1829년에 +10점이 되었다.

이후 오랫동안 미국의 정치체 점수가 큰 폭으로 하락한 것은 단 두 차례였다. 첫 번째 하락은 남부 민주당이 북부 공화당을 상대로 비타협적 정치를 밀어붙이면서 결국 남북 전쟁으로 이어지는 과정의 시발점이 된 1850년이었다. 미국의 정치체 점수는 무려 +8점으로 떨어졌다. 1876년 논란이 많았던 그 선거가 해결된 1877년까지 점수가 회복되지 않았다. 두 번째 하락은 1960년대와 1970년대 초의 민권 운동 시대에 발생했다. 대규모 시위가 늘어나고, 마틴 루서 킹 주니어Martin Luther King Jr.와 케네디가 암살되고, 리처드 닉슨Richard Nixon 대통령이 고압적인 전술을 구사하고, 정부가 자국민을 상대로 폭력을 휘두르기 시작한 때였다. 미국 민주주의는 다시 한번 +8점으로 떨어졌다. 민권 입법이 이루어지고, 워터게이트 사건의 수사가 진행되고, 닉슨이 사임하면서 다시 +10점을 회복했다.

그러다가 다시 정치체 점수가 떨어졌다. 2016년 대통령 선거 직후에 +8점이 된 것이다. 정치체 평가 프로젝트가 민주주의를 평가하는 데 사용하는 주요 인자는 네 가지다. 선거가 정부 통제에서 얼마나 자유로운가, 행정부가 얼마나 제약을 받는가, 정치 참여가 얼마나 개방되고 제도화되어 있는가, 대통령 선발이 얼마나 경쟁적인가 등이다. 국제적 전문가들은 2016년 선거가 자유로웠다고 간주하면서도 완전히 공정하지는 않았다고 판단했다. 당파적 이해에 따라 선거 규칙이 바뀌었고, 모든 시민에게 투표권이 보장되지 않았다는 이유였다. 게다가 미국 정보기관들은 러시아 요원들이 선거에 간섭하기 위해 조직적인 온라인 활동을 벌였다고 보고했다.

취임 이후 몇 달간 트럼프와 공화당은 또한 행정부에 대한 제약을 하나씩 벗겨 내기 시작했다. 트럼프는 충성을 다하지 않는다고 여긴 정부 인사를 일방적으로 숙청했으며, 관료제 운영을 활용해서 행정부의 이익을 챙기고 반대파를 응징했다. 재임 기간 내내 행정부 권한을 확대하고 소득세 신고를 공개하는 것을 거부했으며, 수많은 행정 명령을 발동하고 범죄자 친구들을 사면했다. 대통령이 의회와 협의하는 대신 행정 명령으로 통치하는 가운데 미국은 〈제왕적 대통령제〉— 대통령 사학자 아서 M. 슐레진저 주니어Arthur M. Schlesinger Jr.의 표현이다[20] — 로 변모했다.

특히 의회가 탄핵 조사를 진행하는 동안 트럼프가 의회와의 협조를 거부한 뒤인 2019년, 미국의 정치체 점수는 +7점으로 떨어졌다. 의회는 행정부를 조사하고 감시할 권리가 있다. 노스캐롤라이나 대학교 법학 교수 윌리엄 P. 마셜William P. Marshall은 이렇게 표현했다. 〈우리 체제는 견제와 균형을 추구하며, 의회가 행정부에 대해 행사하는 가장 큰 견제의 하나가 의회의 감독권이다.〉[21] 하지만 백악관은 어떤 정보도 제출하기를 거부하고 소환장을 차단하기 위해 소송을 제기했으며, 관리들에게 소환장이 날아오는 족족 무시하라고 지시했다. 한편 하원과 상원의 공화당 의원들은 기꺼이 대통령의 지휘를 따르면서 행정부가 의회를 함부로 대하게 내버려두었다.

2020년이 되자 제아무리 탄탄한 민주주의라도 스트레스를 받을 만한 위기가 잇따라 터졌다. 전 지구적 팬데믹, 휘청거리는 경제, 흑인 시민들만 죽이는 경찰이 촉발한 체계적인 인종 차별에 항의하는 폭력적 가두시위 등이 벌어졌다. 하지만 트럼프는 국가 기관에 대한 시민들의 신뢰를 북돋우기는커녕 오히려 의도적으로 훼손했다. 셧다운 조치를 정치 쟁점화하면서 코로나19의 확산을 억제하려는 주지사들에게 딴지를 걸었다. 2020년 4월 트럼프는 이런 트윗을 올렸다. 〈미시간을 해방하자! 미네소타를 해방하자! 버지니아를 해방하자! 포위 공격을 당하는 위대한 헌법 수정조항 제2조를 지키자!〉[22] 〈흑인의 생명도 소중하다〉시위로 나라가 요동치자 트럼프는 시장들이 무능하다고 공격하면서 정부의 무력을 동원해 시위를 진압하겠다고 위협했다. 그러고는 자기 목적을 위해 무력을 사용했다.[23] 6월 1일, 트럼프는 라파예트 광장에서 평화 시위를 벌이는 수백 명에게 경찰이 — 아마 최루 가스로 추정되는 — 화학 물질을 사용하게 했다. 원하는 사진을 찍을 기회로 삼은 것이다. 그러고는 기자들에게 소리쳤다. 「어떤 도시나 주든, 주민들의 생명과 재산을 보호하는 데 필요한 조치를 취하지 않으면 합중국 군대를 출동시켜 신속하게 문제를 해결할 겁니다.」[24] 임기 말이 가까워지자 트럼프는 우편 투표를 문제 삼으며 선거에 대한 불신을 퍼뜨렸다. 그러고는 미국 민주주의의 보증 수표인 평화적인 권력 이양에 의문을 제기하며 선거 결과를 뒤집으려고 했다. 그러자 미국의 정치체 점수가 +7점에서 +5점으로 떨어졌다. 1800년 이래 가장 낮은 점수였다.

미국은 2백여 년 만에 처음으로 아노크라시가 되었다.[25] 곰곰이 생각해 보자. 미국은 이제 더 이상 세계에서 가장 오래 지속된 민주주의 국가 아니다. 그런 명예는 이제 스위스의 몫이며, 그 다음 순위는 뉴질랜드, 캐나다에게 돌아간다. 미국은 이제 더 이상 캐나다나 코스타리카, 일본 같은 나라들과 동급이 아니다. 이 나라들은 모두 정치체 점수가 +10점이다.

반가운 소식이 하나 있다. 민주주의를 지켜 주는 가드레일 몇 개는 여러 도전에 직면해서도 굳건하게 남아 있다는 것이다. 트럼프와 공화당이 몇몇 경합 주에서 부정 선거를 주장하면서 60건이 넘는 소송을 제기했지만, 그중 50여 건이 기각되거나 받아들여지지 않았다. 그나마 정식 재판까지 들어간 몇 건도 상급 법원에서 뒤집어졌다.[26] 보수 성향을 가진 판사가 다수인 대법원 또한 트럼프의 선거 이의 제기를 받아들이지 않았다. 대통령의 협박을 받아들일 수밖에 없는 공화당 주 관리들(트럼프는 선거 결과를 인증한 애리조나 주지사를 공화당에서 배제하겠다고 위협했고, 조지아 주무 장관에게 자신이 승리하는 데 필요한 표를 〈찾아내라〉

고 압박을 가했다)은 압력에 굴하지 않았다.[27]

군부도 마찬가지였다. 트럼프는 임기 내내 미국 장성들에게 추파를 던졌지만, 장군들은 대통령의 권력 확대 요구를 인정하기보다는 결정적인 순간마다 그가 내세우는 의제와 거리를 두었다. 2020년 국방 장관 마크 에스퍼Mark Esper는 현역 병력을 투입해서 〈흑인의 생명도 소중하다〉 시위대를 막으라는 지시를 거부했다 (그는 결국 나중에 해임되었다).[28] 그리고 2021년 1월 3일, 제임스 매티스James Mattis, 에스퍼, 딕 체니Dick Cheney, 도널드 럼즈펠드Donald Rumsfeld 등 전 국방 장관 열 명이 『워싱턴 포스트The Washington Post』에 성명을 발표해서 자신들은 대통령이 아니라 헌법을 수호할 것임을 분명히 밝혔다.[29] 합참 의장 마크 밀리Mark Milley 장군이 몇 달 전 작성한 성명에 의견을 같이한 것이다. 〈합중국 선거 결과를 결정하는 데 군대가 할 역할은 아무것도 없다.〉

희망을 품어야 하는 다른 이유들도 있다. 1월 6일 의사당의 안전이 회복된 뒤, 하원 의원들은 곧바로 업무에 복귀했다. 의원들은 선거 결과를 인증하면서 평화적인 권력 이양을 보증하고 법치를 수호했다. 연방 수사국은 곧바로 폭동 참여자들에 대한 수사에 착수하면서 첫 번째로 오스 키퍼스* 지도자를 음모 혐의로 기소했다.[30] 연방 수사국은 취임식의 보안 책임을 맡은 주 방위군을 점검했으며, 국방부는 자체 내에 침투한 극우 극단주의를 근절하는 시도를 강화했다. 바이든과 부통령 카멀라 해리스Kamala Harris는 취임 선서를 했다. 평화적으로 권력이 교체되고 새로운 행정

* Oath Keepers. 2009년 결성된 미국의 극우 반정부 민병대. 헌법을 수호한다고 주장한다.

부가 이후 법치를 존중한 덕분에 미국의 정치체 점수가 +8점으로 높아졌다.

그렇지만 당시 벌어진 사태와 그 사태가 전개된 속도를 무시해서는 안 된다. 미국인들은 자국의 민주주의가 세계 최고라고 생각하곤 했지만 — 심지어 동유럽과 라틴 아메리카의 여러 나라에 헌법을 수출하기도 했지만 — 불과 5년 만에 스스로가 완전한 민주주의에서 아노크라시로 이행했다. 내전을 겪은 나라들만큼 빠른 속도 — 이 나라들은 3년 만에 정치체 점수가 6점 이상 떨어졌다 — 는 아니지만, 차이가 크지 않다.[31] 마셜에 따르면 〈5점 감소는 경계선 위에 있는 것으로 간주되〉는데, 이는 〈체제 변화〉 가능성이 있음을 보여 주는 신호다.[32] 민주주의 다양성 연구소 부소장 아나 뤼어만Anna Lührmann의 말을 빌리자면, 미국 민주주의의 쇠퇴는 〈가파르게 이루어졌고〉 적어도 미국에서는 〈전례가 없는 일이었다〉.[33]

부분적 민주주의는 완전한 민주주의보다 내전이 벌어질 가능성이 세 배 높다. 쇠퇴하는 민주주의에서 내전이 벌어질 위험성이 크게 고조되는 시기는 아노크라시 구간에 진입한 직후라는 점도 유념해야 한다. 이 문턱에 서 있는 나라 — 최근의 미국 같은 나라 — 는 나쁜 거버넌스와 그 제도를 한층 약화시키는 비민주적인 조치가 결합되면서 쉽게 충돌로 내몰릴 수 있다.[34] 미국이 앞으로 나아가기 위한 관건은 민주주의가 제대로 작동한다 — 그리고 안전을 위해 결정적으로 중요하다 — 는 것을 유권자들에게 설득할 수 있는가, 그리고 지도자들이 민주주의의 가드레일을 다시 설치할 것인가 하는 점이다.

제임스 매디슨James Madison과 알렉산더 해밀턴Alexander Hamilton은 미국의 민주주의가 수명을 다한다면 그것은 파벌 때문일 것이라고 믿었다. 『페더럴리스트 페이퍼The Federalist Papers』의 저자들에 따르면, 공화국을 위협하는 가장 큰 세력은 외부의 적이 아니라 통제를 하고 싶어 안달인 국내의 집단이었다. 이런 파벌의 지도자들은 기회가 생길 때마다, 다른 시민들의 권리나 공동체의 항구적이고 종합적인 이익을 거스르면서[35] 권력을 굳히고 공공선보다 자신들의 이익을 드높일 것이었다. 건국의 아버지들이 가장 커다란 위협이라고 본 파벌 유형은 계급에 바탕을 둔 것이었다. 그들은 재산 소유자들이 자신들의 부를 지키고 부의 재분배를 막기 위해 정치권력을 집중시킬 것을 우려했다. 매디슨의 삼권 분립 — 행정부, 입법부, 사법부 — 모델은 이런 위협에 대응하기 위한 것이었다.

미국의 18세기 지도자들이 미처 예상하지 못한 것이 있다. 바로 그들이 우려한 〈파벌화〉가 계급이 아니라 종족 정체성에 뿌리를 두고 나타나게 된다는 사실이었다. 1789년에는 적어도 연방 차원에서는 미국의 유권자가 전부 백인 — 그리고 전부 남성 — 이었기 때문이다. 오늘날 미국인의 투표 성향을 예측하는 가장 뛰어난 지표는 〈인종〉일 것이다.[36] 흑인과 라틴계, 아시아계 미국인의 3분의 2 이상이 꾸준히 민주당에 투표하는 반면, 백인은 대략 60퍼센트가 공화당에 투표한다.[37] 소수 종족이 양당 사이에서 분열되고 백인 노동 계급은 대부분 민주당에 표를 던진 지난세기 중반과는 극명하게 대조되는 양상이라고 할 수 있다. 실제로 지난 2007년 — 오바마가 대통령에 당선되기 전해 — 까지만 해도 백인은 공화당 지지자(49퍼센트)와 민주당 지지자(51퍼센트)가 거의 반반이었다. 지금은 공화당 지지자의 90퍼센트가 백인이다.[38]

정체성 기반 정치로의 변화가 대거 시작된 때는 1960년대 중반으로, 당시 린든 존슨Lyndon Johnson — 외설적이고 편협하며 정치적으로 약삭빠른 텍사스인 — 은 민권 법안을 지지함으로써 남부 백인들을 배신했다. 과거에 남부 연합을 이루었던 11개 주의 유권자들은 1백 년 넘도록 민주당에 충성했었다. 공화당 대통령 링컨이 연방 탈퇴를 받아들이지 않은 것에 여전히 분노했기 때문이다. 하지만 1964년 존슨이 민권 법안을 내놓자 일대 격변이 일어났다. (존슨은 특별 보좌관 빌 모이어스Bill Moyers에게 이렇게 말했다. 「앞으로 오랫동안 공화당에 남부를 내줄 것 같네.」) 민주당은 그해 대통령 선거에서 압도적 승리를 거두었지만, 존슨과 대결한 공화당의 배리 골드워터Barry Goldwater(그는 민권 법안에 반대했다)는 남북 전쟁 재건기 이래 최남부에서 선거인단 표를 싹쓸이한 첫 번째 공화당 후보였다.[39] 전 대통령 후보였던 닉슨은 이미 멀리서 그 함의를 파악한 바 있었다. 1962년 잡지 『에보니Ebony』 기자에게 이렇게 말했다. 「골드워터가 선거전에서 이기면, 우리 당이 결국 주요 정당으로는 최초로 백인 전용 정당이 될 겁니다. 그건 좋은 일이 아니지요.」[40]

하지만 오래지 않아 닉슨 자신도 생각이 바뀌었다. 1968년 대통령에 출마한 닉슨은 인종적 원한을 활용하기로 마음먹고 〈법질서〉를 호소하고 〈마약과의 전쟁〉을 약속하면서 백인의 공포를 부추겼다. 이른바 〈남부 전략〉 덕분에 공화당은 백악관을 탈환할 수 있었고, 나중에는 30년 가까이 권력에서 배제된 끝에 상원까지 되찾았다. 이후 공화당 후보들은 대통령에 당선되기 위해 비슷하게 인종에 호소하게 된다. 물론 〈복지 여왕들〉*에게 망신을 준 로널드 레이건Ronald Reagan부터 윌리 호턴**에게 험담을 퍼부은 조지 H. W. 부시George H. W. Bush에 이르기까지 항상 간접적으로 인종을 들먹였다. 부시 — 아들 부시 — 는 선거 운동을 하면서 존 매케인John McCain에게 흑인 사생아가 있다는 소문을 퍼뜨렸다고 비난받았다.

이후 수십 년간 다른 정체성의 표지들이 정치화되었다. 종교가 그다음이었다. 공화당 엘리트들은 복음주의 지도자들과 점점 결집하는 신자들의 지지를 확보하기 위해 점점 더 낙태 반대pro-life 입장을 분명히 밝혔다. 기독교 우파와 관련된 정치 단체 〈도덕적 다수Moral Majority〉의 지도자인 제리 폴웰 시니어Jerry Falwell Sr. 같은 사람들이 점차 득세하게 되었다. 민주당은 더 많은 무신론자와 불가지론자, 문화적으로 진보적인 유권자를 획득할 기회를 모색하면서 점점 더 여성의 권리와 임신 중단 접근권에 찬성했다. 21세기 초에 이르면, 기독교인이나 복음주의자라면 공화당에 투표하는 것 말고는 선택의 여지가 없었다. 임신 중단을 둘러싼 초기의 파벌 분열에 이어 동성애자 권리와 트랜스젠더 권리를 둘러싼 입장도 점점 양극화되었다. 부유한 공화당은 이런 쟁점을 활용해서 백인 노동 계급의 표를 확보했다. 공화당에 표를 던지는 것은 대

---

* welfare queens. 복지 수당을 받으며 호화 생활을 한다는 흑인 여성을 지칭한 표현.
** Willie Horton. 1974년 강도 살인죄로 수감된 뒤 1986년 귀휴 중에 강력 범죄를 저지른 흑인.

개 노동자의 경제적 이익과 무관했지만 공화당은 대체로 성공을 거두었다. 도덕적 의무와 문화적 정체성이 이제 어느 때보다도 더 투표의 양상을 좌우했다. 이제 백인 복음주의자가 공화당의 3분의 2를 차지한다.[41] 이와 대조적으로 민주당은 비기독교인 — 불가지론자, 유대인, 무슬림 — 이 절반을 차지한다.

공화당은 총기 소유권 같은 핵심적인 정책에 호소하고, 이민과 미국의 인구 구성 변화(2045년에 이르면 백인이 과반수에 미달할 것으로 예상된다)에 대한 불안에 편승하면서, 농촌 백인들의 표를 점점 더 많이 확보할 수 있었다. 마찬가지로 민주당은 본질적으로 정반대로 움직이면서 — 총기 접근성을 제한하고, 미국 도시의 풍경을 뒤바꾸는 다양성을 끌어안음으로써 폭력을 줄이려고 하면서 — 점점 도시 정당이 되었다. 오늘날 농촌과 도시의 분열이야말로 민족을 지향하는 시민과 글로벌을 지향하는 시민 사이의 분열이다.

오바마가 집권할 무렵이면, 이미 정치적 분열이 일군의 종족적, 사회적 정체성과 깊숙이 뒤얽힌 상태였다. 개인의 집단 친연성 — 누구를 좋아하고 누구를 싫어하는지 — 이 정책에 대한 판단이나 가령 세금 인상 찬성 여부, 학교 선택권 지지 여부보다 정치적으로 한층 더 중요해지고 있었다. 오바마가 정책적 입장이 아니라 정체성과 관련된 관심사, 즉 그가 무슬림인지 여부(무슬림이 아니었다)나 미국 시민권자인지 여부(시민권자였다)를 놓고 지나친 관심을 받은 것은 이런 현상을 압축적으로 보여 주는 사례다. 그 결과 두 부족이 점점 거의 모든 문제를 놓고 싸웠다. 특히 공화당 쪽에서는 승리하기 위해 언제든 민주주의를 뒤집어엎을 기세였다.

이 모든 현상이 소셜 미디어에 의해 악화되었다. 양당이 정체성을 놓고 분열하는 바로 그 순간에 트위터가 폭발적으로 성장하고, 페이스북이 주류가 되었으며, 소셜 미디어가 사람들의 삶을 24시간 지배하게 되었다. 한껏 신이 난 종족 사업가들의 네트워크는 분열을 강조할수록 구독자와 영향력이 많아진다는 사실을 깨달았다. 클릭 수가 증가할 때마다 최종 수익이 늘어나는 거대 미디어 기업들은 우리에게 점점 더 양극화된 콘텐츠를 제공했다. 터커 칼슨Tucker Carlson이나 숀 해니티Sean Hannity 같은 눈치 빠른 방송 진행자들은 음모론을 퍼뜨리면서 혐오와 분열을 활용해서 시청률을 높이느라 행복에 겨워했다. 정치 체제 자체에 대한 불신을 부추기는 알렉스 존스Alex Jones 같은 음모론자들도 그 대열에 합류했다. 2010년에 이르러 라디오 방송 「알렉스 존스 쇼The Alex Jones Show」의 청취자 수는 매주 2백만 명에 달했다.[42] 다른 한편 키스 올버먼Keith Olbermann은 좌파 성향의 유권자들을 자극했다.

이런 정치적 수렁에 사상 최고의 종족 사업가 트럼프가 발을 들여놓았다. 권력을 노리는 트럼프는 정체성에 호소하면 자신의 정치적 기반을 활성화할 수 있음을 순식간에 깨달았다. 그는 이미 과거에 오바마의 출생지에 의문을 제기하는 인종주의 십자군 운동을 벌인 바 있었다. 이제 입맛을 다시며 공공연하게 정체성 정치를 끌어안았다. 트럼프는 미국 흑인을 가난하고 폭력적인 존재로 묘사했다. 멕시코인은 범죄자로 몰아세웠다. 본인에게 성폭력 혐의가 무수하게 제기되었지만 아랑곳하지 않고 기독교 가치를 입에 올렸다. 그러면서 여자들을 〈말상〉, 〈뚱녀〉, 〈못생긴 여자〉라고 지칭했다. 취임하자마자 거의 곧바로 무슬림에 대한 여행 금지를 시행하고, 아이티와 엘살바도르, 아프리카 나라들을 〈똥통〉 국가라고 불렀다. 트럼프의 정책은 국수주의 그 자체였다. 멕시코 국경을 따라 〈거대하고 아름다운 장벽〉을 설치해 나갔고, 국제적 협정에서 탈퇴했으며, 중국을 상대로 무역 전쟁을 개시했다. 〈백인 권력〉을 연호하는 플로리다주의 어느 은퇴 생활자의 영상을 리트윗하기도 했다.[43]

이런 갖가지 방식으로 트럼프는 종족적 파벌주의를 부추기고 있었다. 1989년 독립 크로아티아의 대통령이 되려는 계획의 일환으로 크로아티아인을 종족 파벌로 규합하기 시작한 투지만이 벌인 행동과 같았다.[44] 투치족을 바퀴벌레로 묘사하고 후투족은 선민으로 규정한 후투족 극단주의자들도 바로 그렇게 행동했다. 1990년대 중반 코트디부아르에서 토박이 시민들에게 더 많은 표를 얻기 위해 친이민 정책을 뒤집은 앙리 코낭 베디에Henri Konan Bédié 대통령도 마찬가지였다. 그리고 인도의 모디 총리는 힌두인을 우선시하는 인도를 내세우며 지금도 그렇게 행동한다.

지난 50년간 어떤 공화당 대통령도 공공연한 인종주의 강령을 추구하지 않았고, 또 다른 모든 집단을 희생양으로 삼으면서 백인 복음주의자들을 옹호하지 않았다.[45] 처음에는 공화당 지도부도 같은 입장인지 분명하지 않았지만(대통령 선거 운동 중에 텍사스주 출신의 상원 의원 테드 크루즈Ted Cruz는 트럼프를 두고 〈부도덕의 극치〉라고 맹렬히 비난했다), 그들은 트럼프를 등에 업고 자신들의 의제를 관철시킬 수 있다고 보았다. 부유층을 위한 세금 인하, 기업 규제 완화, 환경 규제 폐지 등의 의제였다. 트럼프가 백악관을 차지하고 공화당이 상원을 장악한 가운데 당은 또한 대법원과 사법부 전반을 보수적 판사들로 채워서 향후에도 민주적 발의를 방해할 수 있었다. 게리맨더링은 양쪽 모두 구사하는 전술이었지만, 공화당 주지사들과 공화당 주 의회는 투표자 신원 확인법을 제정하고, 유권자 명부를 정리해서 잠재적 투표자를 줄이고, 투표소와 투표 시간을 제한하고, 투표를 하기 위해 장시간 줄을 서는 사람들이 음식이나 음료를 먹는 것을 금지하는 등 일사불란하게 노력했다.[46]

앞서 말한 것처럼, 한 나라의 파벌주의 수준은 5점 기준으로 평가하는데, 5점이 가장 파벌주의가 약하고 1점이 가장 강하며, 3점은 확실히 위험 구간이 된다. 2016년 미국은 3점 — 파벌화됨 — 으로 떨어졌고, 지금도 우크라이나, 이라크와 나란히 그 점수를 유지하고 있다.[47] 영국 또한 2016년에 3점으로 떨어졌다. 이 정도 수준의 파벌주의는 과거에 두 차례뿐이었다. 남부 민주당이 비타협으로 일관하면서 비백인을 법의 동등한 보호에서 배제한 남북 전쟁이 일어나기 전, 그리고 민권 시위와 베트남 전쟁, 반체제 운동을 진압하는 데 몰두한 부패한 정부로 나라 전체가 요동치던 1960년대 중반에 그러했다.[48] 두 시기 모두 미국의 정당들은 나라의 미래에 관해 근본적으로 다른 전망을 갖고 있었다. 나라가 무엇이 될 수 있는가? 나라가 무엇이 **되어야 하는가?**

오늘날에도 똑같은 상황이 펼쳐지는 중이다.[49] 과거와 마찬가지로, 한 집단이 점점 더 과격해지고, 초법적 조치를 거리낌 없이 사용하며, 자신의 전망을 폭력적으로 추구한다. 오늘날 공화당은 약탈적 파벌처럼 행동하고 있다. 2019년에 거의 2천 명의 전문가에게 세계 각국 정당의 점수를 매겨 달라고 요청한 조사에 따르면, 공화당은 튀르키예의 정의 개발당과 폴란드의 법 정의당 같은 급진 우파 반민주 정당과 가장 가까운 점수를 받았다.[50] 공화당은 종족과 종교를 기본 바탕으로 삼는다. 또한 다른 모든 시민을 희생시키면서 백인 민족주의 정책을 추구하는 포퓰리스트를 지지했으며, 원칙보다 인물을 중심에 두고 있다. 해마다 열리는 보수 정치 행동 회의*는 2021년 2월 회의에서 트럼프의 황금 조각상을 선보였다. 참가자들을 대상으로 설문 조사를 실시한 결과, 68퍼센트가 트럼프가 재선에 도전하기를 원했고, 95퍼센트가 공화당이 트럼프의 의제와 정책을 계속 이어 나가기를 바랐다.[51]

공화당은 현재 필사적인 생존의 정치를 추구하면서 기존의 의석을 유지하기 위해서라도 과격한 지지 기반에 영합하고 있다. 2020년 선거 이후 공화당 정치인들이 모든 증거를 무시한 채 트럼프의 선거 부정 주장을 공공연하게 지지한 — 또는 암묵적으로 인정한 — 것을 보면 이런 사실이 분명하게 드러난다. 크루즈는 폭스 뉴스의 「마리아 바르티로모의 선데이 모닝 퓨처스 Sunday Morning Futures with Maria Bartiromo」에 출연해서 부정 투표에 관해 이야기했다.[52] 트럼프 지지자들이 일립스 공원에서 환호하던 1월 6일, 공화당 상원 의원 크루즈, 마이크 브론Mike Braun, 존 케네디John Kennedy, 론 존슨Ron Johnson, 스티브 데인스Steve Daines, 제임스 랭크퍼드James Lankford, 마샤 블랙번Marsha Blackburn, 빌 해거티

* Conservative Political Action Conference. 미국 보수 연합American Conservative Union이 주관하는 연례 회의로 1974년에 처음 열렸다. 해마다 열리는 회의에 보수 활동가, 공화당 정치인, 키예프 루스 지지자 들이 대거 참여한다.

Bill Hagerty 등은 투표 결과를 번복하려는 최후의 시도를 했다. 공화당 하원 의원 139명 —66퍼센트— 은 바이든을 대통령으로 인정하는 데 반대표를 던졌다. 그에 앞서 하원 의원 2명 —앨라배마주의 모 브룩스Mo Brooks와 노스캐롤라이나주의 매디슨 코손 Madison Cawthorn— 은 일립스 공원 집회에서 발언을 하기도 했다. 매디슨과 해밀턴이 우려한 최악의 상황이 현실화된 것이다. 한 파벌이 이기적으로 권력을 욕심내면서 민주주의를 무너뜨리는 상황 말이다.[53]

미국이 건국된 이래 219년 동안 대통령은 전부 백인 남성이었다. 상원 의원, 하원 의원, 대법관, 내각도 거의 전부 백인 남성이었다. 초기 건국자들이 아메리카 원주민의 대량 학살을 승인했다거나 대다수가 노예주였다는 사실은 자유와 활짝 열린 기회라는 신화적 서사에 어울리지 않는 오점이었다. 세르비아인들에게는 코소보 전투가 있고, 러시아인들에게는 키예프 루스Kievan Rus(조국 러시아가 우크라이나에서 기원했다는 믿음)가 있고, 에스파냐인들에게는 가톨릭교인들이 땅을 되찾은 레콩키스타Reconquista가 있었다. 미국에는 새로운 삶을 찾아 대양을 건너온 필그림 파더스 Pilgrim Fathers가 있었다. 미국 건국 신화에 따르면, 대륙을 가로질러 확장하고 풍요로운 대지에서 수확을 거두는 것은 우리 —적어도 백인 개신교인들— 의 명백한 운명manifest destiny이었다.

무슬림 미들 네임 —후세인— 을 지닌 검은 피부의 오바마가 대통령에 당선되자 이런 신화가 산산이 부서졌다. 오바마의 승리는 미국의 인구 구성과 정치권력의 균형이 바뀌고 있다는 분명한 증거였다.[54] 미국인들은 사상 최초의 흑인 대통령을 갖게 되었다. 게다가 오바마 내각의 과반수가 비백인이었다. 새로 구성된 행정부의 면면에 반영된 이런 지각 변동은 2012년 인구 조사국Census Bureau의 인구 추산에 의해서도 확인되었다. 역사상 최초로 미국에서 태어난 신생아의 과반수가 비백인임이 확인된 것이다.[55] 히스패닉과 아시아계 인구가 지난 10년간 43퍼센트 증가한 반면, 백인 인구는 겨우 6퍼센트 늘어났다. 2045년쯤 되면 미국의 소수 인종이 다수 백인의 숫자를 앞지를 것이다. 존스 홉킨스 대학교의 사회학자 앤드루 셜린Andrew Cherlin에 따르면, 이 인구조사가 〈분수령〉이었으며 〈이 조사를 통해 우리는 미국이 얼마나 다문화 사회가 되었는지 알게 되었다〉.[56]

2015년 뉴욕시 출신의 푸에르토리코와 멕시코계 작곡가 린마누엘 미란다Lin-Manuel Miranda가 브로드웨이에서 「해밀턴 Hamilton」을 초연했다.[57] 건국의 아버지들을 연기한 배우는 모두 유색인이었다. 작품은 대성공을 거두었다. 하지만 한때 미국에서 안정감을 느꼈던 이들에게 이 작품은 전통에서 급격하게 단절되었다는 것을 의미했다. 많은 백인 시민, 특히 농촌 지역의 백인들은 이미 경제적으로 뒤처졌다고 느끼고 있었다. 1989년 이래 거의 어떤 기준으로 보든지 간에 대학 졸업장이 없는 백인 노동 계급의 삶의 질이 꾸준히 떨어졌다. 소득 비중이 감소하고, 주택 소유율과 혼인율이 급락했으며, 기대 수명도 떨어졌다.[58] 한편 라틴계나 흑인 노동 계급 가정, 또는 대졸자 백인 가장의 가구는 사정이 달랐다. 이 집단들의 생활 수준은 1989년에서 2016년 사이에 안정을 유지하거나 개선되었다. 세계 무역이 점점 개방되면서 미국 제조업이 꾸준히 공동화되고 있었다. 펜실베이니아주 홈스테드와 오하이오주 영스타운 시민들은 지역 철강 공장의 노동조합 일자리가 사라지고 뒤이어 철강 공장 자체가 완전히 문을 닫는 모습을 보았다. 자녀들은 외국의 전쟁터로 나갔다가 돌아와서 복지 혜택이 없는 최저 임금 일자리에서 일해야 했다. 그리고 오피오이드 중독이나 자살 때문에 친구들을 떠나보냈다.

과거에 노동 계급의 백인들은 미국을 떠받치는 중추로 찬양받았다. 그들의 생활 방식과 가치관은 노먼 록웰Norman Rockwell의 그림으로 기념되었다. 그런데 이제 정부가 그들을 버리는 것 같았다. 그들을 희생시키면서 동부와 서부 연안의 엘리트들과 도시인들에게 혜택을 주는 세계 무역 협정이 체결되었다. 이민자들이 계속 들어오고, 이런저런 핑계를 대며 불법 이민자들을 너그럽게 봐주는 듯했다. 경제적, 사회적 쇠퇴를 실감하는 백인들이 볼 때, 미국 정부는 마치 벵골인들에게 아삼으로 이주하도록 장려하는 인도 정부나 자바인들에게 서파푸아로 이주하도록 권하는 인도네시아 정부, 또는 싱할라인들에게 타밀 지역으로 이주하도록 부추기는 스리랑카 정부 같았다. 백인들은 인도나 중국 출신의 젊은이들 — 영어가 모국어도 아니고 종교가 기독교도 아닌 이들 — 이 돈벌이가 좋은 IT 일자리를 차지해서 이제 더 이상 자신들에게는 존재하지 않는 아메리칸 드림을 실현하는 모습을 보았다.

트럼프는 이런 깊은 소외감을 등에 업고 권력을 차지할 수 있음을 직관적으로 깨달았다. 그는 분열에 초점을 맞추면서 무슬림이나 흑인을 〈타자〉로 폄하하는 데 그치지 않고, 예전에 다수였던 백인 — 미국의 〈토박이들〉 — 의 지위 격하도 강조했다. 앞선 다른 종족 사업가들과 마찬가지로, 트럼프 역시 백인, 남성, 기독교도, 농촌 미국인들의 불만을 단순한 틀에 욱여넣으면서 그들을 정당한 유산을 도둑맞은 피해자로 치켜세웠다. 그는 종종 무엇을 빼앗기고 있는지에 관해 이야기했다. 종교적 권리, 총기 소유권, 고용 기회 등이었다. 트럼프의 선거 슬로건은 영광스러운 시절로 돌아갈 것을 약속했다. 〈미국을 다시 위대하게 만들자.〉 사람들은 그에게서 다른 어떤 후보와도 같지 않은 후보, 자신들의 삶을 인정하는 후보를 발견했다. 2017년 1월 취임사에서 트럼프는 그 백인들이 겪은 경험을 〈미국의 학살극〉이라고 묘사했다. 트럼프가 국민에게 이렇게 말했다. 「그 사람들의 고통이 제 고통입니다. 그 사람들의 꿈이 제 꿈입니다. 그들의 성공이 우리의 성공이 될 겁니다.」[59]

오늘날 미국에서 백인은 북동부와 중서부, 〈산악〉주* 곳곳의 농촌 지역에 압도적으로 집중되어 있는 반면, 비백인은 도시 지역과 남부, 연안을 따라 집중되는 경향이 있다. 이런 도시와 농촌의 분리는 튀르키예나 태국 같은 다른 나라의 극우파 운동에서도 결정적인 특징이 되었다. 권력과 경제적 자원의 분포가 점차 주요 도시에 집중되며, 또한 이 도시들은 상대적으로 동질적인 농촌 지역에 비해 다문화 경향이 강하다. 지리적으로 농촌에 집중되는 운동은 폭력적 저항을 결집시키기가 쉽다. 수도에서 멀리 떨어진 지역일수록 병사를 선발하고 자금을 모으고 경찰을 피하기가 쉽기 때문이다. 시리아의 수니파, 민다나오의 모로족, 서파푸아

* 서부 산악주, 내륙 서부주라고도 한다. 애리조나, 콜로라도, 아이다호, 몬태나, 네바다, 뉴멕시코, 유타, 와이오밍이 여기에 속한다.

의 파푸아인 등이 이에 해당했다. 극단주의자들은 미국의 여러 도시에도 존재하지만, 농촌 지역에 자리하는 경우가 더 많다. 농촌 지역에는 참전 군인의 비율도 높고 총기 문화의 뿌리도 탄탄하다.

〈토박이들〉의 불만은 항상 정당한 것은 아닐지라도 대개 마음속 깊이 새겨진다. 트럼프 같은 정치 지도자들의 호소가 그토록 큰 효과를 발휘하는 것은 이 때문이다. 아일랜드 공화군 지도자들은 개신교인들에게 경제적, 정치적 차별을 당하는 가톨릭교인들의 진정한 분노를 활용했다. 하마스 지도자들은 자신들의 땅을 빼앗긴 팔레스타인인들의 깊은 원한을 활용했다. 미국 공화당은 백인들의 불만을 끌어안음으로써 세계 곳곳의 〈토박이〉 운동을 옹호한 정당들과 비슷해졌다. 그 사례로는 유고슬라비아의 세르비아 급진당, 민다나오의 필리핀 이슬람당, 스리랑카의 타밀 민족 동맹, 그리고 유럽에서 우후죽순처럼 등장한 극우파 정당 등이 있다. 스웨덴 민주당은 이민을 쟁점화해서 선거 운동을 벌여 표를 얻었다. 2015년 유럽의 시리아 난민 사태가 벌어진 뒤, 독일의 포퓰리즘 정당인 독일을 위한 대안당은 실패한 당에서 제2당으로 올라섰다. 오스트리아 자유당은 2000년대 초반에 악전고투한 끝에 2017년 선거에서 반이민 강령을 내세워 엄청난 성공을 거두었다. 지금 이 당은 중도 우파와 권력을 분점하고 있다.

트럼프가 불만을 강조한 데 이어 다른 종족 사업가들도 불만을 더욱 증폭시켰다. 그들은 음모론과 반쪽 진실을 내세워 이미 자신들이 공격을 당하고 있다고 확신하는 취약한 대중을 흔들었다. 트럼프의 선거 운동 수석 전략가인 스티브 배넌Steve Bannon이 이끄는 〈브라이트바트 뉴스Breitbart News〉는 배넌이 말하는 이른바

〈대안 우파〉 뉴스를 역설했다. 이민 유입의 위험이 높아지고 미국식 샤리아(이슬람법)가 도래한다는 것이었다.[60] 소셜 미디어 유명인 마이크 서노비치Mike Cernovich가 트위터에서 폴로어 수십만 명을 끌어모으자 폭스 방송은 그의 이야기를 이어받아 〈피자 게이트〉 같은 음모론을 퍼뜨렸다. 민주당이 악마 숭배 세력이자 소아성애자라는 내용이었다.

소셜 미디어 알고리즘 ─ 그리고 트럼프의 속사포 같은 트위터 활동 ─ 에 힘입어 백인 보수주의자들 사이에 불만과 분노가 더욱 커지고 있다. 2016년 프린스턴 대학교와 뉴욕 대학교 연구자들이 진행한 연구에 따르면, 보수주의자와 공화당 지지자를 자처하는 사람들이 민주당 지지자나 진보주의자보다 가짜 뉴스를 공유할 가능성이 높았다.[61] 옥스퍼드 대학교 연구자들도 보수주의자가 진보주의자에 비해 의도적인 가짜 뉴스나 진실이 아닌 정보를 퍼뜨리는 경향이 훨씬 높다는 사실을 발견했다.[62] 이런 양상은 가장 최근인 2019년 영국 선거에서도 나타났다.[63] 손꼽히는 소셜 미디어 전문가 클레어 워들Claire Wardle에 따르면, 보수당이 내건 광고 내용 중에서 약 88퍼센트가 허위였다. 다른 정당들은 그렇지 않았다.

트럼프는 장래의 후보자들에게 어떻게 소수 백인 유권자 집단을 잡아 두었다가 투표소에 달려가게 만들 수 있는지를 보여 주었다. 특히 설득력 있는 한 연구에 따르면, 오바마에서 트럼프로 지지 후보를 바꾸는 유권자를 예상할 수 있는 가장 분명한 지표는 경제적 안녕의 변화(이것은 후보 선호에 거의 영향을 미치지 못했다)가 아니라 〈소수 집단이 다수가 되는 미국majority-minority

America〉이 등장할 것이라는 깊은 불안을 비롯한 지위가 위협될 수도 있다는 우려였다.[64] 저스틴 제스트Justin Gest는 공화당의 지지율을 정확히 예측하려면 백인 노동 계급의 미국인들에게 지난 몇십 년간 얼마나 많은 힘과 지위를 상실했는지를 묻기만 하면 된다고 설명했다.[65] 백인들의 사회적 지위가 위협에 빠지는 실험을 진행하면 소수자들에 대한 징벌적 정책을 지지하는 백인의 비율이 크게 높아진다는 사실을 밝혀낸 연구도 있다.[66]

정평이 자자한 〈인종적 원한 점수표racial resentment measure〉에서 가장 높은 점수를 기록한 이들은 거의 모두 2016년 선거에서 트럼프를 찍은 반면, 반대쪽 끝에 있는 이들은 거의 전부 힐러리를 지지했다.[67] 지지 정당 여부를 고려한 뒤에도 흑인의 성공과 동등한 권리 요구에 대한 백인들의 원한은 투표에 압도적인 영향을 미쳤다. 한 분석에 따르면, 인종적 원한 점수가 높은 공화당 지지자들은 상대적으로 덜 분노하는 공화당 지지자들에 비해 트럼프를 지지할 가능성이 30퍼센트 정도 높았다.[68] 인종에 대한 태도가 지지 정당 배반을 예측할 수 있는 강력한 지표임을 보여 주는 연구가 아마 가장 설득력이 높을 것이다.[69] 현재 인종적 원한에 사로잡힌 이들은 특히 향후에 공화당 지지자들이 될 가능성이 높다.

인종적 원한 점수표를 만든 학자들은 미국 백인들의 인종적 견해가 지난 반세기 동안 급격하게 바뀌었다고 주장한다.[70] 그들의 말에 따르면, 미국은 국민의 대다수가 소수 인종이 열등하다고 믿는 나라에서 많은 미국인이 모든 인종이 동등하다고 믿으면서도 아프리카계 미국인을 비롯한 소수 인종이 특별한 대우와 지원을 지나치게 요구한다고 분개하는 나라가 되었다. 이런 태도는 반

흑인적 견해와 단호한 개인주의에 대한 숭배 때문에 부추겨진다. 인종적으로 분개한 백인들은 정부 지원과 보호를 요구하는 흑인들이 프로테스탄트 노동 윤리와 관련된 가치관을 고수하지 않는다고 느낀다. 2016년 미국 선거 조사 연구에 따르면, 미국인의 약 40퍼센트 — 미국 백인의 50퍼센트 가까이 — 가 인종적 원한에 사로잡혀 있다고 분류할 수 있었다. 새롭고 미묘한 형태의 편견이 널리 퍼져 있음을 보여 주는 수치다.[71] 내전을 개시하는 이들은 극빈층이 아니라 한때 특권을 누렸으나 마땅히 자신들의 것이라고 생각하는 지위를 상실하고 있는 이들이라는 점을 기억하자.[72]

역사를 통틀어 사람들은 많은 시간과 에너지를 쏟으면서 어떤 장소에 대한 자신들의 권리를 정당화했다. 미국 남부인들은 남북 전쟁 이후에 이런 주장을 폈다. 패배의 현실을 받아들이지 못하는 남부 연합의 딸들United Daughters of the Confederacy, 남부 연합 참전 군인 협회United Confederate Veterans Association, 큐 클럭스 클랜Ku Klux Klan 등은 돈만 밝히는 북부의 산업 세력이 고귀한 남부의 문화와 생활 방식을 파괴했다는 서사를 만들어 냈다. 남부 연합의 상징들 — 기념비, 플랜테이션, 깃발 — 은 〈실패한 대의〉라는 서사를 주창했다. 남부의 지배권이 도전을 받지 않았던, 미국의 소박하고 좋았던 옛 시절에 대한 향수였다.

트럼프도 2020년 대통령 선거에서 패배한 직후 비슷한 서사를 제시했다. 남부 연합 지지자들이 〈패배한 대의〉 — 즉 남부 사람들이 더 훌륭하며, 그들은 진짜로 패배한 적이 없다 — 라는 이야기에 집착하는 것처럼, 트럼프도 자신이 진짜로 패배한 것이 아니며 더 나아가 진짜 승자들이 선거 결과를 도둑맞았다고 주장했다. 의사당 습격 사태가 벌어지고도 자신이 원하던 결과를 얻지 못한 뒤, 트럼프가 내세운 신화는 그 자신과 그의 추종자들에게 필요한 이야기를 제시해 주었다. 그들은 이민자들이 못 들어오게 막지 않았다. 단지 그들도 규칙을 준수하도록 했을 뿐이다. 그들은 인색하게 굴지 않았고, 단지 하느님을 찬미했을 뿐이다. 그들은 극단주의자가 아니라 조국을 걱정하는 애국자였을 뿐이다. **바로 그것이**, 그들이 싸우는 이유였다.

2020년 선거는 공화당 지지자들에게 엄청난 충격을 안겨 주었다. 현직 대통령 일반 득표수로 역대 최고 기록을 세웠지만, 그래도 7백만 표 이상의 차이로 백악관을 내주었다. 그로부터 2개월 뒤, 대통령 선거에서 역전을 거둔 핵심 승부처인 조지아주에서 민주당이 2석을 차지하자, 캘리포니아주 출신의 흑인이자 남아시아계인 신임 부통령이 상원에서 결정적인 표를 확보했다.

　　모든 희망이 사라지면 운동은 폭력에 의지하게 된다. 의사당 습격에서 분명히 드러난 것처럼, 우파 시민들은 자신들의 지위가 추락하는 것에 분개할 뿐만 아니라 이제 체제가 자신들에게 불리하게 짜여 있다고 믿는다. 그들이 믿는 모든 사람 — 폭스 뉴스부터 공화당 상원 의원들까지 — 이 그렇게 이야기하고 있다. 의사당 습격이 일어나고 며칠 뒤에 실시된 여론 조사에서 공화당 투표자로 판단되는 사람의 4분의 3 가까이가 대통령 선거 결과를 계속 의심했다.[73] 또한 공화당 지지자의 45퍼센트가 의사당 습격을 지지하는 것으로 밝혀졌다.[74] 선거가 끝난 지 6개월이 지난 뒤에도 공화당 지지자의 과반수는 여전히 선거를 도둑맞았으며 트럼프가 진짜 대통령이라고 주장했다.[75] 바이든 대통령이 평화적으로 취임했어도 그들은 견해가 바뀌지 않았다.

정치적 스펙트럼과 상관없이 오늘날 미국인들은 정치적 목표를 달성하기 위한 수단으로 점점 폭력을 받아들이고 있다. 최근 이루어진 조사에 따르면, 민주당 지지자의 33퍼센트와 공화당 지지자의 36퍼센트가 폭력을 사용해도 된다는 〈정당성을 어느 정도〉 느낀다.[76] 2017년에는 양당 지지자의 8퍼센트만이 그렇게 생각했다. 최근의 또 다른 조사에 따르면, 공화당 지지자의 20퍼센트와 민주당 지지자의 15퍼센트가 상대 당 지지자 다수가 **죽으면** 미국의 경제 상황이 개선될 것이라고 말했다.[77] 그런데 산발적인 폭력 사태가 언제 내전으로 확대되는 것일까? 희망이 사라지는 바로 그 순간을 어떻게 짚어 낼 수 있을까?

미국 중앙 정보국은 세계 곳곳에서 벌어지는 반란을 진정시키기 위해 — 사실은 내전이 시작되기 전에 막기 위해 — 수십 년간 이 문제를 연구했다. 중앙 정보국은 외국에 관한 정보를 제공하는 기관이 아니지만, 기밀 해제된 2012년 보고서를 보면 자생적 극단주의가 보통 어떻게 진화하는지를 알 수 있다. 보고서에 따르면, 대부분의 반란은 〈생활 주기를 거치면서 비슷한 발전 단계를 통과한다〉.[78] 반란 전 단계에서는 한 집단이 공통의 불만을 확인하고 흥미를 끄는 서사 — 지지자들을 규합하고 자신들의 행동을 정당화하는 데 도움이 되는 이야기나 신화 — 를 중심으로 집단적 정체성을 구축하기 시작한다. 그다음에는 신규 성원을 모으는데, 그중 일부는 해외로 가서 훈련을 받기도 한다. 그리고 무기와 물자를 비축해 나간다.

미국은 아마 1990년대 초에 반란 전 단계에 접어들었을 것이다. 당시 아이다호주 루비리지에서 유혈 대치 사태가 일어나고 — 연방 요원들이 우파 활동가 랜디 위버Randy Weaver의 부인과 아들을 살해했다 — 텍사스주 웨이코에서 51일간 포위 공격이 벌어진 뒤 민병대가 속속 결성되었다. 웨이코에서는 연방 수사국이 진입 공격을 시도하자 다윗파가 시설에 불을 질러 어린이 22명을 포함해 80명이 사망했다. 1990년대 중반에 이르면 사실상 50개 주 전역에서 민병대가 활동했다. 티머시 맥베이Timothy McVeigh가 오클라호마시티에서 미국 역사상 최악의 국내 테러 공격을 저질러 168명을 살해한 직후에 민병대 활동이 정점에 달했다. 오바마가 대통령으로 당선된 2008년 미국의 민병대 수는 다시 증가하기 시작했다.[79] 2008년 이전에는 43개 정도만 존재했는데, 2011년에 이르면 그 수가 334개에 달했다.

오늘날의 민병대는 과거의 민병대와 성격이 다르다. 1970년대에 미국의 폭력적 극단주의 조직은 대부분 좌파 성향이었다. 오늘날에는 좌파의 비율이 4분의 1도 되지 않는다.[80] 오바마 대통령이 재임하는 동안 미국에서는 인종적 동기의 공격을 모의하는 극우파 단체가 늘어났다. 현재 미국 극우 과격파의 65퍼센트 정도가 백인 우월주의 성향을 띤다.[81] 연방 수사국에 따르면, 이 단체들은 〈다른 인종과 종교에 대한 증오를 동력으로 움직이며〉 과거의 민병대들보다 총기와 회원 수가 많다. 그중 일부 — 29퍼센트 — 는 또한 연방 정부의 권력을 거부하는 시민 주권 운동의 일부다. 미국에서 양대 민병대로 꼽히는 오스 키퍼스와 스리 퍼센터스는 오바마가 대통령이 된 직후에 창설되었다. 연방 정부가 〈미국인들이 누리는 자유를 파괴하기 위해 활동하고 있다〉는 믿음이 바탕에 깔려 있었다.[82] 최근에는 반이민을 내세우는 남성 단체 프라우드 보이스가 세를 불리고 있다. 2021년 3월, 오스 키퍼스와 관련된 인물 열 명이 1월 6일 의사당 습격을 조직하는 데 조력한 혐의로 체포되었다. 더욱 문제가 되는 것은, 세 단체의 회원들이 준비 과정에서 활발하게 소통했다는 사실이다. 세 단체가 연합을 이루고 있는지도 모른다. 극단주의 단체에 관한 세계적 전문가인 JJ 맥냅JJ MacNab에 따르면, 〈과거에는 서로 다른 조직 — 시민 주권, 조세 반대자, 민병대, 멸망 대비론자, 오스 키퍼스, 스리 퍼센터스 — 이 존재했는데, 지금은 하나의 거대한 잡동사니 가족으로 뭉치고 있다〉.[83]

우파 테러리즘은 대통령이 누구인지에 따라 흥망성쇠를 겪곤 했다. 공화당 대통령이 통치할 때는 감소하다가 민주당 대통령이 집권하면 세를 떨쳤다. 그런데 트럼프 대통령이 재임한 때부터 이런 양상이 무너졌다. 사상 처음으로 공화당 행정부 시기에 폭력적인 우파 단체들의 활동이 증가했다. 대통령은 지지자들 가운데 목소리를 높이는 극단주의자들을 진정시키거나 주변화하기는커녕 오히려 부추겼다. 이 추종자들에게 2016년 트럼프가 거둔 승리는 싸움의 끝이 아니라 시작이었다. 트럼프가 바이든과의 첫 번째 후보 토론회에서 말한 것처럼, 지지자들은 물러서서 대기해야 했다.

중앙 정보국이 충돌 초기 단계라고 지칭하는 반란의 두 번째 단계는 개별적인 폭력 행위로 특징지을 수 있다.[84] 맥베이의 오클라호마시티 공격은 아주 앞선 공격으로, 어떻게 보면 몇 년 일찍 벌어진 공격으로 볼 수 있다. 반란자들이 노리는 목적은 자신들의 임무를 전 세계에 널리 알리고, 지지를 모으고, 자신들의 폭력에 대한 정부의 과잉 대응을 유도해서 온건한 시민들까지 급진화되어 운동에 가담하는 것이다. 중앙 정보국에 따르면, 두 번째 단계는 정부가 이런 공격의 배후 단체를 파악하고서도 폭력 사태를 흔히 〈강도나 범죄자, 테러리스트의 소행〉으로 무시할 때 나타난다. 대다수의 미국인은 맥베이를 일종의 〈외로운 늑대〉로 치부했다. 하지만 맥베이와 공범인 테리 니컬스Terry Nichols는 미시간 민병대의 회원으로 의심되었다. 2012년 우파가 벌인 테러 공격과 음모는 14건이었다. 2020년 8월에 이르면 61건으로 사상 최고점에 달했다.[85]

중앙 정보국 보고서에 따르면, 최종 단계인 공공연한 반란 단계에서는 지속적인 폭력이 일어난다. 점차 적극적으로 변하는 극단주의자들이 암살과 매복 공격, 그리고 경찰과 군부대에 대한 기습 공격 등 테러와 게릴라전이 포함된 공격을 개시한다.[86] 이 단체들은 또한 사제 폭발물 같은 정교화된 무기를 사용하면서 단지 개인이 아니라 중요한 기반 시설 — 병원, 교량, 학교 등 — 을 공격하는 경향이 있다. 이런 공격에는 또한 더 많은 수의 투사가 가담하는데, 그중 일부는 실전 경험이 있다. 종종 〈반란 세력이 군대와 경찰, 정보기관에 침투해서 전복하는〉 증거가 발견된다. 외국이 반란 세력을 지원하는 경우에 이런 현상이 점점 명백해진다. 이 단계에서 극단주의자들은 시민들에게 정부가 그들을 안전하게 지켜 주거나 기본적 의식주를 제공할 수 없음을 보여 주는 식으로 사람들에게 어느 쪽인지를 선택하도록 강요하려 한다. 반란자들은 또한 자신들이 마땅히 정치권력을 획득해야 함을 입증하려고 한다. 자신들이 통치 세력이 되어야 한다는 것이다. 그들이 추구하는 목적은 국가를 폄하하고 극단적 조치에 대한 지지를 확대함으로써 광범위한 내전을 일으키는 것이다.

오늘날 미국은 어디쯤 와 있을까? 미국은 아노크라시의 문턱에 선 파벌화된 나라로, 빠른 속도로 공공연한 반란 단계로 접근하는 중이다. 믿기 어렵겠지만, 내전에 점점 가까워지고 있다는 뜻이다. 의사당 습격 사건을 계기로 이제 정부는 극우파 단체들이 미국과 민주주의에 제기하는 위협을 간단히 무시할 수 없게 되었다. 1월 6일은 적어도 노골적인 폭력으로 나아가고 있는 일부 단체 — 오스 키퍼스 등 — 가 내놓은 중대 발표였다. 군중의 다수는 〈2021년 1월 6일 MAGA 내전〉이라고 적힌 검은색 팻말과 티셔츠를 통해 이런 의도를 선포했다. 실제로 의사당 습격은 공공연한 반란 단계에서 벌어지는 일련의 조직적인 공격의 신호탄일 가능성이 충분했다. 이 공격은 기반 시설을 표적으로 삼았다. 몇몇 정치인을 암살하려는 계획과 활동을 조정하려는 시도가 있었다. 또한 공격에 가담한 많은 투사 중 일부는 실전 경험이 있었다. 체포되어 기소된 인원 중 최소한 14퍼센트가 군대나 법 집행 기관과 관련이 있는 것으로 여겨진다.[87]

『폴리티코*Politico*』의 정치 선임 기자 팀 앨버타Tim Alberta는 1월 6일 반란 이후 이런 트윗을 올렸다. 〈지난 72시간 동안 — 하원 의원과 법 집행관 친구들, 총기점 주인, 열성적 MAGA 지지자들에게서 — 들은 내용은 정말 소름 끼친다. 이 나라에서 폭력의 물결이 높아지는 사태를 대비해야 한다. 향후 몇 주 동안만이 아

니라 앞으로 몇 년간 말이다.)[88]

우리는 아직 의사당 습격이 재연되거나 어떤 양상의 일부가 될지를 알지 못한다. 만약 그렇게 된다면 미국인들은 정부의 보호를 받지 못한 채 불안을 느끼기 시작할 것이다. 그리고 누구의 책임인지 의문을 던질 것이다. 어떤 이들은 혼돈을 틈타 전통적인 방법으로는 얻지 못한 것을 폭력을 통해 획득할 것이다. 그때가 되면 우리는 공공연한 반란 단계에 정말로 진입했다는 사실을 알게 되리라. 지금 당장 한 가지는 분명하다. 미국의 극단주의자들이 점점 더 조직화되고 위험해지고 완강해지며, 쉽게 사라지지 않을 것이라는 점이 그것이다.

7
전쟁은 어떤 모습일까?

2028년 11월 14일 화요일 아침, 위스콘신주 하원 의장 저스틴 로렌스가 연단에 올라가서 주 의회의 개회를 선언한다.[1] 의장이 입을 열기도 전에 폭탄이 터진다. 천장에 난 거대한 채광창이 산산조각이 나며 화려한 2층 회의장에 유리 조각이 쏟아진다. 연기가 자욱하고 부서진 가구 조각이 나뒹구는 가운데, 심하게 훼손된 시체 열두 구가 레드 카펫 위에 널브러져 있다. 그중에는 로렌스도 포함되어 있으며, 그는 서 있던 자리에서 약 3미터 떨어진 곳에서 발견되었다. 피범벅이 된 경비원 한 명은 미동도 없이 바닥에 누워 있다. 약 3,219킬로미터 떨어진 오리건주 세일럼의 주 의사당에서도 폭탄이 터진다. 덴버, 애틀랜타, 산타페, 미시간주 랜싱에서도 주 의사당 안팎에서 대규모 폭발이 있었다는 보도가 속속 나온다. 캘리포니아주에서 산불이 확산되고 4등급 허리케인 몇 개가 동부 연안을 연속해서 강타해 재앙적 피해를 일으킨 가운데 사람들은 이미 초조하게 떨고 있었다.

폭탄 공격 소식이 퍼지자 미국인들은 하던 일을 멈추고 뉴스를 보며 소셜 미디어에 새로 올라오는 글들을 허겁지겁 들여다본다. 지금 무슨 일이 벌어지는지, 눈앞에 펼쳐지는 광경을 정말로 믿어도 되는지 아무도 알지 못한다. 오스틴에 있는 텍사스 대학교의 대형 강당 안에서 찍은 것이 분명한 한 영상에서 학생들이 비명을 지르며 냅다 달리고 있다. 화면이 흐릿하지만 무대 위에 피가 흥건한 시체 하나가 보이는 듯하다. 나중에 밝혀진 바에 따르면, 누군가 가장 큰 강당에서 총을 쏘아서 분자 면역학 수업을 하던 생물학과장을 죽였다. 전국 각지에서 피투성이의 혼란 상태가 담긴 동영상이 쏟아져 나온다. 모든 것이 동시에 폭발하는 것처럼 보인다.

CNN의 선임 기자 제임스 데믹이 주 의사당 일곱 곳이 폭탄 공격을 당했다고 보도한다. CNN에는 몇 시간 전에 비밀 경호국 요원들이 대통령 당선인 카멀라 해리스를 암살하려는 계획을 저지했다는 보도가 들어왔다. 당선인이 공격용 — 호신용이 아닌 — 무기를 금지하겠다는 의지를 밝히는 연설 현장을 노린 것이었다. 폭스 뉴스는 민주당의 캘리포니아 주지사를 표적으로 삼은 또 다른 암살 시도도 실패로 돌아갔다고 보도한다.

다음 날 아침, 미국인들은 피해 규모를 파악한다. 위스콘신 주의 민주당 주지사와 공화당 소속 법무 장관이 중태에 빠져 있는데, 회생 여부가 불확실하다. 토피카, 솔트레이크시티, 피닉스, 올버니 등지에서 불발 폭탄이 발견되었다. 필라델피아 도심의 법원 청사 본관도 폭탄 공격으로 판사 네 명이 사망하고 무기한 폐쇄되었다. 약탈이 시작되었다.

공격의 배후가 누구인지, 왜 이 건물들을 공격 대상으로 삼았는지 아직 밝혀지지 않았다. 사실 광범위한 공격 방법과 무기 — 덴버에서는 육군 수류탄이 사용되고 산타페에서는 차량 폭탄이 사용되었다 ─ 를 보면 여러 집단이 배후에 있는 것으로 보인다. 하지만 누구도 자신의 소행이라고 나서지 않는다. 그 대신 텔레그램이나 페이스북, 트위터만이 아니라 중소 SNS인 럼블Rumble, 갭Gab, 미위MeWe에서도 삽시간에 이야기가 퍼져 나간다. 이번 공격이 좌파 단체 ─ 흑인 아나키 연대Blacks for Anarchy(블랙스blaKx) ─ 의 소행이며, 미국을 장악하려는 소수자들의 일사불란한 공격의 일환이라고 말이다. 유튜브의 바이럴 영상에서는 젊은 흑인들이 가게 유리창에 벽돌을 던지고 자동차에 불을 지르는 광경이 나온다. 특히 충격적인 한 영상에서는 〈흑인의 생명도 소중하다〉의 지도자가 폭력의 강도를 높이겠다고 위협하면서 흑인들에게 〈우리 모두 필요성을 인정하는 전쟁을 준비할 것〉을 호소한다. 큐어논 네트워크는 〈블랙스〉가 멕시코인, 엘살바도르인, 푸에르토리코인, 무슬림 등과 협력하고 있으며 미국 명문 대학의 교수들이 배후에서 이 운동을 지휘하고 있다는 소문으로 후끈 달아오른다. 그날 오후 유튜브는 이 영상은 딥페이크라고 발표하면서 약 370만 명이 본 뒤에야 영상을 내린다.

3일 뒤에 〈멍에를 벗어 던져라Cast off the Yoke〉라는 익명의 14쪽짜리 선언문이 에잇쿤*에 올라온다. 선언문은 두서없고 호전적인 언어로 학살극을 찬미하면서, 일부는 자기들 소행이라고 인정하는 듯 말한다. 〈어둠 속에서 칼날을 소리 없이 휘둘러 나라를 죽이고 있는〉 미국 도시들의 〈급진 좌파 정치〉를 바로잡기 위해 진즉에 했어야 할 일이라고 폭력을 정당화한다. 선언문은 지난 몇 년간 텔레그램에서 회자된 음모론을 반복한다. 이민자들과 유

---

* 8kun. 2013년 처음 생겨난 미국의 극우 이미지 보드 사이트.

대인들의 지지를 받는 민주당이 총기를 전부 압수하고, 지방 경찰을 폐지하고, 계엄령을 선포하고, 교회를 낙태 클리닉으로 개조하고, 백인 농민들의 땅을 몰수해서 흑인 가구들에 배상금으로 넘겨 줄 계획이라는 내용이다. 게시판 이용자는 민주당이 나라를 장악해서 미국을 혼성 인종의 세속적 사회주의 국가로 뒤바꾸기 전에 저지해야 한다고 선언한다. 다음 날, 당국이 이 에잇쿤 계정이 우파 민병대인 컨트리맨의 것이라고 추적한다. 두 개의 상충하는 서사 — 나라를 포위한 것은 좌파인가 우파인가? — 를 가려내기가 거의 불가능하지만, 연방 수사국은 거의 확실하게 컨트리맨이 공격 배후에 있다고 판단한다.

정부 관청, 학교, 교회 등이 모두 문을 닫았다. 모든 것이 갑자기 멈춰 섰다. 사람들은 쇼핑을 하거나 출근하는 것이 두려워서 집 밖에 나가지 않는다. 미국 전역의 사람들이 도움을 기다린다. 대통령 당선인 해리스는 진정할 것을 호소하면서 민주당이 연방 군대를 투입하는 것을 제지하려고 한다. 이미 반정부 세력 집단들이 폭력 사태를 확대할 것이 우려되기 때문이다. 의회는 교착 상태에 빠져 있다.

이후 열흘간, 이번에는 로스앤젤레스, 보스턴, 탤러해시, 마이애미, 뉴올리언스 등지에서 간헐적인 공격이 계속된다. 공격 범위 또한 확대되어 학교와 교회, 교외 대형 마트가 습격을 당한다. 사람들은 정부가 붕괴된 듯한 느낌을 받는다. 뉴저지주 메이플우드에 사는 워킹 맘 제니퍼 로슨이 CNN과 인터뷰한다. 피곤에 전 멍한 눈으로 카메라를 응시하면서 이렇게 말한다. 「아무도 나와 우리 가족을 돌봐 주지 않는 느낌이에요. 누구를 믿어야 할지 모르겠어요.」

　민병대들이 점점 가시화하면서 종종 동네 경비원을 자처하지만, 실제로는 젊은 흑인과 라틴계, 아시아계를 골라잡아 괴롭힌다. 민병대는 심지어 자신들에게 가세하지 않는 주 방위군 병사, 판사, 정치인, 경찰관까지 위협한다. 그들은 지방 정부를 장악해서 연방 정부가 민병대 전사들이 혐오하는 어떤 법률도 집행하지 못하게 만들겠다고 결심한 듯 보인다. 검은색 옷에 자동 소총으로 무장한 남자들이 낙태 클리닉을 문 닫게 만들고 소수 인종이 주인인 가게의 단골 고객들을 위협한다. 누구도 그들을 막지 못한다.

　미국의 좌파들도 가족과 동네를 지키기 위해 자체적으로 민병대를 결성하기 시작한다. 지역 민병대 사이의 경쟁이 확대되는 가운데 지방 법 집행관들과 연방 수사관들은 점점 배경으로 밀려난다. 미국인들은 점점 어느 집단에 줄을 설지 선택해야 하는 신세로 내몰린다.

　대통령 취임식을 1주일 앞둔 2029년 1월 13일, 조만간 대통령이 되는 해리스의 지지자들이 디트로이트에서 행진을 벌인다. 그들은 총기 규제를 강화하는 입법과 도시를 보호하기 위한 연방군 배치를 요구한다. 하지만 다른 군중 또한 의사당 근처로 모여들고 있다. 민병대원들 중에는 영어를 쓰지 않는 듯 보이는 이들도 있는데, 그중 일부는 독일의 독일을 위한 대안이나 극우파인 러시아 제국 운동*과 관련된 휘장을 달고 있다. 얼마 지나지 않아 하늘에서 드론 소리가 들린다. 시위대 위를 불길하게 선회하는 드

---

　* 2002년 스타니슬라프 보로비예프Stanislav Vorobyev가 창립한 러시아의 초민족주의, 백인 우월주의, 극우 준군사 조직.

론들이다. 친해리스 시위대가 거리를 따라 행진하자 민병대원들이 길을 막아선다. 순식간에 밀고 밀리는 몸싸움이 시작된다.「포틀랜드로 돌아가라! 여기는 진짜 애국자 주라고!」누군가의 외침이 들린다. 하늘 위로 돌멩이 하나가 날아가더니 근처의 상점 진열대가 박살 난다. 사람들이 자동차 위로 올라간다. 여기저기서 폭죽이 터진다.

갑자기 총성이 두 번 울리자 군중이 흩어진다. 잠복근무 중인 연방 요원들이 개입한다. 흥분한 군중에게 최루 가스를 분사하고는 총격을 시작한 것으로 보이는 한 무리의 민병대원들에게 고무 총탄을 발사한다. 피 흘리는 민병대원들의 모습이 담긴 영상이 곧바로 인터넷에 올라온다. 성난 지지자들이 골목으로 몰려가는데, 그들은 도망치면서 야구 방망이로 차량 유리를 깨뜨린다. 〈흑인의 생명도 소중하다〉 깃발에 불을 붙여 차창 안으로 던진다. 자동차가 불길에 휩싸인다. 어느 민병대원의 딸인 열두 살의 에마 존스가 화상을 입어 병원으로 보내졌지만, 다음 날 집중 치료실에서 사망한다. 중서부 전역에서 아이의 이름이 백인 민족주의자들의 중심 구호가 된다. 그들은 〈급진 좌파 미치광이들〉이 폭력을 부추겼다고 비난한다. 해시태그 〈#Fight4Emma〉가 소셜 미디어에서 퍼져 나간다. 유튜브에서는 큐어논 인플루언서들이 폴로어들에게 마침내 폭풍이 도착하고 있다고 경고한다.

트위터에서는 상원 다수당 대표 존 코닌을 비롯한 공화당 대표 주자들이 국민적 단합을 호소한다. 하지만 상충하는 메시지들이 불협화음을 이루면서 이런 호소가 묻혀 버린다. **급진 좌파가 나라를 장악하고 있다. 백인 민족주의자들이 항의 시위를 벌이는 소수**

인종을 모조리 죽이려 한다. 정부가 우파와 공모하고 있다. 정부가 좌파와 공모하고 있다. 정부가 손 놓고 아무 일도 하지 않는다. 총기와 탄약 판매가 급증한다. 마트에서는 통조림류가 불티나게 팔린다.

9일 내내 밤까지 시위와 폭동이 이어진 뒤, 디트로이트 주민들은 도시에서 탈출하기 시작한다. 거리에는 연기가 자욱하다. 도시에서 30년 동안 살고 있는 애나 밀러는 이렇게 말한다. 「딸아이가 밤에 잠자는 걸 무서워해요.」 디트로이트의 종교 지도자들이 평화와 치유를 호소한다. 하지만 폭력 사태는 잦아들지 않는다. 그렇게 밀워키와 필라델피아, 애틀랜타로 확산된다. 「우리는 싸움을 원하지 않지만, 해리스가 앞으로 나오지 않으면 달리 할 수 있는 일이 없습니다.」 밀워키의 시위자인 일라이자 루이스의 말이다.

미국인들이 내전에 관해 생각할 때면 대부분 첫 번째 내전, 즉 1861년부터 1865년까지 계속된 남북 전쟁을 떠올린다. 말을 탄 장교들과 남색과 회색 군복을 입은 보병들이 광활한 전쟁터에서 서로 돌격하는 모습이 머릿속에 그려진다. 앤티텀에 주둔한 연방군 막사 앞에서 긴 코트에 높은 실크해트를 쓰고 장교들의 의견을 듣는 링컨 대통령의 사진이 기억난다. 또는 여러 그림으로 남은 〈피켓의 돌격〉 장면이 생각난다. 게티즈버그 전투의 마지막 날, 남부 연합군 병사들이 담장처럼 늘어선 연방군 병사들을 공격했다. 텅 빈 들판에 주검들이 널브러져 있던 모습, 진흙으로 뒤덮인 둑과 대포들이 떠오른다.

우리는 이런 식의 내전이 다시 일어날 일은 없다고 결론짓는다. 우선 오늘날 미국 정부와 군대는 훨씬 강력하다. 1860년에 미군은 허약해서 1만 6천 명의 병사만이 광활한 대륙에 흩어져 있었다. 병사들 대부분은 사실 아메리카 원주민의 〈위협〉을 무력화하기 위해 미시시피강 서쪽에 주둔해 있었다.[2] 오늘날 미군은 현역 병력이 약 130만 명, 예비군이 약 90만 명, 그리고 주 방위군이 약 45만 명이 있다. 또한 이 병사들을 문제 지역에 신속하게 이동시킬 수 있는 능력도 보유하고 있다. 남부 연합이 1860년에 연방군과 대결할 수 있다고 생각한 것도 무리는 아니었다. 하지만 오늘날 민병대가 그렇게 생각한다면 미친 것이다.

지리의 문제도 존재한다. 1861년에는 남부 연합이 하나로 뭉쳐서 연방 탈퇴 결정을 내렸다. 남부 11개 주의 지도자들은 독자적인 나라를 창설하기로 합의했다. 이런 일이 가능했던 것은 어느 정도 11개 주들이 단일한 지역에 지리적으로 집중되어 있었기 때문이다. 남부 시민 대다수는 연방 탈퇴를 지지했다. 1861년에 이르면 링컨이 당선된 직후에 어떻게 해야 하는지를 놓고 의견이 거의 갈리지 않았다. 이와 대조적으로 오늘날에는 자칭 연방 탈퇴론자들이 나라 곳곳에 흩어져 있으며, 분리 시도 — 알래스카 독립운동부터 캐스캐디아 분리주의 운동(오리건주와 워싱턴주를 캐나다 브리티시컬럼비아주와 합치려는 것)에 이르기까지 — 는 설득력이 없어 보인다. 또한 아무리 보수적인 주라고 하더라도 도시 지역에는 좌파 성향 시민들이 집중적으로 거주하는 구역이 넓게 펼쳐져 있기 때문에 상당수의 시민이 그런 움직임에 반대할 것이다.

하지만 이렇게 생각한다면, 즉 이런 식으로만 내전이 일어난다고 생각한다면 상상력이 부족한 것이다. 오늘날에는 내전이 완전히 다른 모습으로 전개된다. 21세기에 자국 정부를 상대로 내전을 벌이는 이들은 전장을 아예 회피하는 경향이 있다. 그들은 강력한 정부를 상대로 전통적 전쟁을 벌이면 십중팔구 패한다는 사실을 안다. 대신에 그들은 약자들의 전략, 즉 게릴라전과 테러리즘을 선택했다. 그리고 점차 각국에서 국내 테러 활동이 민주적 정부를 겨냥하고 있다.[3]

테러가 민주주의 국가에서 효과를 발휘하는 이유는 그 공격 대상—시민들—이 정치권력을 갖고 있기 때문이다. 시민들은 테러 공격을 막지 못하는 정치인들에게 반대표를 던질 수 있다. 아일랜드 공화군, 하마스, 타밀 호랑이 등은 모두 일반 시민에게 더 많은 고통을 안길수록 정부가 평화를 대가로 테러리스트들에게 더 많은 양보를 할 것이라고 믿었다. 어느 쪽이든 간에 극단주의자들이 이득을 얻는다. 국가 지도자로 하여금 극단주의자들에게 유리한 정책—총기 규제 폐지, 엄격한 이민 정책 추진—을 추구하도록 설득하거나 이데올로기적으로 자신들과 가까운 극단적 지도자를 선출하게끔 유권자들을 설득한다. 테러는 민주주의 국가에서 성공을 거두기가 굉장히 쉽다. 이동의 자유가 보장되고 감시가 적기 때문이다. 또한 국내 단체를 테러리스트로 규정하는 것을 가로막는 헌법적 제약이 많기 때문에 외국 테러리스트들보다 더 자유롭게 활동할 수 있다.

미국에서 두 번째 내전이 일어난다면, 전투원들은 들판에서 모이지 않으며 군복을 입지도 않을 것이다. 지휘관이 아예 없을지도 모른다. 그들은 그늘을 들락거리면서 게시판과 암호화된 네트워크에서 소통할 것이다. 상점가에 있는 진공청소기 수리점이나 애리조나주 경계에 있는 사막 빈터, 캘리포니아 남부의 공원, 미시간주의 눈 덮인 숲에서 작은 무리를 지어 모이면서 전투 훈련을 할 것이다. 온라인에서 저항 계획을 짜면서 모든 수준에서 정부를 잠식하고 미국의 일부 지역을 장악할 전략을 마련할 것이다. 그들은 혼돈과 공포를 조성할 것이다. 그러고는 미국인들에게 편을 선택하도록 강요할 것이다.

극단주의자들은 대개 몇 가지 고전적 문서에서 자신들의 신념을 떠받치는 영감을 발견해 낸다. 알카에다 성원들에게는 오사마 빈 라덴Osama bin Laden이 쓴 「양대 성지가 있는 땅을 점령한 미국인들에 맞선 선전 포고Declaration of War Against the Americans Occupying the Land of the Two Holy Places」라는 제목의 30쪽짜리 선언문이 있었다. 나치스에게는 독일군이 폴란드를 침공하기 14년 전인 1925년에 아돌프 히틀러Adolf Hitler가 출간한 『나의 투쟁Mein Kampf』이 그런 역할을 맡았다. 리비아 테러리스트들은 카다피가 리비아 사회를 개조하기 위한 급진적 전망을 제시하고자 집필한 『녹색서Green Book』—『마오 주석 어록Little Red Book』에 경의를 표하는 제목이다— 를 참조하곤 했다.
　　미국에는 연방 수사국이 〈인종주의 우파의 바이블〉이라고 지칭한 『터너의 일기The Turner Diaries』가 있다.[4] 아리아인 혁명이 일어나 미국 정부를 전복한다는 이야기를 담은 소설이다. 1978년에 네오나치 단체 민족 동맹을 이끈 윌리엄 피어스William Pierce가 쓴 이 이야기는 인종적 원한을 인종 전쟁으로 끌어올리는 각본을 제공하면서 어떻게 비주류 활동가 무리가 연방 정부를 무너뜨리고 다른 백인들을 〈각성시켜〉 자신들의 대의로 이끄는지 — 테러 공격, 대량 살상 폭탄 — 를 구체적으로 보여 준다. 언론인 아야 로마노Aja Romano가 말한 것처럼, 소설의 주제 — 언론은 믿을 수 없고, 연방 정부가 당신의 총을 압수하려고 하며, 폭력이 불가피하다 — 는 〈반역자, 애국자, 대의의 순교자를 지망하는 이들에게 호소력을 발휘하는 의기양양한 영웅적 서사다. 소설은 그 지지자들에게 진보파와 전쟁을 벌이고 있다는 심리를 주입할 뿐만 아니라 실제 전쟁이 불가피하다는 것을 가르친다〉.[5]

『터너의 일기』는 극우 테러리즘을 직접적으로 고무한 바 있다. 오클라호마시티의 앨프리드 P. 뮤라 연방 정부 청사를 공격한 사건이 일어난 뒤, 맥베이의 트럭에서 이 책의 일부가 발견되었다. 2019년 엘패소에서 발생한 월마트 총기 난사 사건의 용의자로 지목된 패트릭 크루시어스Patrick Crusius와 같은 해 캘리포니아주의 포웨이에서 유대교 회당에 총기를 난사한 혐의를 받는 존 티머시 어니스트John Timothy Earnest도 선언문에서 이 책에 담긴 견해를 그대로 되풀이했다. 의사당 난입 반란에서도 그 영향이 분명히 드러났다.[6] 이 책에는 연방 수사국 본부 폭탄 공격과 의사당 건물 습격, 그리고 〈인종 배반자들〉 — 정치인, 변호사, TV 뉴스 진행자, 판사, 교사, 목사 등 — 을 교수대에 목매달아 죽이는 〈밧줄의 날〉 제정 등에 관한 이야기가 서술되어 있다. 2021년 1월 6일에 공개된 한 영상에서는 프라우드 보이스 회원 한 명이 기자에게 『터너의 일기』를 읽어 보라고 말하는 장면이 나온다.

사교 지도자 찰스 맨슨Charles Manson의 팬인 네오나치 제임스 메이슨James Mason이 쓴 『포위 공격Siege』도 있다. 1980년대에 메이슨—지금도 생존해 있다—은 미국 나치당을 위해 일련의 회보를 썼는데, 여기서 혼돈 상태를 조성해서 미국 정부를 뒤흔들기 위해 살인과 폭력을 옹호했다.[7] 메이슨의 글은 이후 한 권의 책으로 묶였다. 『프로퍼블리카ProPublica』의 보도에 따르면, 메이슨은 추종자들에게 〈체제〉를 무너뜨리기 위해 비밀 게릴라전을 개시하라고 부추겼다.[8] 그는 기동적이고 탈집중화된 백인 해방 전선을 만들어서 〈황야 지역〉에 은신처를 두고 〈치고 빠지는〉 공격을 실행할 구상을 했다. 미국인들이 처음 경험할 만한 일을 홍보하기도 했다. 〈누군가 무엇을 기대하는지에 대해 내 생각을 묻는다면, 떠돌이 총잡이들을 동원해서 《체제》 관료들을 살해하거나 《암살》하려 한다고 말하고 싶다. 이런 총잡이들은 미리 전략을 잘 짜기 때문에 사실상 막는 게 불가능하다.〉[9]

2017년에 『포위 공격』 개정판이 563쪽으로 출간되었고, 2020년 6월에 『터너의 일기』가 아마존 〈문학 베스트셀러〉 목록에서 46위에 올랐다. 두 책 모두 아마존에서 살 수 있는데, 이 사이트의 추천 엔진은 『백인 권력White Power』, 『사냥꾼Hunter』(인종을 소재로 다룬 액션 소설), 『나의 투쟁』, 『현대 세계에 맞선 반란Revolt Against the Modern World』, 『국제적 유대인International Jew』 등을 권한다. 아마존은 자비 출판 서적의 최대 유통망이며 그 덕분에 극우파 자료를 판매하고 유통시키는 인기 사이트가 되었다.[10] 2021년 1월 의사당 습격 사건 뒤에야 상황이 바뀌어서 아마존은 『포위 공격』과 『터너의 일기』를 사이트에서 내렸다.

점차 내전에 일정한 유형의 종족 청소가 수반되며[11]—어느 정도 이런 텍스트들 때문에 — 미국에서 고조되는 극우파 테러 활동도 이런 결과로 이어질 것이라고 충분히 의심할 만하다. 미국의 사회 질서를 개조하려는 테러리스트들은 시민들이 연방 정부에 대항하게 만들고, 온건파를 설득해서 새로운 체제를 받아들이게 하고, 소수자들을 위협해서 침묵시키고, 새로운 이민자의 유입을 막는 것을 목표로 삼는다. 그들은 또한 일부 사람들 — 소수자, 진보주의자, 이른바 〈사회주의자〉 — 만 도시와 주를 떠나면 더 안전해질 것이라고 평범한 미국인들을 설득하려 한다. 농촌 중심부에 일련의 백인 종족 국가를 만들 작정이다.

버몬트주 스트래턴의 지방 공무원이 시 연례 보고서 표지에 다음과 같은 언어를 사용하기로 결정한 최근의 사례를 생각해 보라. 〈여러분은 그곳이 싫어서 거기서 여기로 왔는데, 이제 이곳을 그곳처럼 바꾸려고 합니다. 우리는 인종주의자나 이런저런 혐오론자, 반대자가 아니며, 단지 지금 이대로의 여기가 좋습니다. 그리고 우리 대부분이 여기로 온 건 그곳이 어디든 간에 그곳과는 다르기 때문입니다. 이곳에 오신 여러분을 환영하지만, 이곳을 그곳처럼 만들려고 하지 마십시오. 이곳을 그곳처럼 만들고 싶으면, 애당초 그곳을 떠나서 여기로 오지 말았어야 하며, 최대한 이른 시일 내에 여기를 떠나 그곳으로 돌아가기를 바랍니다.〉[12] 국내 이주가 이루어지면 한 지역의 종족적, 종교적 구성이 바뀌는데, 현지 주민들은 종종 이런 변화를 싫어하며 — 강제적이든 미묘한 방식으로든 — 변화를 되돌리기 위해 종족 청소가 구상된다.

대개 시민들은 자기 나라에서 종족 청소가 일어날 수 있다고 절대 믿지 않는다. 사라예보의 다리스와 베리나를 떠올려 보라.

제노사이드 워치Genocide Watch 대표 그레고리 스탠턴Gregory Stanton
이 쓴 문서 「제노사이드의 10단계The Ten Stages of Genocide」는 바로
이 지점에서 대단히 유용하다. 스탠턴은 각국이 제노사이드에 다
다르기 전까지 8단계를 거친다고 주장한다. 한 지역에서 소수 종
족을 강제로 몰아내는 것이 그중 한 단계*이다.[13] 인도 정부는 잠
무 지역에서 힌두교도가 다수를 차지하도록 보장하려고 하면서,
1947년 10월에서 11월 사이에 무슬림들이 파키스탄으로 도망
칠 수밖에 없는 상황을 만들었다. 이런 강제 이주는 순식간에 폭
도와 준군사 집단에 의해 무슬림 수십만 명이 살해되는 결과를 낳
았다. 그 전까지 잠무 인구의 60퍼센트를 차지하던 무슬림은 금
세 소수 집단이 되어 버렸다. 스탠턴이 구성한 체계에서 인상적
인 — 그리고 놀라운 — 점은 제노사이드의 초기 단계들 대부분
이 통상적이고 언뜻 무해해 보인다는 것이다. 잠무의 무슬림들은
처음에 자신들이 〈대피하게〉 될 것이라는 말을 들었다. 나중에야,
그러니까 집결 지시를 받고 버스에 오른 다음이나 국경을 건너려
고 시도할 때가 되어서야 살해되었다. 만약 당신이 종족 청소의
초기 단계를 밟고 있는 나라에 산다면, 당신 나라가 얼마나 위험
한 길에 들어섰는지 눈치도 채지 못할 수 있다.

　　처음 1단계, 2단계는 〈분류〉와 〈상징화〉이다. 권력을 쥔 한
정체성 집단이 시민들 사이의 차이를 부각시키면서 그들을 집단
으로 분류하기 시작하는 시기다. 르완다의 벨기에 식민 지배자들
은 원래 구별할 수 없었던 투치족과 후투족에게 신분증을 발급하

---

　　* 「제노사이드의 10단계」는 〈분류-상징화-차별-비인간화-조직화-양극화-준
비-박해-절멸-부정〉이다.

면서 이런 분류를 시작했다. 그런 다음 그들 자신이나 다른 집단을 가리키는 일정한 표식을 도입했다(나치스는 스와스티카를 자기 것으로 내세우면서 유대인들에게 다윗의 노란 별을 옷에 붙이라고 강요했다). 이미 미국은 이 두 단계를 모두 통과하고 있다. 미국의 심각한 이데올로기적 분열을 생각해 보라. 우리는 인종과 지리, 신앙으로 우리 스스로를 분류한다. 미국 극우 파벌의 성원들은 각각 상징을 차지했다. 오늘날 어디서나 볼 수 있는 남부 연합 깃발이나 프라우드 보이스의 오렌지색 모자, 샬러츠빌이나 의사당에서 극단주의자들이 과시하듯 걸친 하와이안 셔츠가 바로 그런 것이다. 그리고 양당 당원들은 전국적인 신분증 — 주민 등록증 — 을 발급해서 정부 데이터베이스에 보관해 두자고 제안하고 있다.[14] 그다음 3단계는 〈차별〉인데, 한 지배적 집단이 법률이나 관습을 동원해서 다른 이들의 권리를 부정하거나 억압하는 것이다. 미얀마의 다수자인 불교도들이 로힝야족의 투표권과 일자리, 시민권을 박탈한 사례를 보라.[15] 4단계 〈비인간화〉는 이런 식이다. 권력자들이 대중적 담론을 이용해서 정규 시민과 표적이 된 소수자를 갈라놓으면서, 후자를 범죄자(세르비아인들이 보스니아 무슬림들을 지칭한 것처럼)나 인간 이하(후투족이 투치족을 〈바퀴벌레〉라고 부른 것처럼)로 폄하한다.

미국은 이미 이 단계들도 통과하고 있다. 인종 차별은 오래전부터 미국의 현실이었다. 최근 연구에 따르면, 흑인은 자격이 똑같을지라도 백인에 비해 구직할 때 답신 연락을 받는 비율이 절반에 그친다.[16] 또 다른 실험에서는 국회 의원들에게 흔한 백인 이름과 흑인 이름으로 똑같은 내용의 전자 우편을 보내면 백인 이름에게 답신하거나 반응을 보이는 확률이 훨씬 높았다.[17] 흑인 가구는 백인에 비해 주택을 살 때 대출금을 더 적게 받으며, 자동적으로 가난한 동네로 지정된다.[18] 그리고 최근 조지아주, 앨라배마주, 위스콘신주, 플로리다주, 그리고 아마도 텍사스주 등지에서 나타난 투표 제한법의 물결은 소수 인종이 선거에 참여하는 것을 특정해서 제한하려는 시도였다. 트럼프 ─ 그리고 트럼프를 방조하는 공화당 의원들과 보수적 언론계 인사들 ─ 는 우리를 비인간화 단계로 이끌면서 이민자들을 강간범, 짐승, 살인자라고 지칭하고 심지어 자신의 전 백악관 참모인 흑인 오마로사 매니골트 뉴먼 Omarosa Manigault Newman을 〈개〉라고 비하하는 등 공적 담론에서 언어 오남용에 앞장섰다.[19] 2018년 5월, 트럼프는 백악관 회동에서 미등록 이민자에 관해 이렇게 말했다. 「이 사람들이 얼마나 나쁜지 믿기 힘들 거요. 사람이 아니라 짐승이라니까.」[20]

5단계는 바로 〈조직화〉다. 지배적인 집단이 군대나 민병대를 모아서 다른 집단들을 근절하려는 계획을 세우는 시기다. 보스니아에서는 전 보스니아 세르비아군* 최고 사령관 카라지치가 일찍이 1980년대에 무슬림을 절멸하려는 계획을 세웠다.[21] 카라지치는 세르비아인들을 훈련시켜서 지역 준군사 집단을 결성하게 만들고, 크로아티아와 보스니아 전역의 전략적 장소에 은밀하게 보관된 무기를 활용하는 비밀 경찰대를 구상해 냈다. 그다음 6단계인 〈양극화〉에서 지배적 집단은 선전을 확대하면서 표적 집단을 더욱 악마화하고 분리한다. 집단들 사이의 대화가 억제되거나 금지되고, 지배적 집단의 온건한 성원들 ─ 이런 시도에 저항

---

* 보스니아 헤르체고비나의 분리주의 세르비아계가 세운 스릅스카 공화국 군대.

하거나 항의하는 사람들 — 은 투옥이 되거나 살해를 당한다. 르완다 제노사이드로 이어지는 몇 달 동안에 후투족 극단주의자들이 퍼뜨린 증오로 가득한 라디오 방송은 이를 보여 주는 뚜렷한 사례다.

오늘날 미국은 확실하게 5단계를 지나고 있으며, 아마 6단계로 접어드는 듯하다. 오바마 집권 시절에 폭발적으로 증가한 민병대들이 점차 조직과 훈련, 무장에 박차를 가하고 있다.[22] 예일 대학교 로스쿨 출신의 재향 군인 스튜어트 로즈Stewart Rhodes는 2009년 오스 키퍼스를 창설한 뒤 계속해서 내전을 거론하고 있다. 17세의 카일 리튼하우스Kyle Rittenhouse가 위스콘신주 커노샤의 시위 현장에서 두 명을 살해했다는 보도가 나왔을 때, 로즈는 그를 〈영웅, 애국자〉라고 지칭했다. 어느 트럼프 지지자가 오리건주 포틀랜드에서 살해된 뒤에는 이런 트윗을 올렸다. 〈첫 번째 총성이 울렸다, 형제여. 지금 여기서 내전이 벌어진다.〉 공화당의 극단주의자들과 그 추종자들은 점차 방송과 인터넷에서 양극화 선전을 강화하고 있다. 최근에 조지아주의 공화당 연방 하원 의원에 당선된 마저리 테일러 그린Marjorie Taylor Greene은 민주당을 상대로 폭력을 행사하는 것을 옹호하면서 이렇게 주장했다. 〈자유를 되찾는 길은 피의 대가를 치르고 얻는 것밖에 없다.〉[23] 사우스캐롤라이나주의 공화당 하원 의원 톰 라이스Tom Rice나 와이오밍주의 공화당 하원 의원 리즈 체니Liz Cheney처럼 이런 견해에 저항하거나 신봉을 거부하는 온건파는 당의 검열을 받거나 심지어 살해 위협까지 받는다. 미시간주의 공화당 하원 의원 피터 마이어Peter Meijer가 트럼프 탄핵에 찬성표를 던진 뒤에 살해 위협을 받았다.[24]

오늘날 미국의 극단주의자들은 이른바 가속주의accelerationism를 신봉한다. 현대 사회는 구제할 길이 없으며 그 종말을 한시바삐 앞당겨야만 새로운 질서를 세울 수 있다는 묵시록적 믿음이다. 어떻게 보면 이것은 미국을 반란 단계에서 위로 끌어올리고 또한 어쩌면 종족 청소로 이끌기 위해 그들이 구사하는 언어다. 가속주의 신봉자들은 일반적인 수단 — 집회, 우파 정치인 선출 — 으로는 충분한 진전을 이루지 못하기 때문에 폭력을 통해 변화를 재촉해야 한다고 믿는다. 테러리즘 전문가 맥냅이 설명한 것처럼, 그들은 충돌을 유발하기 위해 코로나 록다운부터 인종 정의를 위한 시위에 이르기까지 온갖 구실을 찾는다.[25] 그들이 기대하는 것은 이런 행동을 계기로 폭력의 연쇄 반응이 시작되어 온건한 시민들 — 정부의 억압과 사회적 불의를 눈뜨고 지켜보는 시민들 — 도 그들의 대의에 동참하게 된다는 점이다. 맥냅은 극우 극단주의자들이 극좌파와 손을 잡을 가능성도 있다고 본다. 〈전통적인 좌파 극단주의 집단 가운데 일부도 그들과 같은 운명임을 깨닫고 있다. 두 집단은 똑같이 불행하며, 자신들의 권리를 박탈당했다고 느낀다. 그들은 자신들의 삶이나 정치, 다른 모든 것에 대해 어떤 통제권도 없다. 결국 이런 식으로 행동에 나서게 된다.〉[26]

아톰바펜 디비전Atomwaffen Division은 악명을 떨친 첫 번째 가속주의 집단인데, 2018년 『프로퍼블리카』와 PBS 프로그램 「프론트라인Frontline」이 공개한 다큐멘터리 영화가 그 과정에서 한몫했다.[27] 2년 전 러시아 민족주의자 알리셰르 무크히트디노프Alisher Mukhitdinov와 관련된 파시스트 웹 포럼 〈아이언 마치Iron March〉에서 설립된 아톰바펜(독일어로 〈핵무기〉를 뜻한다)은 네오나치, 반

유대주의, 파시즘, 민족 사회주의 단체로, 그 성원들은 광범위한 폭력으로 인종 전쟁을 일으키면 자신들이 백인 유토피아의 사회를 재건할 수 있다고 믿는다.

전문가들은 아톰바펜 회원이 50~100명이며 전부 젊은 백인 남성이라고 추정한다. 메이슨의 책은 신규 회원의 필독서이고, 아톰바펜 게시판을 보면 『터너의 일기』에 대한 언급이 넘쳐 난다. 규모가 작긴 해도 이 단체는 미국에서 가장 폭력적인 대안 우파 집단으로 손꼽힌다.[28] 미국에서 벌어진 여러 살인 사건과 공격에 관여했다. 실제로 2017년 플로리다주에서 아톰바펜 전 회원인 데본 아서스Devon Arthurs가 룸메이트 두 명을 살해한 혐의로 체포되었을 때 두 주검 위에 『터너의 일기』가 성물처럼 놓여 있었다. 그 단체는 현재 텍사스에 있는데, 〈증오 캠프〉에 모여 회원들을 훈련시킨다. 유럽까지 가서 다른 극우파 단체들과 합동 훈련도 실시했다. 2019년과 2020년, 연방 수사국은 미국 전역에서 아톰바펜의 회원들을 연행했으며, 메이슨은 단체가 사멸했다고 선언했다. (메이슨은 아톰바펜이 우상처럼 떠받들지만 회원은 아니다.) 하지만 2020년 여름, 새로 만들어진 아톰바펜 세포 조직들이 여러 뉴스 플랫폼에 확산되고 있다는 보도가 나왔다. 2020년 8월, 그들은 브랜드를 새롭게 바꾸면서 명칭을 〈내셔널 소셜리스트 오더National Socialist Order〉로 변경하고 지도부도 새로 구성했다.[29]

아톰바펜 회원들은 샬러츠빌에서 열린 〈우파여 단결하라 Unite the Right〉 집회에도 참가했다. 그들은 횃불을 들고 행진하며 〈너희들은 우리를 대체하지 못한다!〉*고 소리 높여 외쳤다.[30] 집

* You will not replace us! 여기서 너희들은 〈이민자〉를 가리킨다. 유색인 이민자

회 직후 〈#ReadSiege(『포위 공격』을 읽자)〉라는 해시태그가 트위터에서 들불처럼 퍼져 나갔다. 아톰바펜의 일부 회원들은 샬러츠빌 집회 — 그다음 이어진 체포, 플랫폼 축출*, 언론의 혹평 — 에 실망했다. 그것은 법의 한계를 돌파하지 않으면 성공을 거둘 수 없다는 메이슨의 주장이 줄곧 옳았음을 보여 주는 증거였다. 아톰바펜 전 회원이 후에 탐사 전문 기자이자 『프로퍼블리카』의 다큐멘터리를 만든 A. C. 톰슨A. C. Thompson에게 말한 것처럼, 샬러츠빌 집회는 이 단체가 폭력으로 나아가는 계기가 되었다. 회원들이 지금까지의 노력이 효과가 없다고 느꼈기 때문이다. 「대규모 집회는 아무 효과도 없어요. 사람들이 연행되고, 일자리를 잃고, FBI의 감시 명단에 오르는 일만 벌어졌죠.」 그는 지하로 들어가서 일종의 세포식 테러 활동을 벌이는 수밖에 없다고 판단했다. 〈지도자 없는 저항leaderless resistance〉이라고 불리는 활동이다.[31]

〈지도자 없는 저항〉이라는 용어는 1950년대에 전 중앙 정보국 요원 울리어스 에이머스Ulius Amoss가 처음 사용한 것이다. 당시 그는 동유럽에서 중앙 정보국이 지원하는 저항 세포를 보호할 방법을 분석하는 중이었다.[32] 베트남 전쟁 참전 군인 루이스 빔Louis Beam이 미국에 돌아온 뒤 큐 클럭스 클랜 성원이 되면서 이 개념에 주목했다. 1983년 빔은 백인 민족주의자들이 압도적으로 강력한 연방 정부를 상대로 투쟁을 계속 이어 나가는 최선의 방법으로 지

가 몰려와서 백인을 대체하고 사회를 뒤바꿀 것이라는 〈대체론〉은 미국과 유럽 극우파가 내세우는 핵심 주장이다.

* deplatforming. 소셜 미디어 등의 온라인 플랫폼에서 극우파 게시판이나 페이지가 폭력 선동 등의 혐의로 쫓겨난 것을 가리킨다.

도자 없는 저항을 주창하는 글을 발표했다. 운동이 살아남는 길은 탈집중화밖에 없다고 믿은 것이다. 버거가 이야기하는 것처럼, 빔은 소규모 독립적 단체들의 집합체를 구상했고, 외톨이 활동가들끼리 리플릿과 신문을 통해 정보를 공유하면서 느슨하게 활동을 조정하는 방식도 제안했다.[33] 빔은 성원 수를 소규모로 유지하는 것이 중요하다고 보았다. 연방 수사국이 수많은 개인과 소규모의 이질적인 집단의 정체를 확인하고 침투해서 수사하는 것이 불가능했기 때문이다. 〈1천 개의 소규모 유령 세포는…… 정보기관에게 악몽이 될 것〉이었다.

인터넷 이전 시대에는 서로 동떨어진 소규모 세포들이 주로 인쇄된 리플릿을 통해 소통하고 신규 성원을 확보하는 일이 쉽지 않았다. 하지만 소셜 미디어가 등장하면서 상황이 바뀌었다. 갑자기 여러 단체가 포챈,* 트위터, 페이스북, 유튜브, 텔레그램을 통해 활동을 조정할 뿐만 아니라, 수천 명의 신규 성원을 끌어모을 수 있었다. 이런 인터넷 혁명의 최전선에 선 두 집단이 알카에다와 이슬람 국가(IS)다. 알카에다는 온라인 잡지 『인스파이어 Inspire』도 만들었는데, 여기에는 테러 공격을 실행하기 위한 단계별 지침까지 담겨 있었다.[34] 두 테러 집단은 〈지도자 없는 저항〉 개념을 받아들였다. 알카에다의 탈집중화 전략은 〈지도자 없는 지하드〉라는 이름을 얻게 되었다.

미국에서 지도자 없는 저항 운동의 대표적인 사례는 아마 부걸루 보이스Boogaloo Bois일 것이다.[35] 여러 유형의 극우 단체 — 총기 찬성, 근본 우파, 아나키 — 의 느슨한 연합인 부걸루 보이스는

* 4chan. 레딧Reddit과 더불어 미국의 대표적인 이미지 보드 사이트.

포챈을 시작으로 인스타그램과 레딧, 페이스북에서 하나로 합쳐졌다. 부걸루 운동은 ─ 적어도 아직까지는 ─ 지도부나 지역 지부, 강령 같은 선언문, 심지어 분명하게 밝혀진 이데올로기도 없으며, 페이스북이나 텔레그램 그룹에 따라 궁극적으로 추구하는 목표도 다르다. 하지만 그 성원들은 현재 상태를 변혁하기 위해 미국을 내전으로 몰아가려는 열망을 공통으로 갖고 있다. 성원 대부분은 젊은 백인 남성으로, 미국에서 혁명이 임박해 있고 필연적이라고 믿는다. 그들은 이 최후의 결전을 〈제2의 남북 전쟁: 일렉트릭 부걸루Civil War 2: Electric Boogaloo〉라고 부른다. 1984년 개봉한 브레이크 댄스 영화 「브레이킹 2: 일렉트릭 부걸루Breakin' 2: Electric Boogaloo」에서 따온 표현이다. 이 영화는 오랫동안 형편없는 속편을 가리키는 인터넷 밈으로 사용되었으며, 성원들이 제복으로 선택한 꽃무늬 하와이안 셔츠는 〈부걸루boogaloo〉가 비슷한 발음의 〈빅 루아우big luau〉*로 와전된 뒤 등장했다.[36] 이 운동의 지지자들은 사람들에게 〈부걸루를 준비하라〉거나 〈부걸루를 일으키자〉고 촉구한다.[37] 휘트머 주지사를 납치하려는 음모의 배후에 있던 인물 중 하나인 폭스는 부걸루를 〈정부가 수정 헌법 2조의 권리를 앗아 가려고 하면 벌어질 전투〉라고 이야기했다.[38] 휘트머 납치를 모의한 것으로 기소된 또 다른 남성인 울버린 워치맨의 지도자 모리슨은 소셜 미디어에서 〈부걸루 버니언Boogaloo Bunyan〉이라는 이름으로 통했다.[39]

부걸루 보이스가 어떻게 자신들의 목표를 달성하려고 계획

---

* 〈luau〉는 원래 하와이의 전통 만찬 요리 또는 그런 만찬을 즐기는 파티를 의미하는 단어로, 하와이식 화려한 날염 무늬가 있는 옷을 가리키기도 한다.

하는지는 분명하지 않다. 몇몇 개인들은 그냥 혼란을 조성하기를 원한다. 다른 이들은 정부가 특히 총기와 관련해서 지나치게 간섭하는 것을 막기 위해 내전이 필요하다고 본다. 또 다른 이들은 이민자들을 죽이고자 한다. 하지만 분명한 것은 그들이 대거 등장할 수 있다는 점이다.

많은 미국인이 부걸루 운동에 관해 처음 들은 때는 2020년 1월이었다. 당시 버지니아주 리치먼드에서 열린 대규모 총기 찬성 집회에 하와이안 셔츠 차림에 돌격 소총을 멘 백인 남자 무리가 모습을 드러냈다.[40] 하와이안 셔츠는 사람들의 이목을 끌었는데, 우연의 일치라기엔 그 수가 너무 많았기 때문이다. 이 운동은 이후 코로나 팬데믹 시기에 급속하게 성장했다. 정부 공무원들이 시민의 권리를 박탈하는 폭압적 조치를 취한다고 생각한 사람들이 대응에 나선 것이다. 미국 전역에서 벌어진 록다운 항의 집회에서 하와이안 셔츠 차림의 남자들이 점점 많이 나타났다. 2020년 봄에 한 감시 단체가 페이스북에서 활동하는 〈부걸루〉 그룹 125개를 확인했다.[41] 보고서에 따르면, 이 그룹들의 절반 이상이 2020년 2월에서 4월 사이에 만들어졌다. 전국적으로 마스크 의무 착용과 영업 중단이 강화된 때의 일이다. 그해 여름에 이르면 부걸루 지지자 수가 1만 명 이상이 되었다.

페이스북에서 부걸루 성원들은 자작 폭발물을 개발하기 위해 군사 작전 책자와 교범을 공유한다.[42] 한 그룹은 필요한 경우에 무기와 탄약을 빼돌리기 위해, 정부의 조달 경로를 자세히 서술한 문서와 유사시 공격과 암살 대상으로 삼을 공무원 후보 명단을 작성했다.[43] 「이텔로니언Yeetalonian」은 바이블 격으로 113쪽에 걸쳐 전쟁으로 나아가는 단계와 선전을 통해 대중의 공감과 지지를 얻는 방법을 다룬다. 부걸루 보이스는 집회에서 폭력 사태에 관여하고, 법 집행관을 살해했으며, 거대한 반정부 음모를 지휘하고 있다.[44] 휘트머 납치에 관여한 울버린 워치맨 민병대에는 부걸루 지지자들도 포함되어 있다. 그리고 라스베이거스 시위 현장에서 폭력 사태를 유도하려 한 혐의로 체포된 세 명도 이 운동의 일원이다.

2020년 5월, 페이스북은 무기나 행동 호소에 대한 언급과 〈부걸루〉나 비슷한 용어를 함께 사용하는 것을 금지했다.[45] 뒤이어 추천 알고리즘을 변경하고, 이 운동과 관련된 수백 개의 계정과 그룹을 삭제했으며, 플랫폼 전체에서 부걸루 콘텐츠를 금지했다. 하지만 성원들은 갭이나 텔레그램 등 암호화된 다른 소셜 미디어 네트워크로 옮겨 가고 있다. 결국 그들의 확산과 영향력을 차단하는 것이 더 어려워질 뿐이다.

하지만 만약 두 번째 내전이 일어난다면 이 사람들이 병사로 싸울 것이다. 현재 미국에는 나라를 바로잡기 위해 대규모 충돌이 필요하다고 믿는 극우 단체가 수백 개 존재한다. 이름은 바뀔지 몰라도 — 현재로서는 프라우드 보이스, 스리 퍼센터스, 오스키퍼스 등이 가장 규모가 크다 — 그들 모두 비슷한 목표를 추구한다. 대부분은 연방 정부가 자신들의 삶에 간섭하는 것을 원치 않는다. 자신들의 자유를 제한하는 법이나 규제가 줄어들기를 바란다. 점점 더 많은 수의 극우파가 백인 기독교인 남성이 책임자가 되기를 원한다. 그리고 그들 모두는 폭력이 이런 미래상을 현실로 만드는 방법이라고 믿는다.

빠르게 진화하며 어느 때보다도 분산된 성격의 자생적 극단주의 집단들은 침투하기가 어렵고 예측하기도 쉽지 않다. 하지만 다른 민주주의 국가에서 테러리스트들이 어떻게 전투를 준비하고 실행했는지를 살펴보면, 미국에서 어떤 식으로 내전이 전개될지 예상하는 데 도움이 된다. 내전으로 이어지는 수많은 요인을 검토하는 여러 방대한 데이터 모음이 존재하는 만큼, 조직적인 테러 활동의 여러 차원을 검토하는 데이터 모음도 있다. 어떤 사람이 테러에 관여하는지, 언제 테러를 벌이는지, 테러가 반란 집단의 목표를 달성하는 데 얼마나 효과적인지 등을 살펴보는 연구가 수백 개 존재한다. 이 연구들은 국내의 자생적인 테러리즘이 아니라 테러리즘 일반을 다루고 있긴 하지만, 공통된 전술과 전략을 확인하는 데 도움이 된다.

반란자들이 강력한 민주주의에 대항해서 사용하는 전략은 무수히 많다. 한 가지는 본질적으로 소모전으로, 사람과 공공 기반 시설 — 연방 정부 건물, 시장, 학교, 법원, 교통 시스템, 전력망 — 을 겨냥한 공격을 꾸준히 이어 가는 방식이다. 이런 식의 공세는 시민들이 안전을 호소하면서 정부가 테러리스트들의 요구에 굴복하기를 요구할 때까지 고통을 가하는 것이 목적이다. 하마스가 오랫동안 이런 전략을 구사하면서 예루살렘과 나블루스, 베르셰바에서 버스에 폭탄을 터뜨리고, 하이파의 사람이 많은 거리에서 부비 트랩으로 차량을 공격했으며, 병원, 쇼핑몰, 보안 검문소 등에 폭탄 공격을 가했다. 알카에다의 9·11 테러 또한 소모전의 일환이었다. 아프리카의 미국 대사관 두 곳과 해군 구축함 USS 콜을 포함한 다른 표적을 잇따라 공격한 뒤 벌인 테러였다. 이 전략은 성공을 거두었다. 미국이 9·11 테러 이후 알카에다의 핵심 목표인 사우디아라비아에서 병력을 철수시키기로 결정했기 때문이다.

미국 극우 단체들의 요구를 무시하면 그들 역시 똑같은 전략에 의지할 수 있다. 고전적인 소모전 공세는 비싼 건물, 기반 시설, 사람을 표적으로 삼는다. 미국인들에게 경제적, 또는 심리적 고통을 가할 수만 있다면 무엇이든 표적이 된다. 교회와 지하철 시스템만이 아니라 연방 준비 제도 이사회 건물, 주 의사당, 워싱턴 DC의 기념물 같은 장소도 공격 대상이 될 수 있다. 이민자나, 도시나 경합 주에 사는 이들처럼 진보 진영 후보에게 투표할 가능성이 높은 시민들도 표적이 된다. 폭력적 극단주의자들은 권력자들이 테러리스트에게 그들이 원하는 것을 양보하거나 유권자들이 기존 정치인 대신 극단주의 세력의 대의에 동조하는 정치인을 뽑을 때까지 이런 장소들과 개인들을 계속 표적으로 삼는다.

또 다른 전략은 협박이다. 중앙 정부를 무너뜨릴 수 없다면, 폭력을 행사해서 사람들을 직접 굴종으로 몰아갈 수 있다. 표적을 겨냥한 폭력을 활용해서 연방 정부 대리인들 —법 집행관, 공무원, 국회 의원, 사법부— 을 협박하면 그들이 겁을 먹고 기존의 법규를 집행하지 못한다. 마이어 같은 공화당 하원 의원을 겨냥한 살해 위협이 바로 이런 의도에서 나온 행동이었다. 폭력적 극단주의자들은 총기 규제에 찬성표를 던진 진보 정치인이나 임신 중단권에 유리한 판결을 내린 판사, 이민자의 시민적 권리를 보호하는 경찰관을 표적으로 삼아 살해할 수 있다. 하지만 그들은 또한 극단주의자들의 방침을 따르지 않는 온건파 공화당원들을 표적으로 삼을 수도 있다. 민병대는 사회 변화의 시행을 막기 위해 고안된 일종의 자경단이 된다. 멕시코의 마약 카르텔은 뇌물을 받는 대가로 수익성 좋은 마약 거래를 눈감아 주는 것을 거부한 판사들과 경찰관들을 상대로 이런 전략을 추구했다. 시우다드후아레스와 티후아나의 거리에 머리 없는 시체들이 나타나기 시작하자, 정부 요원들은 법 집행을 한층 더 주저하게 되었고 마약 카르텔과 그 지도자들은 더욱 자유롭게 군림했다.

우리는 미국에서도 이미 이런 전략을 목격한 바 있다. 협박은 큐 클럭스 클랜이 선호하는 전술이었다. 연방 정부가 민권을 확대하자 큐 클럭스 클랜은 남부에서 흑인의 투표를 억누르고 주 의회를 장악하고 백인 우월주의를 강제하기 위해 폭력과 살인에 의지했다.[46] 협박은 또한 임신 중단 반대 테러리스트들이 구사하는 전술이었다. 가족 계획 연맹Planned Parenthood과 관련된 병원들이나 임신 중단을 시술하는 의사들을 표적으로 삼은 것이다. 정부가 임신 중단을 불법화하지 않으면, 이 극단주의자들은 폭력에 의지해서 여성들이 시술을 받고 의사들이 시술을 하는 것을 막는다. 엘패소 총기 난사의 피의자인 크루시어스도 바로 이런 사고를 바탕으로 행동에 나섰다. 선언문에서 그는 학살극이 히스패닉들이 나라를 떠나게 만드는 〈유인〉으로 작용하기를 기대했다고 말했다.[47]

총기와 합법적 민병대, 공개적 총기 휴대법open-carry laws이 넘쳐 나는 나라에서 정치인들과 시민들은 충분히 두려워할 이유가 있다. 농촌 지역에서는 특히 그러한데, 연방 정부의 권력이 미치지 못하고 연방과 주, 지방 정부의 관할권이 겹치면서 시민들이 누가 진짜 책임자인지 확신하지 못하기 때문이다. 미국의 독특한 특징 가운데 하나는 탈집중화된 연방 구조이지만, 이는 또한 범죄자들이 지역을 장악하는—심지어 지역 법 집행 기관의 지지를 받는—상황에 취약하다. 주 차원의 민병대가 합법인 곳은 22개 주이며, 팬데믹 시기에 이 민병대들은 종종 정부의 셧다운 지침을 무릅쓰고 영업을 계속하는 소규모 업체의 방어자를 자임했다.[48] 위스콘신주 커노샤에서 〈흑인의 생명도 소중하다〉 시위 직후에 전 시 의원 케빈 매슈슨Kevin Mathewson이 시민들이 무장해서 도시를 지켜야 한다고 호소하자 수백 명의 남성이 시내로 몰려왔다. 리튼하우스가 시위자 두 명을 살해하고 한 명에게 부상을 입힌 혐의로 기소된 뒤, 변호사는 그가 민병대에 참여할 필요가 있었다고 주장했다. 「그는 주 정부와 지방 정부가 법질서를 제공하는 가장 기본적인 책임을 내팽개친 상황에서 자기 공동체를 지키는 권리와 의무의 일환으로 커노샤에 있었던 겁니다.」[49]

또 다른 테러 전략은 〈더 세게 지르기outbidding〉이다. 한 전투적 집단이 지배권을 공고히 굳히기 위해 다른 집단들과 경쟁할 때 이 전술을 구사한다. 하마스는 주요한 경쟁자인 파타흐보다 자신들이 팔레스타인의 대의에 더 헌신한다는 신호를 보내는 일환으로 자살 폭탄 공격을 채택했다. 시리아 내전에 늦게 뛰어든 이슬람 국가(IS)는 경쟁 집단인 알누스라 전선과 차별화하려는 시도의 일환으로 잔인한 납치, 살해로 활동 방식을 전환했다. 극단적 이데올로기와 활동 방식을 채택하는 반군 집단이 온건한 집단보다 전쟁에서 더 많은 성과를 내는 일이 흔하다.[50] 더 헌신적인 전투 부대와 단호한 지지자들을 끌어모을 수 있기 때문이다. 극단적 집단은 또한 명예와 순교자 지위, 내세의 영광 등 더 많은 보상을 제공함으로써 심리적 권력도 더 크게 휘두르기 쉽다. 또한 극단적 이데올로기는 대의에 헌신하지 않는 이들을 솎아 내면서 빈약한 성과, 편 바꾸기, 배신 등의 문제를 줄인다.

아직 미국에서는 〈더 세게 지르기〉 전략이 대세가 되지 않았지만, 우파 단체들이 확산되면 이런 현상이 나타나기 쉽다. 이슬람 국가(IS)가 이라크와 시리아에서 일으킨 일은 하나의 청사진이 된다. 이 집단은 인터넷 선전에 집중 투자하면서 군사력을 홍보했으며, 자신들이 얼마나 잔인한 행위를 저지를 수 있는지, 그리고 지역 주민들에게 어떤 공공 서비스를 제공할 수 있는지를 널리 알렸다. 도시에 진입하면 곧바로 반대파 지도자들을 공격했다.[51] 만약 미국에서 이런 일이 벌어진다면, 아톰바펜 같은 극단주의 단체가 한층 더 잔인한 폭력 행위에 몰두하는 모습을 보게 될 것이다. 자신들이 다른 단체들보다 더 강하고 유능하며 헌신적임을 입증하기 위해서다.

마지막 테러 전략은 〈망치기spoiling〉다. 온건한 집단들 — 가령 이민에 관해 정부로부터 양보를 받는 대가로 폭력을 자제하려는 집단들 — 이 새로운 종족 국가를 세우려는 원대한 목표를 위태롭게 만들고 뒤엎으려 할 때, 테러리스트들이 구사하는 전술이다. 온건한 반군 집단과 정부의 관계가 개선되어 평화 협정이 임박한 듯 보일 때 보통 이 전략이 작동한다. 테러리스트들은 일단 협상이 이루어지면 대다수 시민이 폭력 사태의 지속을 지지하지 않으리라는 것을 안다. 1979년 테헤란에서 이란 급진주의자들이 미국인 52명을 인질로 잡은 일은 미국과 이란의 관계가 악화되었기 때문이 아니라 화해의 징후들이 나타났기 때문에 발생했다.[52] 3일 전 이란의 상대적 온건파인 메디 바자르간Mehdi Bazargan 총리와 미국 국가 안보 보좌관 즈비그뉴 브레진스키Zbigniew Brzezinski가 악수하는 사진이 공개된 것이다. 급진파는 양국이 화해하면 자신들에게 재앙이 닥칠 것임을 알았기 때문에 화해를 막기 위해 무슨 짓이든 했다. 아랍과 이스라엘의 평화 교섭, 북아일랜드 개신교인과 가톨릭교인의 대화도 이런 식으로 〈망쳐졌다〉.

미국에서는 프라우드 보이스와 스리 퍼센터스, 오스 키퍼스 등이 결국 동맹을 형성하리라고 상상할 수 있다. 내전이 벌어지면 반란 집단들이 일시적으로나마 힘을 합치는 일이 잦기 때문이다. 뒤이어 새롭게 통합된 집단이 향후에 총기 규제를 강화하는 입법을 하지 않고 이민 유입을 큰 폭으로 줄일 것을 보장받으면서 ─ 또는 다수의 지지자가 받아들일 만한 어떤 조건이든 보장받으면서 ─ 연방 정부와 평화 교섭을 체결하기로 결정한다. 정의상, 가장 급진적인 반정부 백인 우월주의 집단들은 이 교섭에서 배제된다. 어떤 타협이든 그들이 백인 〈종족 국가 수립〉이라는 최종 목표를 달성하는 데 도움이 되지 않기 때문이다. 그리하여 유일하게 의지할 방법은 교섭을 무산시키는 것이다. 그리고 이 목표를 달성하는 최선의 길은 내전을 일으키는 것이다.

이를 위해서 그들은 외국의 지원이 필요하다. 아일랜드 공화군이 살아남을 수 있었던 주된 이유는 미국에 사는 아일랜드계 미국인들이 상당한 재정적 지원을 제공했기 때문이었다. 니카라과의 콘트라 반군이 계속 싸움을 이어 갈 수 있었던 이유도 미국이 자금을 지원했기 때문이다. 우크라이나의 돈바스 지역의 반군들은 인접한 러시아에서 오는 물질적 원조와 인력에 의존했다.[53] 그리고 헤즈볼라는 주로 시리아와 이란, 레바논의 후원 덕분에 성공을 거두고 있다. 미국에서도 테러 집단들이 백인이 다수인 다른 나라들—캐나다, 우크라이나, 영국—의 동정적인 백인 우월주의 단체들뿐만 아니라 미국의 적국—중국, 러시아, 이란—에게도 도움을 받을 수 있었다. 인터넷 덕분에 이런 지원이 한결 쉬워진다. 중국과 러시아는 별 문제 없이 극우 집단들에 자금과 물자를 공급할 수 있었다. 우크라이나는 훈련과 실전 경험을 제공할 수 있었다. 그리고 캐나다 농촌은 미국 정부의 손이 미치지 않는 곳에 안전한 은신처를 제공할 수 있었다. 캘리포니아주에 기반을 둔 백인 우월주의 단체인 라이즈 어보브 운동Rise Above Movement은 우크라이나로 가서 아조우 대대와 합동 훈련을 했다. 팀 흄Tim Hume이 『바이스Vice』에 보도한 것처럼, 아조우 대대는 유럽에서 네오나치가 주최한 콘서트에서 팸플릿을 나눠 주고, 선전 비디오를 만들었다. 그들은 스칸디나비아에서 열린 극우파 회의의 주요 참석자였다. 아조우 대대는 극우 단체들이 실전 경험을 쌓는 방편으로 우크라이나 전쟁을 홍보하고 있으며, 이 실전 경험을 다시 자체 전투원들을 훈련시키는 데 활용할 수 있다. 정보 분석가 몰리 솔츠코그Mollie Saltskog는 흄에게 이렇게 말했다. 「요즘은 글로벌 네트워크를 형성한 덕분에 폭력적인 백인 우월주의자들이 여러 플랫폼에서 쉽게 접촉하고 본국에 돌아가서 선전을 퍼뜨리고 훈련을 수행할 수 있습니다. 또는 다음 싸움을 계속할 수 있죠.」[54]

종족 청소로 나아가는 단계들은 흔히 서서히 이루어지기 때문에 잘 감지되지 않는다. 하지만 「제노사이드의 10단계」에 따르면, 7단계에서 눈에 띄는 변화가 생긴다. 이 〈준비〉 단계는 지배적인 집단이 군대를 형성하는 시기다. 지도자들은 또한 사람들에게 피해자가 되는 것에 대한 공포를 주입하면서 〈우리가 그들을 죽이지 않으면 그들이 우리를 죽일 것〉이라고 주장한다. 이런 세뇌가 이루어지고 나면 나라가 순식간에 8단계와 9단계 — 〈박해〉와 〈절멸〉 — 로 진입하며 계속해서 최종 단계인 〈부정〉으로 들어선다. 마지막 〈부정〉 단계는 가해자들이 자신들이 저지른 범죄를 부정하는 시기다. 튀르키예는 아르메니아인 제노사이드가 벌어진 지 1백 년이 지난 지금도 그 사실을 인정하려 하지 않는다.

다시 말해, 7단계가 중요한 것은 자기방어의 수단으로 제노사이드의 논리가 발전하는 단계이기 때문이다. 흔히들 종족 청소가 증오에 의해 추동된다고 생각한다. 물론 증오는 존재하지만 종족 청소를 부추기는 진짜 요인은 공포다. 자신이 위협받고 취약하다는 공포 말이다.[55] 폭력 사업가들은 이런 불안을 활용하면서 적이 자기를 해치기 전에 먼저 적을 해치라는 신호를 보내는 생존 본능에 편승한다. 뉘른베르크 재판 당시에 미국의 젊은 심리학자 구스타브 길버트Gustave Gilbert가 헤르만 괴링Hermann Göring을 인터뷰하면서, 자신은 평범한 사람이라면 전쟁에 휘말려 들어가는 것을 바라지 않는다고 생각한다고 말했다. 그러자 괴링은 이렇게 답했다. 「물론 사람들은 전쟁을 원하지 않지. 농장에서 일하는 가난한 게으름뱅이가 기껏해야 몸 다치지 않고 농장에 돌아오는 게 최상의 기대인 경우에 왜 전쟁에 나가 목숨을 걸려고 할까? …… 사람들을 끌어당기는 건 언제나 간단한 일이야. …… 사람들한테 조만간 적한테 공격당할 테고, 평화주의자들은 애국심이 없어서 나라를 더 큰 위험에 노출시킨다고 말하기만 하면 된다니까.」[56]

이런 실존적 공포가 국내의 군비 경쟁으로 이어진다. 이런 상황에서 한 집단이 불안을 느끼게 되면 안전을 확보하고자 민병대를 결성하고 무기를 사들인다. 그러면 경쟁 집단도 불안을 느끼면서 똑같이 민병대를 결성하고 무기를 사들인다. 또다시 앞의 집단은 훨씬 더 많은 무장을 갖출 수밖에 없다. 양쪽 모두 자신들이 방어 조치를 취하는 것이라고 믿지만, 그 결과 한층 더 불안감이 조성되어 언제든 전쟁으로 이어지는 나선 운동이 촉발될 수 있다. 보스니아의 평범한 세르비아인들은 전쟁을 원하지 않았다. 르완다의 평범한 후투족도 전쟁을 원하지 않았다. 하지만 지도자들은 권력을 손에 넣기 위해 평범한 시민들이 대신 싸우기를 바랐다. 그들이 찾아낸 답은 무엇이었을까? 추종자들에게 조만간 공격당할 것이라고 말하면서, 많은 이가 행동에 나서도록 재촉하는 것이었다. 르완다에서 제노사이드를 조직한 이들은 신문에 이어 국영 라디오를 이용해서 그릇된 사고를 퍼뜨렸다. 투치족은 이 땅에 대한 권리가 전혀 없는 이주민이며 후투족은 자신을 방어할 권리가 있다는 사고였다. 휴먼 라이츠 워치Human Rights Watch는 보고서에서 다음과 같은 결론을 내렸다. 〈특히 1990년부터 1994년까지 이어진 제노사이드에서 투치족에 대한 공격을 동원하는 데 가장 큰 성공을 거둔 것은 마지막의 사고, 즉 후투족이 위협을 받기 때문에 자기방어에 나서야 한다는 사고였다.〉[57]

사람들이 무장을 갖추면 이런 식의 안전 딜레마가 생겨날 가능성이 높아진다. 미국의 총기 판매는 2020년에 역대 최고를 기록해서 1월에서 10월 사이에 1천7백만 정이 팔렸다.[58] 구매자들은 주로 보수주의자였는데, 그들은 민주당이 선거에서 선전하면 총기를 구매하는 경향이 있다. 실제로 2016년 강력한 총기 규제 입법을 옹호하는 힐러리가 후보로 출마하자 총기 1660만 정이 팔렸다. 하지만 스몰 암스 애널리틱스Small Arms Analytics의 선임 경제학자에 따르면, 이는 미국 역사상 한 해에 가장 많은 총기가 판매된 기록이기도 하다. 데이터에 따르면, 총기 판매의 다수가 생애 처음으로 구입한 사람들에게 이루어진 것이었다. 데이비스에 있는 캘리포니아 대학교의 연구자들은 새로운 총기 소유자들이 주로 무법 상황과 정부 불안에 대한 공포 때문에 구매에 나선 사실을 발견했다. 헌법 수정 조항 제2조 지지자인 카림 샤야Kareem Shaya의 말을 들어 보자. 「공통의 끈은 단순한 불확실성, 그러니까 어느 누구도 나를 지켜 주지 못하고, 더 안 좋은 상황이 되면 나 스스로 지킬 수 있어야 한다는 느낌이죠.」[59]

미국이 안전 딜레마 상황에 빠지게 될지 여부는 좌파 진영 ─ 진보주의자, 소수자, 도시인 ─ 또한 스스로 무장을 갖추어야 한다고 판단할지 여부에 달려 있다. 이미 이런 상황이 벌어지기 시작했음을 보여 주는 증거가 몇 가지 있다. 파시즘과 민족주의, 인종주의에 반대한다고 주장하는 〈안티파antifa〉, 즉 좌파 활동가들의 느슨한 연합이 지난 몇 년간 점점 활동을 늘리고 있다. 가령 2017년 봄에 안티파는 캘리포니아의 대안 우파 시위대에 망치와 파이프, 자작 폭탄을 던졌다. 2년 뒤에 경찰은 안티파 성원 한 명이 워싱턴의 연방 이민 관세청 시설에 있는 프로판가스 탱크를 폭발시키려던 찰나에 그를 살해했다.

광범위한 좌파 운동이 점차 몸집을 불리는 것으로 보인다. 2019년에 발생된 테러 사건 중에는 8퍼센트만이 좌파 단체의 소행이었는데, 2020년에는 그 비중이 20퍼센트로 늘어났다.[60] 사회주의 총기 협회Socialist Rifle Association ─ 〈노동 계급 대중에게 자신과 공동체를 방어하기 위해 효과적으로 무장하는 데 필요한 정보를 제공〉하는 단체[61] ─ 나, 흑인 지역 사회에서 자체 치안과 총기 훈련을 지원하는 흑인 민족주의 민병대인 낫 퍼킹 어라운드 연맹Not Fucking Around Coalition[62] 같은 무장 단체가 속속 등장하고 있다. 브리오나 테일러Breonna Taylor가 경찰에 살해된 켄터키주 루이빌과 미국 최대의 남부 연합 기념물에 항의하는 조지아주 스톤마운틴이 대표적인 곳이다. 〈우리 지역 사회를 조직적으로 방어하기 위한〉 레드넥 리볼트*는 2009년에 창설되었다가 2016년 여름에 재결성되었다.[63] 그 성원들은 소수 인종을 보호하기 위한 시위와 총기 박람회, 벼룩시장, 주 박람회, 나스카 경주 등에 나타나서 백인 우월주의 단체의 성원 모집에 대항하고 있다.

하지만 좌파 단체들이 스스로 무장한다 하더라도 최후의 충돌을 부추기는 것은 그들이 아니다. 대개 소수 종족인 그 성원들은 역사적으로 억압을 경험했으며 또한 흑인 민병대는 백인 민병대처럼 쉽게 용인되지 않았기 때문이다. 소규모 단체들의 느슨한 연합인 좌파 운동은 또한 한결 다양해서 아나키스트와 급진 환경주의자, 동물권 활동가에서부터 세계화 반대론자, 반자본주의자,

---

* Redneck Revolt. 〈redneck〉은 원래 땡볕에서 일하느라 목이 빨갛게 탄 미국 남부 농촌의 백인 노동자를 지칭하는 표현이다. 교육 수준과 경제적 지위가 낮고 정치적으로 보수적인 시골 백인 하층민을 가리키는 일종의 멸칭이다.

총기 권리 옹호자까지 모두 모여 있기 때문에, 서로 협력하고 조정하기가 훨씬 어렵다. 하지만 무엇보다도 좌파 단체들은 변화하는 세계에서 잃을 것이 별로 없고 또한 폭력을 통해 얻을 것도 별로 없다. 민주당을 지지하는 소수자 동맹과 그들을 위해 싸우려는 극단주의자들은 시간이 자신들의 편이라는 점을 안다. 체제가 크게 불리하게 조작되지 않는 한 그들이 미래의 다수가 된다.

그렇지만 우파 극단주의자들은 힘을 과시하는 좌파 급진주의자들의 유령을 계속 들먹이면서 공포를 부추기고, 결국에는 자신들의 폭력을 정당화할 것이다. 그들은 이 유령을 증거로 들이대면서 자신들의 운동에 대한 지지를 한층 확보할 것이다. 트럼프는 이미 국가 안보 팀을 내세워 안티파가 주요한 국내 테러 위협 세력이라고 주장하면서 좌파 단체들을 근절하기 위해 자원을 쏟아붓는 한편 극우파 단체는 무시하는 식으로 선례를 만들었다. 좌파가 폭력을 일삼고 테러리스트가 득실거린다는 이야기는 공포를 불러일으키는 데 유용한 서사다. 공동의 적을 만들어 내면서 자위라는 사고를 뒷받침하기 때문이다.

한 나라에서 폭력적인 종족 청소가 일어나는 데 굳이 인구의 대다수가 관여할 필요는 없다. 소수의 중무장한 시민들만 있어도 — 법 집행 기관과 군대의 도움이 결합되면 — 9단계 〈절멸 extermination〉로 충분히 나아갈 수 있다. 다트머스 대학교의 벤저민 발렌티노Benjamin Valentino는 놀랄 정도로 소수의 사람만으로도 대규모 제노사이드를 저지르는 데 필요한 조직과 동원을 감당할 수 있음을 발견했다.[64] 나머지 대다수는 수동적이기만 하면 되는데, 협박을 통해 쉽게 그렇게 만들 수 있다. 가령 보스니아 비셰그라드에서 벌어진 폭력 사태는 밀란 루키치Milan Lukić — 한 사람 — 와 그의 형제와 사촌을 포함한 잘 무장한 동료 열다섯 명의 소행이었다. 대다수 시민은 싸움에 가담하지 않았다.

미국은 제노사이드를 눈앞에 두고 있지 않다. 하지만 민병대들이 급속하게 팽창하고, 폭력 사업가들이 시민들을 자위가 필요하다고 아우성치게 만들 수 있다면, 7단계가 눈앞에 펼쳐질 수 있다. 민병대들이 더욱 뻔뻔해지고 불안감이 높아지면 미국의 우파 테러리즘이 더욱 직접적인 목표를 달성할 수 있다. 나라 전체를 기꺼이 권위주의로 몰아갈 수 있는 것이다. 지속적으로 테러 공세를 벌이면 대체로 시민들은 이데올로기적으로 오른쪽으로 이동하면서 법질서를 내세우는 후보를 선호하게 된다. 그러면 한층 더 보수적인 정치인들이 집권하는 결과로 이어진다. 2차 인티파다 시기에 이스라엘에서 바로 이런 일이 벌어졌다. 테러 때문에 이스라엘 대중이 오른쪽으로 이동하면서 극우파의 안보 의제를 지지한 것이다.[65] 9·11 테러 이후 미국에서도 비슷한 상황이 펼쳐졌다. 방대한 연구에서 밝혀진 것처럼, 9·11 테러는 비록 외국 테러리스트들의 소행이었지만, 이를 계기로 시민들은 더욱 적극적으로 정치에 참여하고 군대에 관여하며 무당파에서 공화당으로 지지 정당을 바꾸게 되었다.[66]

미국인들이 실제로 더 권위주의적인 정부를 지지할 것임을 보여 주는 증거가 있다. 민주주의를 부정적으로 생각하는 사람의 비율이 1995년 9퍼센트에서 현재 14퍼센트로 높아졌다는 사실이다.[67] 한편 예일 대학교의 두 정치학자가 최근의 연구에서 발견한 바에 따르면, 미국인의 3.5퍼센트 — 공화당 지지자든 민주당 지지자든 — 만이 자신이 선호하는 후보가 투표소를 폐쇄하자는 등의 반민주적인 발언을 한다면 그에게 표를 주지 않겠다고 말했다.[68] 정부에 대한 신뢰도도 급락하고 있다. 1964년부터 2019년까지 워싱턴 정치인들이 〈옳은 일을 한다〉고 신뢰하는 국민의 비율은 77퍼센트에서 17퍼센트로 폭락했다.[69] 미국인들은 또한 서로에 대한 믿음도 상실하는 중이다. 유권자들이 올바른 정치적 결정을 한다고 믿지 않는 미국인의 비율은 1997년 35퍼센트에서 현재 59퍼센트로 늘어났다.[70] 한층 더 심각한 점은 〈군부의 통치〉를 좋다고 여기는 이들도 1995년 겨우 7퍼센트에서 현재 18퍼센트로 늘어났다는 것이다.[71]

미국은 현대의 첫 번째 독재적 대통령이 똑똑하지도 않고 정치적 경험도 미숙하다는 점에서 운이 좋았다. 다른 야심적이고 유능한 공화당원들 — 톰 코튼Tom Cotton, 조시 홀리Josh Hawley — 이 이를 주목하면서 그보다 더 낫게 행동하려 할 것이다. 그들은 8천 8백만 명의 열정적인 트럼프 추종자를 끌어안으려 할 것이다. 공화당이 이 유권자들의 뜻에 따른다는 사실을 알기 때문이다. 또는 새로운 정치인들이 부상해서 나름의 새로운 규칙을 내세워 움직일 수도 있다. 이 지도자들은 얼마나 멀리까지 갈까? 우리는 그들이 얼마나 멀리까지 가게 내버려둘까?

8
내전을 예방하기

내가 대학생이던 1980년대 중반에 어느 수업에서 세계에서 내전이 일어날 가능성이 가장 높은 국가가 어디인지에 대한 질문을 받았다. 머뭇거릴 필요도 없이 우리는 답을 정확히 알았다. 남아프리카 공화국이었다.[1] 다수를 차지하는 흑인들이 각종 제한에 반발하고, 소수이지만 지배층인 백인들이 폭력적으로 대응하는 가운데 정부가 정한 종족 집단 — 백인, 흑인, 혼혈인 — 사이에 분리를 강제하는 이 나라의 아파르트헤이트 체제가 점점 압박을 받고 있었다. 앞서 1976년 정부는 흑인 학생 군중에 발포해서 최소한 176명을 살해했다. 국제적 분노를 불러일으킨 사건이었다. 하지만 아파르트헤이트 체제는 개혁에 나서기는커녕 흑인 시민들을 겨냥한 〈전면적 강공〉 정책을 추구하면서 1985년에 비상사태를 선포했다. 경찰이 시민을 무차별적으로 체포하고 살해, 고문까지 했다.

남아프리카 공화국은 내전과 관련된 온갖 위험 요인을 갖춘 상태였다. 이 나라는 1988년에 아노크라시였고 수십 년간 정치체 점수가 +4점에 머물렀다. 인종을 바탕으로 국민을 권력에서 배제하는 소수 정부가 존재했고, 백인 시민들은 국가의 정당한 상속자임을 자처했다. 그들은 다수결 원칙을 일부라도 받아들이는 순간 자신들이 정치적 지위를 상실할 것임을 알았다. 남아프리카 공화국 바로 북쪽에 있는 로디지아도 과거에 비슷한 상황이었는데, 이미 잔인한 내전이 벌어진 바 있었다.

하지만 이후 어떤 일이 벌어져서 남아프리카 공화국은 내전 직전에 멈춰 설 수 있었다. 1986년 아파르트헤이트 정부가 억압을 확대하는 데 대응해서 가장 중요한 무역 파트너들 — 미국, 유럽 공동체, 일본 — 이 경제 제재를 부과한 것이다. 남아프리카 공화국은 이미 경제 불황을 겪고 있었는데, 1989년 비타협적인 P. W. 보타P. W. Botha의 후임으로 대통령이 된 F. W. 데클레르크F. W. de Klerk는 중요한 계산을 했다. 국가의 생존에 초점을 맞추기로 한 것이다. 집권당인 국민당 소속이긴 했지만 데클레르크는 실용주의자이기도 했다. 경제가 붕괴하면 백인이 쌓아 둔 부도 붕괴할 터였다. 남아프리카 공화국 인구의 4분의 3이 흑인이었다. 백인 통치를 계속 고집하면 내전이 벌어질 것이 분명했는데, 백인이 승리할 수 없는 전쟁이었다. 데클레르크는 내전 대신 아프리카 민족 회의African National Congress를 비롯한 흑인 해방 정당에 대해 29년간 이어진 금지를 철폐하고, 언론의 자유를 복원했으며, 아프리카 민족 회의의 지도자 넬슨 만델라Nelson Mandela를 포함한 정치범을 석방했다.

1989년 남아프리카 공화국은 오늘날의 미국보다 내전에 더 가까운 상태였다. 백인이 흑인을 억누르기 위해 만든 아파르트헤이트 국가는 1965년까지 미국에 존재한 유사 아파르트헤이트 국가보다 훨씬 더 억압적이었다. 남아프리카 공화국 흑인이 백인과 결혼하거나, 백인 구역에 사업체를 설립하거나, 〈백인 전용〉 표기가 된 해변이나 병원, 공원에 가는 행위는 불법이었다. 남아프리카 공화국의 아노크라시 역사도 현대 미국보다 훨씬 길어서 수십 년간 지속되었다. 미국은 중간 구간에 잠깐 머물렀을 뿐이다. 남아프리카 공화국에는 또한 스스로 〈토박이〉라고 생각하는 주요 집단이 두 개 있었다. 흑인과 백인 모두 이 땅에 대한 역사적 권리를 주장했다. 미국에서는 한 집단만이 그런 주장을 한다(주변으로 밀려나고 상대적으로 인구도 적은 원주민은 예외다). 1980년대 후반 남아프리카 공화국에서 유혈 충돌이 벌어질 위험에 비하면 오늘날 미국의 위험성은 크지 않은데, 그래도 어쨌든 남아프리카 공화국은 전쟁을 피했다.

남아프리카 공화국의 사례를 보면 지도자 ─ 기업 지도자, 정치 지도자, 반대파 지도자 ─ 의 힘이 떠오른다. 지도자는 위험에 직면해서 타협을 할 수 있고, 또는 싸움을 선택할 수 있다. 보타는 싸움을 택했다. 데클레르크와 만델라는 협력하는 쪽을 택했다. 만델라를 비롯한 흑인 지도자들은 백인들이 상당한 정치적, 경제적 권력을 계속 유지하게 해주는 조건을 거부할 수도 있었다. 데클레르크는 흑인에게 완전한 시민권과 과반수의 정부 장악을 부여하는 것을 거부할 수 있었다. 보타는 데클레르크처럼 하려고 하지 않았다. 시리아의 알아사드 대통령도 마찬가지다. 알아사드는 완고하게 버티면 막대한 대가가 따르는데도 다수인 수니파와 타협하지 않는 쪽을 택했다. 얼스터 개신교인들도 아일랜드 가톨릭교인들과 타협하지 않았다. 알말리키는 이라크의 수니파와 타협하지 않았다. 원래 무력 저항에 찬성했던 만델라는 종족적 폭력을 옹호할 수 있었다. 또는 종족 사업가가 되어 내전을 통해 남아프리카 공화국을 완전히 장악하기 위해 흑인 동포들의 분노와 원한을 활용할 수도 있었다. 하지만 그 대신 치유와 통합, 평화를 설파했다. 남아프리카 공화국이 더 많은 충돌과 유혈 사태를 겪지 않게 만든 것은 책임을 맡은 지도자들이었다.

1993년 데클레르크와 만델라는 노벨 평화상을 공동 수상했다. 비판자들은 데클레르크가 상을 받을 자격이 없다고 주장했다. 그 자신이 수십 년간 남아프리카 공화국의 흑인을 억압한 체제의 일부였으며 단지 생존을 위해 타협을 했다는 이유에서였다. 그들은 나라를 구한 사람은 만델라라고 주장한다. 하지만 이런 주장은 절반의 진실일 뿐이다. 만델라가 도덕적으로 우위에 서 있었던 것은 분명하다. 감옥에서 27년을 갇혀 산 지도자라면 대부분 복수를 원했을 것이며, 특히 인구 구성상 그렇게 압도적으로 우위에 있을 때는 더욱 그러했을 것이다. 하지만 데클레르크의 행동도 그만큼 중요했다. 만약 남아프리카 공화국의 새 지도자가 1990년에 교섭을 거부했더라면, 즉 중대한 정치 개혁에 동의하지 않았더라면, 결국 만델라의 동참 여부와 상관없이 흑인들이 반란을 일으켰을 것이다. 2011년 시리아에서 알아사드가 자국민들에게 폭격을 퍼붓기 시작했을 때 바로 이런 일이 벌어졌다. 1960년대 말과 1970년대 초에 영국 정부가 북아일랜드에 중재단 대신 군대를 보냈을 때에도 이런 일이 벌어졌다. 데클레르크는 다른 결정을 내렸다.

폭력은 대개 불의와 불평등, 불안정 등의 인식 — 그리고 현 체제에서는 이런 불만과 공포를 해결하지 못할 것이라는 인식 —

에서 생겨난다. 하지만 체제는 변화할 수 있다. 누구도 남아프리카 공화국 백인들이 자신들의 지배를 공고히 굳히기 위해 고안된 체제를 개혁하리라고 생각하지 않았다. 하지만 지배 체제를 유지하는 비용이 너무 높아지고 제재로 타격을 받는 기업 지도자들이 개혁을 주장하자, 그들은 그 체제를 해체했다. 남아프리카 공화국이 개혁을 할 수 있었다면 미국도 할 수 있다.

나는 지난 반세기 동안 전문가들이 수집한 모든 사실과 수치를 취합해서 미국에 정확히 어떤 일이 일어날지 독자 여러분에게 말해 주고 싶다. 하지만 아무리 최상의 데이터를 모은다 해도 미래를 예측하지는 못한다. 우리가 할 수 있는 일은 동료 시민들과 함께 긍정적이고 평화적인 방식으로 미래를 만들어 나가는 것이다. 정치학자들은 수십 년간 내전의 배후에 놓인 힘과 테러리즘의 동학을 연구하고 있다. 이런 통찰을 활용해서 전쟁을 예상할 뿐만 아니라 저지할 수도 있다. 우리는 민주주의가 쇠퇴하는 이유를 안다. 파벌이 등장하는 이유와 파벌이 번성하는 조건도 안다. 조기 경보 신호와 폭력적인 극단주의자들이 구사하는 전술도 안다. 프라우드 보이스 같은 단체에게는 작전 책자가 있다. 하지만 우리 미국 국민들이 우리의 미래를 개척하기로 선택하지 못할 이유는 없다. 우리에게도 작전 책자가 있다.

내전은 흔한 일이 아니지만[2] — 전쟁의 조건을 충족하는 나라가 실제로 무력 충돌로 치닫는 경우는 4퍼센트도 되지 않는다 — 일단 내전이 일어나면 반복되는 경향이 있다.[3] 1945년에서 1996년 사이에 벌어진 내전의 3분의 1 이상이 2차 내전으로 이어졌다.

2003년 이래 리비아와 시리아에서 벌어진 충돌을 예외로 하면, 모든 내전이 2차 내전이었다. 첫 번째 내전이 되풀이된 것이다. 이런 운동 — 또는 현대의 화신 — 의 지도자들은 지하로 숨거나 사라져서 불만이 다시 점화되거나 정부가 다시 한번 약해지는 순간을 기다릴 것이다. 그러고는 새로운 운동을 건설하기 시작할 것이다. 초기의 지도자들과 병사들이 오래전에 죽었더라도, 예전의 단층선이 고쳐지지 않았으며 신화와 이야기가 계속 이어진다. 종족 집단, 특히 쇠퇴하는 집단은 흔히 2차 내전을 벌인다. 원래의 불만을 부추긴 조건들이 시정되지 않거나 악화되었기 때문이다. 다음 세대의 투사들은 상실을 끌어안고 살았고 자기 종족의 지위가 더욱 격하되는 모습을 목격했다. 그들은 마땅히 자기들 것이라고 믿는 것을 되찾겠다는 결의가 강하다. 크로아티아인과 세르비아인은 역사를 통틀어 여러 차례 싸워 왔다. 이라크의 수니파와 시아파도 마찬가지다. 그리고 모로족과 필리핀 정부의 전쟁은 다양한 집단이 사라지고 새로운 형태로 다시 등장하면서 여러 차례 되풀이되었다. 에티오피아와 미얀마, 인도는 수차례 내전을 겪었다. 전문가들은 이를 〈충돌의 덫conflict trap〉이라고 부르는데, 전투원들에게는 물론 좋지 않은 일이지만 외부의 관찰자들에게는 좋은 일이다.[4] 중국과 미국같이 한 차례의 내전만 경험한 나라들은 다른 나라의 실수를 보면서 교훈을 배울 수 있다.

2014년 나는 세계은행의 의뢰를 받아 충돌의 덫을 연구했다. 1945년에서 2009년까지 벌어진 모든 내전을 살펴본 결과, 내가 발견한 내용은 다음과 같다. 2차 내전을 피할 수 있었던 대다수 나라는 하나같이 거버넌스의 질을 강화할 만한 능력이 있었다.[5]

그 나라들은 민주주의에 집중하면서 정치체 점수를 높였다. 모잠비크는 1992년 내전이 끝난 뒤 일당 통치에서 다당제 선거로 옮겨 가면서 이런 노력을 기울였다. 라이베리아는 2003년에 내전이 끝난 직후 대통령 권력에 대한 제도적 제약을 늘리고 사법부의 독립을 한층 확대했다. 투명하고 참여적인 정치적 환경을 조성하고 행정부의 권력을 제한한 나라들은 상대적으로 폭력 사태를 되풀이하는 상황을 피할 수 있었다.

한 나라의 거버넌스의 질을 개선하는 것이 경제 개선보다 더욱 중요했다. 세계은행이 의뢰한 또 다른 대규모 연구에서 피어런은 경제 문제를 검토했다. 부유한 나라가 경제 번영에 걸맞게 전문가들이 기대하는 수준에 비해 정부가 좋지 않으면, 〈이후 시기에 내전이 발발할 위험성이 크게 증가했다〉.[6] 따라서 미국 같은 부유한 나라의 정부가 무능하고 부패하게 되면 설령 1인당 소득이 바뀌지 않더라도 내전을 경험할 가능성이 높아진다.[7]

이 연구가 나오기 전까지, 우리는 아노크라시 때문에 한 나라가 내전의 위험성이 높아진다는 것을 알았지만 정확히 왜 그렇게 되는지는 알지 못했다. 아노크라시를 특히 취약하게 만드는 문제는 무엇일까? 달리 말하자면, 민주주의의 어떤 특징이 더 중요하거나 덜 중요할까? 피어런은 〈좋은 일은 대개 동반하는 경향이 있지만〉 세 가지 특징이 두드러진다는 사실을 발견했다.[8] 법치(법적 절차의 평등하고 공정한 적용), 발언권과 책임성(시민들이 정부를 선택하는 데 참여할 수 있는 정도, 그리고 표현의 자유, 결사의 자유, 언론의 자유), 유능한 정부(공공 서비스의 질과 행정 조직의 질과 독립성)가 그것이다. 이 세 가지 특징은 정부가 국민을 위해 일하는 정도와 정치 제도가 탄탄하고 정당성과 책임성이 있는 정도를 반영한다. 거버넌스가 개선되면 이후에 전쟁이 벌어질 위험성이 줄어든다.

정치체 점수에 따르면 2016년 이래, 브이뎀에 따르면 2015년 이래 미국은 거버넌스의 질이 꾸준히 쇠퇴했다. 자유로운 선거는 민주주의에서 책임성을 보장하는 중심적 기제이지만, 다른 많은 나라와 달리 미국은 독립적이고 중앙 집중화된 선거 관리 체계를 갖고 있지 못하다. 선거 전문가이자 하버드 대학교의 선거 적정성 프로젝트Electoral Integrity Project 창립 책임자인 정치학자 피파 노리스Pippa Norris에 따르면, 새롭게 민주주의로 이행하는 거의 모든 나라는 선거의 적정성*을 보호하기 위해 중앙의 독립적인 선거 관리 체계를 만든다.[9] 이는 선거 과정에 대한 신뢰를 구축하는 데 상당한 도움이 된다. 우루과이, 코스타리카, 한국은 모두 민주주의를 처음 만들면서 이런 체계를 만들었다. 오스트레일리아, 캐나다, 인도, 나이지리아 등 국토가 넓은 연방 민주주의 국가들 또한 이런 식으로 선거를 관리하고 있다. 캐나다의 선거 체계는 캐나다 선관위가 운영하며, 모든 투표자는 거주지와 상관없이 똑같은 절차를 따른다.[10]

독립적이고 중앙 집중화된 선거 관리 체계는 당파적 정치에 영향받지 않고, 투표지의 디자인과 인쇄, 투표 결과의 정확하고 안전한 집계를 위한 표준적 절차를 마련한다.[11] 이 체계가 세워지면 정치화된 법원이 관여하지 않고서 법적 분쟁을 다룰 수 있다. 2019년의 한 보고서에서 선거 적정성 프로젝트는 각국의 선거법

* 선거를 적절하게 치르기 위한 규범과 규칙을 준수하는 것을 가리킨다.

과 선거 절차를 검토하면서 2012년부터 2018년까지 미국에서 치러진 선거의 질이 〈다른 어떤 오랜 역사의 민주주의와 부유한 사회보다도 낮다〉는 사실을 발견했다.[12] 미국은 멕시코, 파나마와 같은 점수를 받았는데, 코스타리카, 우루과이, 칠레보다 한참 낮은 점수였다. 바로 이런 이유로 미국에서 선거 부정에 관한 주장을 퍼뜨리기가 쉽고, 미국인들이 선거 결과에 의문을 제기하는 것이다.

또한 공화당이 소수자들에게 불리하게 거듭 부정한 방법을 쓰는 탓에 투표할 권리가 점점 정치 문제가 되고 있다. 투표권법을 강화하면 투표 억제를 근절하고 선거 체계에 대한 신뢰를 높이는 데 유용할 것이다. 또 다른 중요한 개혁은 〈자동 유권자 등록 automatic voter registration〉이다. 운전면허를 관리하는 차량 관리국을 이용하는 사람은 자신이 예외를 선택하지 않는 한 누구나 자동적으로 유권자로 등록되도록 만드는 제도다. 자동 유권자 등록을 이미 도입한 캘리포니아주, 오리건주, 워싱턴주 등에서는 이 조치 덕분에 투표 참여자 수가 크게 늘었다.[13] 정부를 더욱 참여적으로 만들고, 결과적으로 민주적으로 만드는 가장 쉬운 방법이다. 이런 조치들은 극우파를 달래지는 못하지만(백인 기독교 국가라는 그들의 전망은 소수자들의 투표권을 박탈하는 데 달려 있다), 체제 전반을 강화하면 중도 미국인들의 지지를 확보하고 지도자들의 정당성에 대한 그들의 신뢰를 높일 수 있을 것이다.

미국은 또한 세계적으로 민주주의가 후퇴하는 가운데 민주주의를 소생시키는 작은 물결에서 영감을 얻을 수 있다. 캐나다와 스칸디나비아가 그 물결에 앞장서는 중이다. 캐나다는 2015년

중도 좌파 자유당이 과반수 득표를 한 뒤 투표권을 다시 확인하는
데 초점을 맞추었다.[14] 2018년 선거 현대화법으로 투표자 신원
확인 요건이 폐지되고, 정당과 무소속 후보의 선거 운동 지출과
기부금이 제한되고, 해외 거주 캐나다인 —5년 이상 해외에 거주
한 이들과 귀국 계획이 없는 캐나다인까지 — 을 전부 포함하도록
투표권이 확대되고, 투표자 프라이버시 보호가 개선되고, 캐나다
선거 관리 위원회 위원의 수사권이 확대되고, 외국인 기부가 금지
되었으며, 구글이나 페이스북 같은 온라인 플랫폼이 〈디지털 정
치 광고 명부를 작성〉하도록 해서 누가 선거에 영향을 미치려 하
는지 시민들이 알 수 있게 되었다.[15] 2020년 캐나다는 프리덤 하
우스 보고서에서 자유와 민주주의 영역에서 최고점을 받았다.

　미국에서는 게리맨더링 —한쪽 당에 유리하게 의원 선거구
를 조정하는 관행 — 때문에 극단적인 후보들이 전면에 나서는 경
향이 있다. 이런 선거구에서 예비 선거를 통과하려면 더 극단적인
유권자들에게 호소해야 하기 때문이다. 극단적 유권자일수록 선
거 결과에 열정적이어서 선거 참여율이 높다. 연방 의원들 —미
국의 데클레르크들 — 만이 이 제도를 개혁할 권한이 있다. 이런
제도를 개혁하면 양당 모두에서 극단주의 유권자의 영향이 약해
지고 초당파 정치의 잠재력이 크게 강화될 것이다.

　미국 정부는 또한 선거인단 제도를 재검토함으로써 초당파
정치를 강화할 수 있게, 그리고 충돌을 피하게 만들 수 있다. 선거
인단 제도 자체가 일종의 정치적 게리맨더링이기 때문이다. 미
국식 제도는 상원에서 소규모 주에 어울리지 않는 권력을 부여
함으로써 도시와 농촌의 분리를 악화하도록 구조화되어 있다.

2000년 이래, 두 대통령이 일반 투표에서 지고도 선거인단 투표에서 승리해서 당선되었다. 일반 투표 결과로 대통령 당선자를 결정하는 제도로 바꾸면 이런 일이 방지될 테고, 또한 인종 구분선을 가로질러 지지를 얻지 못하면 선거 승리는 사실상 불가능할 것이다. 미국에서 파괴적인 종족 파벌을 약화시키고 싶다면, 농촌 백인의 표를 특별 대우를 하는 대신 시민 한 명 한 명의 투표를 똑같이 중요하게 만들면 된다.

하지만 이런 식의 개혁이 이루어질 가능성은 희박하다. 헌법 수정을 통해 선거인단을 없애려면 압도적 다수의 지지가 필요한데, 사실상 이를 달성하기는 어렵다. 현 제도를 포기하면 공화당이 불리해질 것이기 때문이다. 하지만 하원은 미국인들이 민주주의에 대한 신뢰를 상실하게 만드는 또 다른 요인을 해결할 수 있다. 정부가 유권자보다 특수 이익 집단을 위해 일한다는 사고가 그것이다. 2010년 대법원의 〈시민 연합 대 연방 선거 관리 위원회〉 사건 판결 덕분에 개인 기부자들은 나라 전체의 최선의 이익을 위해서가 아니라 자신과 같은 편인 후보에 유리하게 정치적 저울을 기울이기 위해 무제한적인 돈을 기부할 수 있다. 수상쩍은 선거 운동을 띄우기 위해 수십억 달러를 기부하는 소수의 개인들은 또한 일반 미국 시민보다 이데올로기적으로 훨씬 극단적인 경향이 있다. 이를 방지하기 위해 연방 정부는 캐나다를 비롯한 다른 나라들처럼, 후보자와 공직자가 정치 자금을 무한정 모금할 수 있는 구멍을 막고 선거 비용 규칙을 다시 도입해야 한다.

선거와 관련된 이 모든 문제는 정부의 정당성에 손상을 가하고 미국의 민주주의를 약화시키며 거버넌스를 저하시킨다. 또한 나라를 다시 아노크라시 구간으로 이동시킬 수 있다. 오늘날 미국인들은 정부를 믿지 않는다. 그들은 당연하게도 자신들의 민주적 제도가 국민을 위해 봉사하지 않는다고 믿는다. 해법은 민주주의를 포기하는 것이 아니라 개선하는 데 있다. 미국은 정부의 투명성과 유권자에 대한 책임성을 강화하고, 모든 시민에게 공평하고 포용적이게 만드는 방향으로 정부를 개혁해야 한다. 점점 더 협소해지는 시민 집단과 기업의 이해에 봉사하도록 제도를 조작하는 것이 아니라 방침을 바꾸어야 한다. 다시 말해 시민들의 목소리를 증폭시키고, 정부의 책임성을 높이며, 공공 서비스를 개선하고, 부패를 근절해야 한다. 모든 미국인이 쉽게 투표를 할 수 있고, 모든 표가 유의미하며, 이 표들이 워싱턴에서 어떤 정책을 실행하는지에 영향을 미치도록 보장해야 한다. 정부가 로비스트나 억만장자, 점점 줄어드는 농촌 유권자 집단이 아니라 일반 시민을 위해 일한다는 점이 분명해질 때에만 미국인들은 정부를 다시 신뢰하게 될 것이다.

미국인들은 민주주의에서 권력을 움직이는 핵심적인 손잡이가 무엇인지, 그리고 그것을 어떻게 조작하는지를 배워야 한다. 지역 사회 조직가 에릭 리우Eric Liu에 따르면, 〈너무 많은 사람이 권력에 관해 대단히 — 그리고 의도적으로 — 몽매하다. 권력이 무엇인지, 어떤 형태를 띠는지, 누구에게 권력이 있고 누구에게 없는지, 왜 그런지, 권력이 어떻게 행사되는지를 알지 못하는 것이다〉.[16] 그리고 만약 미국인들이 미국 정치에서 권력이 어떻게 작동하는지를 계속 알지 못한다면, 사악한 목적을 추구하는 사람들이 끼어들어서 그들로부터 권력을 앗아 간다. 애넌버그 공공

정책 센터Annenberg Public Policy Center가 주도한 2016년의 조사에 따르면, 미국인 4명 중 1명이 국가의 통치권을 구성하는 삼부의 이름을 대지 못했다.[17] 수십 년간 쇠퇴한 시민 교육을 다시 도입해야 하는 이유가 여기에 있다. 미국의 젊은이들은 시민 교육을 통해 우리의 민주주의가 어떻게 작동하는지, 그리고 민주주의를 유지하는 데 필요한 가치와 습관, 규범이 무엇인지를 배운다. 민주당과 공화당을 막론하고 전 교육부 장관 여섯 명이 최근에 〈미국 민주주의 교육을 위한 로드 맵〉이라는 프로젝트를 통해 시민 교육을 혁신하자는 주장을 내놓았다.[18] 그들은 미국이 역사와 시민 교육에 비해 과학·기술·공학·수학 융합 교육(STEM)에 학생 1명당 1천 배 이상 비용을 쏟아붓는다고 지적했다.[19] 로드 맵은 〈시민적 불화*와 성찰적 애국심을 배양한다〉. 우리의 민주적 제도가 너무도 취약하고 불안정한 오늘날 시급한 과제다. 21세기의 시민 교육 교과 과정은 엘리트들의 권력을 상쇄하는 탄탄한 유권자층을 창출할 뿐만 아니라 체제에 대한 신뢰와 믿음도 확대하는 결과를 낳을 것이다. 리우에 따르면, 〈우리의 민주주의는 우리 대다수가 민주주의가 작동한다는 것을 믿을 때에만 작동한다〉.[20]

대다수 사람은 폭력이 일상생활의 두드러진 특징이 되기 전까지 자신들이 내전으로 치닫고 있다는 사실을 깨닫지 못한다. 바그다드의 누르, 사라예보의 베리나와 다리스, 우크라이나의 미나코프와 멜니크 등은 모두 너무 늦게야 전쟁이 다가오고 있음을 깨달았

* civil disagreement. 의견 불일치를 시민적 방식으로, 즉 대화와 타협을 통해 조정하고 해결하는 것.

다고 고백한다.[21] 그들이 상황이 바뀌었음을 파악할 때쯤이면 이미 민병대들이 거리에서 활동하고 극단주의 지도자들이 전쟁을 갈망하고 있었다.

물론 이 지도자들은 일반 시민들이 민병대의 활동에 관심을 기울이지 않게 만들려는 이유가 있다. 적어도 처음에는 일상생활을 뒤집어엎는 것이 아니라 점진적으로 개조하는 식으로 활동한다. 반발이나 대책이 나타나는 것을 피하기 위해 원대한 목적을 감춘다. 역사적으로도 이런 양상이 일반적이다. 1951년 독일을 방문한 미국 언론인 밀턴 메이어Milton Mayer는 일반 시민들에게 히틀러가 집권하기 전의 일상생활에 대해 물었다. 빵집 주인인 남자는 흔한 대답을 되풀이했다. 「생각할 시간이 없었지요. 워낙 많은 일이 벌어졌거든요.」[22] 어느 문헌학자는 〈농부가 하루하루 곡식이 자라는 걸 눈으로 보지 못하는 것처럼 그런 상황이 전개되는 걸〉 알지 못했다고 설명하면서 이렇게 말했다. 「어느 날 정신 차리고 보니 머리 위에 있더군요.」

우리는 종종 심리적 편향 때문에 내부의 위협을 인식하지 못한다. 극악한 행동에 대해 동료 시민보다는 외부자를 비난하는 것이 훨씬 쉽다. 가령 법 집행관들은 자신들이 잘 알지 못하는 사람들보다는 잘 아는 지역 사회 — 대개 백인 지역 사회 — 에 거주하는 사람들이 제기하는 위험을 애써 축소하려고 한다. 우리가 보통 외국 테러리스트들은 거대한 운동의 일부로 여기는 반면 국내 테러리즘은 고립된 별종으로 간주하는 것도 이상한 일은 아니다. 실제로 캐나다 같은 다른 나라들과 달리, 미국은 국내가 아닌 해외 단체만 테러 조직으로 지정한다.[23] 국내 테러리즘을 범죄로 규정하는 법률은 존재하지 않는다. 따라서 의사당 습격 반란자들을 이런 죄목으로 체포할 수 없었다. 많은 미국인은 우리의 최대 위협이 내부로부터 나온다는 사실을 믿으려 하지 않는다.

지금까지 좌파와 우파 양쪽의 정치인들 또한 정치적인 이유로 미국의 국내 테러 문제를 논의하려 하지 않았다. 극단주의자들의 지지에서 적극적으로 이득을 보거나 그들에게 등을 돌림으로써 생겨날 정치적 대가를 걱정하기 때문이다. 의도적이든 아니든 간에 이런 집단적 맹목으로 인해 우리 미국인은 불안정한 위치에 놓이게 되었다. 우리는 하나의 나라로서 우리 한가운데에 있는 전사들을 무장 해제 하기보다는 알카에다 같은 해외의 적들에 반격할 태세에 집중한다. 실제로는 현재 국내 테러 세력이 더 유독하고 위험한데 말이다. 내전을 피하고자 한다면 외국 전투원들을 색출해서 무력화하는 노력과 똑같은 자원을 투입해서 국내의 자생적 전투원들에게 대응해야 한다.

이미 우리는 뒤처지고 있다. 미국은 우리의 안보 기관에 침투한 극우파를 신속하게 확인하지 못하고 있다. 내전으로 이어지는 과정에서 공통된 위협이 이런 현상인데도 말이다.[24] 국토 안보부는 2009년에 내놓은 보고서에서 〈우파 극단주의〉가 증가하는 추세라고 언급했다.[25] 대릴 존슨Daryl Johnson이 이끄는 보고서 연구팀은 2007년부터 극단주의 웹사이트와 게시판을 샅샅이 조사하다가 눈앞에 드러난 사실에 깜짝 놀랐다. 폭탄 제조법, 무기 사용 훈련, 수백 개의 민병대 모집 홍보 동영상 등을 발견한 것이다. 존슨은 보고서에서 재향 군인들이 특히 민병대 모집 홍보에 취약하다고 지적한다. 2008년 연방 수사국의 평가에 따르면, 군대 경험이 있는 사람들 가운데 9·11 테러 이후 백인 우월주의 단체에 가입한 수가 2백 명이 넘었다.[26] 하지만 보고서는 공화당 의원과 재향 군인 단체에서 격렬한 반응을 불러일으켰고, 국토 안보부는 보고서를 철회하라는 압박을 받았다.

하지만 존슨은 중요한 발견을 한 셈이었다. 군대와 법 집행 기관의 네트워크가 거대하고, 백인 우월주의에 동조하는 세력은 결코 지배적이지 않지만, 그렇다 하더라도 어느 정도 겹치는 부분이 있다. 연방 수사국은 2006년에 공개한 보고서 「법 집행 기관에 침투한 백인 우월주의 세력White Supremacist Infiltration of Law Enforcement」에서 백인 민족주의가 경찰에 미치는 영향을 자세히 기록했다. 〈법 집행 기관 종사자를 확보하는 것은 예나 지금이나, 그리고 앞으로도 백인 우월주의 단체들의 소중한 자산이다. 법 집행 기관이 자신들에게 관심을 기울이고 대응하는 것을 예상해야 하기 때문이다.〉[27] 2015년 나온 후속 보고서에서는 우파 반정부 〈국내 테러리스트들〉이 법 집행 기관 안에 있는 연락책을 활용해서 정보에 접근하고 탐지를 피하는 것을 발견했다.[28]

실제로 군인 출신을 끌어들이면 운동이 강화되는 것으로 보인다.[29] 조지 워싱턴 대학교의 내전 전문가 재닛 루이스Janet Lewis는 우간다에서 성장하고 살아남은 거의 모든 반란 집단은 군인과 경찰 출신을 자신들의 대의로 끌어들였다는 사실을 발견했다. 군인이나 경찰 출신의 사람들은 유능한 병사가 되기 위한 훈련과 경험을 이미 갖추고 있다. 2009년 국토 안보부 보고서 또한 이런 현상을 확인하면서 다음과 같이 결론지었다. 〈미국의 우파 극단주의자들은 귀국하는 참전 군인들의 기술과 지식을 활용하기 위해

그들을 끌어들여 급진화하려 할 것이다.〉[30]

　　오바마가 정부 기관 안팎에서 발생한 국내 테러리즘의 위협에 발 빠르게 대응하지 못했다면, 트럼프는 그런 위협을 그냥 무시했을 뿐이다. 트럼프는 이 위협에 대응하는 대신 이슬람 테러리즘에 공세적으로 초점을 맞추는 9·11 테러 이후의 정부 정책을 계속 이어 나갔다. 국내 테러에 대해 대응을 재촉받자 트럼프는 좌파 투사들을 현실적 위험으로 거듭 묘사했다. 연방 수사국장 크리스토퍼 레이Christopher Wray가 우파 단체들이 제기하는 위협을 부각했는데, 트럼프는 레이를 공개적으로 비판했다. 법 집행 기관이 의사당 습격에 대해 우왕좌왕하며 제대로 처리하지 못하는 가운데 미국에서 극단주의의 진정한 위협 — 그리고 그 범위 — 을 파악하지 못한 광범위한 실책이 만천하에 드러났다. 의사당 습격 사건 이후 레이는 상원 사법 위원회에 출석해서 백인 우월주의자들의 검거 건수가 지난 3년간 세 배 가까이 늘어났다고 말했다. 그러면서 국내 테러리즘이 〈나라 전역에서 퍼져 나가고 있다〉고 경고했다.[31]

　　이런 암세포의 전이를 저지하는 것이 우선 과제가 되어야만 한다. 오클라호마시티 폭탄 공격 이후 민병대가 쇠퇴한 것은 민주당과 공화당 양당 행정부 모두 공세적인 테러 대응 전략을 지지한 덕분이다. 폭탄 공격의 규모가 워낙 컸던 탓에 연방 수사국 내에서 실질적인 변화가 이루어졌다. 1년도 되지 않아 합동 테러 대책반 — 다양한 수준의 여러 법 집행 기관의 전문적 역량에 의지하는 조직 — 의 규모가 두 배 늘어났고, 지방, 연방, 주 경찰관을 대상으로 한 위험물 처리 장비 훈련 프로그램이 늘어났다.[32]

1996년 테러 방지 및 사형 실효성 법안이 통과되어 연방 수사국이 수사관 수백 명을 신규 채용할 수 있었다. 1997년에는 새로 구성된 여러 합동 테러 대책반이 큐 클럭스 클랜을 비롯한 백인 우월주의 단체의 국내 테러 행위를 방지하는 책임을 맡았다.[33] 오클라호마시티 폭탄 공격 이후 연방 수사국은 1천4백 명이 넘는 인원을 동원해서 3톤 분량의 증거를 샅샅이 뒤졌고, 결국 디지털 사진조차 없었던 폭탄 테러범 맥베이를 찾아낼 수 있었다.[34] 메릭 B. 갈런드Merrick B. Garland 법무 차관이 수사 책임을 맡았는데,[35] 바이든 행정부의 신임 법무 장관이 된 그는 의사당 습격 사건 수사도 감독할 것이다. 그리하여 그는 향후 10년간 국내 테러에 대한 미국의 대응 방식을 규정하는 데 일조할 것이다.

미국은 어떤 식으로 대응해야 할까? 만약 테러리스트들의 목표가 무엇인지, 그들이 목표를 어떤 식으로 추구할지 안다면, 세계 각지에서 다른 나라들이 경험한 내용에 의지해서 우리의 대응 전략도 정식화할 수 있다. 극단주의자들이 민주주의를 뒤흔들기 위해 공통의 전술을 구사하는 것처럼, 우리에게도 역시 그들의 시도를 훼손하고 무력화하기 위한 — 현장 실험을 거친 — 방법이 있다.

　반란의 맹아를 무력화하는 최선의 길은 퇴화한 정부를 개혁하는 것이다. 법치를 강화하고, 모든 시민에게 동등한 투표권을 실질적으로 보장하며, 정부 서비스의 질을 개선해야 한다. 데이비드 킬컬런David Kilcullen — 부시 행정부에서 반란 대응 특별 보좌관과 국무부 테러 대응 선임 전략가를 지낸 인물 — 의 말을 빌리자면, 정부가 할 수 있는 가장 중요한 일은 〈극단주의자들이 활용할 수 있는 상황을 낳는 불만을 치유하고 거버넌스 문제를 해결하는 것)이다.[36] 미국이 지금의 진로를 변경하지 않는다면 위험이 점점 엄습할 것이다.

미국의 경우에 연방 정부는 백인, 흑인, 황인을 막론하고 가장 취약한 시민들을 부양하는 노력을 새롭게 해야 한다. 50년간 쇠퇴한 사회 서비스를 다시 개선하고, 인종과 종교의 구분선을 가로질러 사회 안전망과 인적 자본에 투자하고, 양질의 초기 교육, 보편적 보건 의료, 최저 임금 인상 등을 우선 과제로 삼아야 한다. 바로 지금 미국의 많은 노동 계급과 중산층은 〈파국 일보 직전에서〉 살아가고 있으며, 따라서 언제든 민병대의 신입 성원이 될 수 있다. 현실적 정치 개혁과 경제적 안전에 투자하면, 백인 민족주의자들이 동조자를 확보하는 일이 한결 어려워지고 극우 극단주의의 새로운 세대가 등장하는 일이 사라진다.

반란 가능성이 생겨날 때 대부분의 정부가 이런 식, 다시 말해 전쟁을 피하는 데 필요한 개혁을 도입하는 식으로 대응한다. 이런 대응은 대개 효과를 발휘한다. 아일랜드 공화군은 영국에 맞서 능동적으로 소모전을 벌이면서 공정한 대우를 요구했으며, 웨스트민스터 당국이 마침내 개혁에 동의할 때까지 테러 공격을 계속해 나갔다. 미국 정부는 극단주의자들에게 휘둘려서는 안 된다. 백인 종족 국가의 형성은 미국에 재앙이 될 뿐이다. 그들에게 연방 법률을 적용하는 데 주저해서도 안 되지만, 광범위한 시민들에게 영향을 미치는 불만을 시정하면서 수십 년간 쇠퇴한 생활 수준을 향상시키고 사회적 이동성을 높일 수 있다. 새로운 경제적 사고를 위한 연구소Institute for New Economic Thinking 소장 로버트 A. 존슨Robert A. Johnson이 말하는 것처럼, 미국이 〈훨씬 많은 돈과 에너지를 …… 공교육 시스템, 공원과 오락, 예술, 보건 의료에 투입한다면, 사회의 고통을 한결 완화할 수 있다. 지금까지 우리는 이 모든 것을 심각하게 무너뜨렸다〉.[37]

효과성을 입증하려고 노력하는 정부에게는 추가적인 이득이 생긴다. 그런 정부는 극단주의자들이 온건주의자들을 급진화하는 것을 더 어렵게 만들 뿐만 아니라 극단주의자들이 개입해서 국가와 서비스 경쟁을 벌일 수 있는 능력도 약화시킨다. 하마스가 인기를 얻은 이유는 이스라엘 민간인들을 겨냥해 공격을 벌인 사건 때문이 아니라 이스라엘 정부가 방치하고 있는 팔레스타인인인들에게 여러 혜택을 주었기 때문이다. 결국 국민의 지지는 어느 정도 누가 최고의 서비스와 최선의 보호를 제공할 수 있는지에 달려 있다. 가령 오늘날 미국 의원들은 기존의 이민법을 개정해서 시민권 획득 기회를 개방하고 불법 이민자의 수를 줄이는 한편 **모든** 시민 — 백인, 흑인, 황인 — 에게 적정한 주거, 대학 진학 기회, 효과적인 중독 치료를 보장할 수 있다. 정부는 분명 혐오에 대해 무관용 원칙을 취하고 국내 테러리즘을 처벌해야 하지만, 많은 시민이 갖는 정당한 불만을 시정함으로써 극단주의에 대한 지지를 약화시킬 수 있다.

하지만 반란자들의 요구가 민주주의를 위협하면서 정부가 표적 보복을 하는 것 말고 달리 선택의 여지가 없는 시기도 존재한다. 링컨 대통령이 노예제 문제에 대해 남부 연합 주들과 협상을 거부한 일은 올바른 선택이었다. 이런 경우에 정부는 반란자들을 체포, 기소하고 그들의 자산을 압류함으로써 제대로 활동하지 못하게 만들어야 한다. 정부는 또한 이른바 〈지도부 제거〉 전략을 추구해야 한다. 테러 단체의 붕괴를 재촉하기 위해 지도자나 지도 자들을 투옥하는 것이다. 때로는 법률에 의지할 수도 있다. 샬러 츠빌에서 열린 〈우파여 단결하라〉 집회 이후, 조지타운 로스쿨의 한 팀은 〈승인받지 않은 민병대〉의 회합을 금지하는 낡은 주법을 인용하면서 우파 시위자들을 고소했다.[38] 이 집회에 참가한 대다 수 단체는 현재 2인 이상의 무장 집단을 이루어 다시 샬러츠빌에 가는 것이 금지된 상태다.

미국에서 소송이, 특히 큐 클럭스 클랜을 상대로 유용하게 활용된 바 있다.[39] 1980년 큐 클럭스 클랜 소속 3인이 채터누가 의 흑인 동네에서 총기를 난사했다. 기차선로에서 십자가를 불태 우고는 새 사냥용 산탄을 장전한 샷건을 이용해서 두 블록 떨어진 거리에 있던 흑인 여자 네 명에게 부상을 입힌 것이다. 유리 파편 때문에 다섯 번째 피해자가 생겼다. 여자들은 고소를 통해 53만 5천 달러를 배상금으로 받았다. 무엇보다 중요한 점은 판사가 큐 클럭스 클랜을 대상으로 채터누가에서 폭력을 행사하는 것을 금 지하는 내용의 명령서를 발부했다는 사실이다. 이로써 채터누가 의 큐 클럭스 클랜 성원이 명령을 위반하는 경우에 형사 처벌을 피할 수 없게 되었다. 1981년에는 앨라배마주 모빌의 어느 가게 에 들어가려던 19세 소년 마이클 도널드Michael Donald를 아메리카 큐 클럭스 클랜 연합의 성원 두 명이 납치한 사건이 발생했다. 백 인 경찰관에게 총을 쏜 혐의를 받는 흑인 남자가 무죄 방면이 된 것에 대한 보복 행동이었다.[40] 그들은 도널드를 구타하고 칼로 목 을 벤 뒤 목매달아 죽였다. 남부 빈곤 법률 센터Southern Poverty Law

Center는 마이클의 어머니인 뷸라 메이 도널드Beulah Mae Donald를 대신해서 1870년 민권법에 의거해 당시 최대 규모의 큐 클럭스 클랜 단체였던 아메리카 큐 클럭스 클랜 연합을 고소했다. 도널드 여사는 아들을 잃은 데 대한 손해 배상으로 7백만 달러를 받았다. 이로써 아메리카 큐 클럭스 클랜 연합은 파산했고, 도널드 여사는 이 단체의 본부 건물의 소유주가 되었다.

정부는 또한 극단주의자들의 협박 시도를 약화시킬 수 있다. 협박이 통하는 이유는 지역 주민들이 정부가 그들을 돌보거나 폭력에서 지켜 줄 수 있다고 믿지 않기 때문이다. 이 문제를 해결하는 최선의 방법은 정부의 정당성에 대한 신뢰를 다시 확립할 뿐만 아니라 적절한 법 집행과 정의 실현을 보장하는 것이다. 이렇게 하면 정부가 국민들을 보호하고 범죄자들을 추적해서 처벌할 수 있다는 신호를 보내는 셈이다. 또한 시민들이 극단주의자들로부터 보호를 받으려고 애쓰지 않아도 된다. 이런 시도가 대개 온건주의자들이 충성을 전환하는 첫 단계가 되기 때문이다. 네바다주나 오리건주의 농촌 지역에 사는 시민들이 극우파 보안관이 아니라 연방 정부가 책임을 맡는다는 것을 안다면, 쉽게 민병대를 지지하지 않을 것이다. 하지만 역효과를 가져올 가능성도 존재한다. 특히 서부에서는 연방 정부가 자신들의 땅이나 자유를 잠식하는 것을 우려하는 경향이 있기 때문이다. 이 경우에 정부는 그 지역 출신의 연방 요원들을 발탁하거나 지역 시민들이 정당하다고 여기는 지역 군경을 강화할 수 있다. 이로써 정부의 과잉 팽창에 회의적인 지역에서도 정부에 대한 신뢰와 수용을 구축하는 데 크게 기여할 수 있다.

〈더 세게 지르기〉의 경우는 어떨까? 지역 시민들은 안전과 성공을 가져다줄 가능성이 높다고 여기는 집단에 끌리게 마련이다. **만약 당신이 내 가족의 안전을 보장해 주고 내게 좋은 일자리를 준다고 여겨진다면, 나는 당신을 지지할 것이다.** 정부는 불만을 감소시키고, 모든 시민에게 혜택을 주고, 체제 안에서 노력하는 것이 밖으로 뛰쳐나가는 것보다 더 많은 결실을 얻을 수 있다는 분명한 증거를 보여 주는 식으로 극단주의자들의 지지를 약화시킬 것이다. 막대한 부와 제도적 역량을 지닌 미국 정부는 어떤 반란 집단보다도 더 세게 지를 수 있는 능력이 있다. 사람들이 정부가 자기네 편이라고 느낀다면 반란자들이 필요 없다. 기본 서비스를 제공하면 미국이 희망 상실과 정부에 대한 믿음 상실의 악순환에서 빠져나갈 수 있다.[41]

반란자들이 정부와의 타협을 막으려고 하면 어떤 일이 생길까? 온건파 의원들과 시민들은 극단주의자들이 살해 위협 등의 폭력적 위협으로 합의를 좌절시키거나 개혁을 방해할 수 없다고 믿어야 한다. 여기 미국에서 대중적인 합의는 총기 규제 입법이나 이민 개혁의 형태를 띨 가능성이 높은데, 의원들은 이런 조치를 공개적으로 지지할 만큼 안전하다고 느낄 수 있어야 한다. 북아일랜드의 벨파스트 협정이 성공을 거두려면 주민 투표를 통과해야 했는데, 결국 드러난 것처럼 가톨릭과 개신교의 압도적 다수가 합의를 지지했다. 정부는 개혁에 대한 대중적 지지를 홍보하는 한편, 이를 저지하려고 폭력을 위협하거나 폭력에 호소하는 이들을 추적해서 처벌하는 식으로 극단주의자들이 법안을 인질로 잡는 것을 막을 수 있다.

우리는 지금 심각한 당파적 분열의 시대에 살고 있다. 그리하여 우리가 직면한 문제의 근원에 양극화가 있다는 이야기를 흔히 듣는다. 진보주의자들은 더욱 진보적이 되고 보수주의자들은 더욱 보수적으로 바뀌며, 양쪽이 중도에서 만날 가능성은 거의 희박하다. 많은 석학이 주장한 것처럼, 양극화 때문에 미국은 갈가리 쪼개지고 있다.

하지만 정치적 양극화 때문에 내전 발발 가능성이 높아지는 것은 아니다. 내전의 가능성을 높이는 것은 파벌화다. 시민들이 종족이나 종교, 지리적 구분을 바탕으로 집단을 형성하고, 정당들이 약탈적으로 바뀌어 경쟁자를 배제하고 주로 자신과 지지자들에게 유리한 정책을 실행할 때 파벌화가 완성된다. 그리고 소셜 미디어만큼 파벌화를 부추기고 가속화하는 것은 없다. 1월 6일 이후 사람들은 계속 내게 물었다. 〈이제 어떻게 해야 하죠? 치안을 강화해야 하나요? 국내 테러법을 보완해야 할까요? 연방 수사국이 극우파 민병대에 공세적으로 침투해야 하나요?〉 나는 언제나 똑같은 대답을 먼저 내놓았다. 〈소셜 미디어 확성기를 치워 버리고, 협박꾼, 음모론자, 봇, 트롤, 가짜 정보 전파 기계, 혐오 장사꾼, 민주주의의 적들이 떠들어 대는 스피커 소리를 줄이세요.〉 그러면 미국의 집단적 분노가 거의 곧바로 줄어들 것이다. 트럼프가 매일같이 하루에 스무 번씩 모든 미국인에게 트윗을 날리는 행동을 중단할 수밖에 없었을 때 그랬던 것처럼 말이다. 언론인 매슈 이글레시어스Matthew Yglesias가 트위터에서 말한 것처럼, 〈믿을 수 없게도, 트럼프를 플랫폼에서 끌어내린 조치는 가시적인 부작용이 전혀 없이 완벽한 효과를 발휘했다〉.[42] 혐오와 가짜 정보 유포를 억제하면 내전 발발 위험성이 크게 줄어들 것이다.

파벌주의를 움직이는 중심적 힘은 언제나 음모론이었다. 사람들이 행동하도록 선동하기를 바란다면, 〈타자〉를 표적으로 던져 주면 된다. 그들의 집단을 해치기 위해 고안된 배후의 음모를 강조하라. 적이 그들에게 불리하게 나라를 조종하고 있다고 설득하라. 남북 전쟁 이전에 남부의 노예 주인들이 바로 이렇게 행동했다. 그들은 노예제 폐지론자를 사람들의 생활 방식을 해치는 존재론적 위협이라고 묘사했다. 온라인 플랫폼 덕분에 음모론은 더욱 극악하고 강력해지고 있다. 웹사이트 〈인포워스Infowars〉의 존스 같은 오늘날의 음모론자들은 이민자와 유대인을 존재론적 위협으로 묘사한다. 언젠가 볼테르Voltaire가 말한 것처럼, 〈당신으로 하여금 황당한 이야기를 믿게 만들 수 있는 자들은 잔학 행위도 저지르게 만들 수 있다〉.[43]

이런 식의 피해망상은 미국인의 삶의 구조에서 언제나 한 부분을 차지했다. 하지만 트럼프 시대를 거치면서 새로운 음모론이 확고히 자리를 잡았다. 저명한 소아성애자 민주당원들의 비밀 도당(徒黨)이 트럼프를 끌어내리려는 음모를 꾸미고 있다고 주장하는 주변부 운동인 큐어논이 그것이다. 2020년 12월 수행된 여론 조사에 따르면, 미국인의 17퍼센트 — 거의 5명 중 1명 — 가 〈소아성애자 집단을 운영하는 사탄 숭배 엘리트들의 무리가 우리 정치를 장악하려 하고 있다〉는 언명에 동의한다.[44] 어쩌면 한층 더 해롭게도, 큐어논 추종자들은 수백만 명의 다른 트럼프 지지자들과 합세해서 새빨간 거짓말을 퍼뜨리고 있다. 2020년 선거를 도둑맞았고, 민주당이 권력을 지키기 위해 부정행위를 저지를 속셈이라는 것이다. 2021년 1월 6일의 혼돈 이후 몇 주일 동안 페이스북과 유튜브, 트위터는 큐어논에 단호한 조치를 취하면서 이 집단과 관련된 계정과 페이지를 삭제했다.[45]

굳이 이렇게까지 할 필요는 없다. 미국은 소셜 미디어 산업의 탄생지이며, 소셜 미디어에서 퍼져 나가는 정보의 대부분을 관리하는 5대 IT 기업의 본거지다. 미국 정부는 공익을 장려하기 위해 — 공익 설비와 제약 회사에서부터 식품 가공 공장에 이르기까지 — 모든 종류의 산업을 규제한다. 민주주의와 사회적 응집을 위해 소셜 미디어 플랫폼들도 그 명단에 추가해야 한다. 그런 규제는 전 세계에 영향을 미칠 것이다. 실제로 샬러츠빌을 비롯한 여러 곳에서 벌어진 사태는 세계 곳곳의 극우 운동에 영감을 주었다. 의사당 습격 사건은 미국에 기반을 둔 운동들이 전 세계 극단주의 네트워크의 일부임을 드러냈다. 친트럼프 지지자들이 백악관에서 의사당까지 행진할 때, 베를린의 대안 우파 선전가들은 그들에게 환호를 보냈다. 한편 도쿄에서는 시위대가 욱일기를 흔들며 집회를 열었다. 소셜 미디어를 규제하면 세계 곳곳에서 자유민주주의가 강화될 것이다.

또한 해외의 간섭꾼들을 억제해서 파벌주의를 최소화할 수 있다. 외국 정부들은 오래전부터 내전의 결과에 영향을 미치려고 시도했다. 미국은 장제스가 마오쩌둥의 공산주의 반군을 물리치는 것을 돕기 위해 수십억 달러를 지원했다. 유럽 국가들은 남북전쟁 시기에 남부 연합에 물자를 보냈다. 미국은 니카라과, 엘살바도르, 과테말라, 페루, 앙골라, 캄보디아, 베트남, 라오스 등지의 내전에서 소련과 대리전을 치렀다.

하지만 오늘날에는 어떤 나라, 어떤 집단, 어떤 개인이든 인터넷을 활용해서 적을 뒤흔들 수 있다. 미국의 경쟁자들은 선호하는 집단을 지원하거나 양쪽을 동시에 선동하는 식으로 내전을 부추기는 데 깊이 몰두하고 있다. KGB 간부 출신인 푸틴은 오래전에 가짜 정보의 힘을 파악한 바 있다. 다른 이들도 그 힘을 이해하는 중이다. 프린스턴 대학교의 연구자 팀과 함께 진행한 경험적 충돌 연구 프로젝트Empirical Studies of Conflict Project는 러시아가 중국, 이란, 사우디아라비아와 나란히, 2013년에서 2018년 사이에 53차례의 비밀 소셜 미디어 작전을 이용해서 다른 나라의 내정에 영향을 미치려고 했음을 발견했다.[46] 프린스턴 대학교의 연구 팀이 검토한 작전의 대부분—65퍼센트—은 상대 후보를 당선시키기 위해 정치인을 비롯한 공적 인물의 명성을 더럽히는 것을 목표로 삼았다. 한 예로, 『버즈피드BuzzFeed』에 따르면 2012년에서 2017년 사이에 온라인에서 가장 많이 읽힌 앙겔라 메르켈Angela Merkel 관련 문서 열 개 중 일곱 개가 조작된 것이었다.[47] 미국은 이런 공격의 주요 표적이지만 유일한 표적은 아니었다. 영국, 독일, 오스트레일리아 등도 표적이었다. 거의 모든 공격이 민주주의 국가를 대상으로 이루어졌다.

소셜 미디어 덕분에 외부자들이 손쉽게 불신과 분열의 씨앗을 뿌릴 수 있게 되면서 파벌주의가 창궐할 수 있는 완벽한 조건이 마련되고 있다. 2016년 볼티모어에 기반을 둔〈흑인의 생명도 소중하다〉조직가들이 운영한다고 알려진 블랙티비스트Blacktivist라는 페이스북 계정은 경찰의 시민 폭행과 곧 열릴 집회에 관한 동영상들을 공유했다.[48] 또한〈젊고 재능 있는 흑인〉이라는 문구가 새겨진 티셔츠 등의 상품을 판매했다. 이 페이지는 36만 개의 〈좋아요〉를 받았다. 이것은 〈흑인의 생명도 소중하다〉의 공식 페이지보다 훨씬 많은 숫자였다. 후에 CNN은 블랙티비스트가 〈흑인의 생명도 소중하다〉 운동에 침투하려는 크렘린의 시도와 연결된 470여 계정 중 하나라고 보도했다. 전문가들에 따르면, 미국의 인종적, 지역적, 종교적 긴장에 불을 붙이려는 원대한 목표의 일환이었다.

이런 위협은 외국 강대국이 미국 땅에서 싸울 용병을 고용하는 것만큼 심각하다. 미국은 거대한 기술과 군대를 보유하고 있지만, 인터넷과 소셜 미디어 때문에 우리의 민주주의는 잠재적 공격에 취약한 상태다. 과거에는 다른 나라에서 급진 운동을 돕고 싶으면, 비행기에서 전단을 떨어뜨리고, 책자와 신문을 배포하고, 군인을 지도하기 위해 고문을 파견하고, 국경 너머로 무기와 탄약을 몰래 보내곤 했다. 이제는 소셜 미디어에서 서사를 지배한 뒤 파벌주의가 뿌리내리는 광경을 지켜보기만 하면 된다.

미국은 민주주의의 본보기이자 자유의 횃불이지만, 우리는 돈과 극단주의가 우리 정치에 침투하게 방치했다. 우리는 우리의 민주적 제도와 사회를 강화할 수 있다. 우리는 뉴딜을 통해 이런 일을 해냈다. 당시 우리 정부는 사람들을 다시 일하게 하고, 많은 미국인을 빈곤에서 구했으며, 경제 체제에 대한 미국인들의 믿음을 회복시키면서 희망을 되살렸다. 민권 운동 시대에는 시민들이 아프리카계 미국인들을 위한 동등한 권리와 자유를 요구하고, 정부가 이런 요구에 부응하면서 공평과 정의에 대한 열망을 충족시켰다.

이제 다시 그런 일을 할 수 있다. 자기 차별적이고 약탈적인 파벌주의의 경로에서 벗어나 우리 나라의 장기적인 건전성에 대한 희망을 회복시키기 위해 공적 담론을 되찾고 중재해야 한다. 우리는 이미 지역 차원에서 이런 시도를 목도하고 있다. 모든 주에서 시민들이 무리 지어 시민적 가치를 복원하기 위해 소규모 조직을 결성하는 중이다.[49] 중국계 이민자의 아들인 리우와 노예를 소유하고 남부 연합을 위해 싸운 집안의 후손인 지나 케인Jená Cane이 시작한 시민 대학Citizen University이 그런 집단이다. 둘 다 한 번에 한 블록, 한 동네, 한 도시씩 미국의 시민 사회를 재건하는 데 평생을 바치고 있다. 「우리는 미국이 엄격한 개인주의 사회라는 신화를 끝장내고 싶습니다. 사실 역사를 통틀어 재난이 닥쳐서 지역 사회를 재건해야 하고 사람들이 궁핍할 때면, 미국인들은 하나로 뭉쳐 서로 도왔어요. 그게 우리의 본모습이죠.」[50] 케인의 말이다.

시민 대학이 운영하는 프로그램 중 하나는 〈시민의 토요일 Civic Saturday〉이다.[51] 기자 젠 보인턴Jen Boynton이 2019년 테네시주 애선스에서 열린 〈시민의 토요일〉 행사에 참석했다. 일흔 명 가까운 사람들이 시내의 노후한 공원에서 열린 행사에 모였다. 기자의 눈앞에 펼쳐진 광경은 세속적인 형태의 교회 예배였다. 지역 시민들이 모여 헌법에 예배를 드리면서 우리의 민주주의에 대한 믿음을 굳게 다지는 자리였다. 기도 대신 국기에 대한 맹세로 시작되었다. 찬송가 대신 미국인이 쓴 시를 낭독했다. 성경의 구절을 읽는 대신 독립 선언서를 읽었다. 첫 번째 〈시민의 토요일〉 행사는 2016년 시애틀에서 열렸는데, 리우와 케인(공교롭게도 부부다)

은 사람들이 모이기를 기대 ─ 기도prayed ─ 했다. 사람들이 떼 지어 몰려왔다. 첫 번째 행사를 연 서점에 2백 명이 넘는 사람이 모였다. 5개월 뒤에는 8백 명이 참석했다. 리우의 말마따나 사람들은 공동체에 굶주려 있다. 오늘날 전국 각지의 30여 개 도시와 소도시에서 〈시민의 토요일〉 행사가 열린다. 인디애나폴리스, 피닉스, 캔자스시티에서 노스캐롤라이나주의 서던 파인스에 이르기까지 공화당 지역과 민주당 지역을 가리지 않는다. 「미국의 절대다수는 1월 6일의 난장판 미국이 아니라 건강한 공동체 미국의 일원이 되기를 바랍니다.」 리우의 말이다.[52]

그리고 매사추세츠주 애머스트에 본부를 둔 소규모 비영리 단체 임브레이스레이스EmbraceRace도 있다. 혼혈 자녀를 둔 두 부부가 2016년에 세운 단체로, 그들이 추구하는 목표는 인종을 이해하고 포용하는 세상에서 아이를 키울 수 있도록 부모들을 돕는 것이다. 브라이트하트BriteHeart는 테네시주에 본부를 둔 또 다른 비당파 단체로, 시민 참여를 강화하는 데 전념한다. 이 단체를 주도하는 케이트 터커Kate Tucker는 이렇게 말한다. 「테네시가 공화당 강세 주인지는 모르겠어요. 하지만 투표율이 낮은 주라는 건 알죠.」[53] 리빙룸 컨버세이션Living Room Conversations과 브레이버 앤젤스Braver Angels는 〈타자〉를 다시 인간화하는 출발점으로 좌파와 우파 사람들을 짝지어 준다.

미국인들이 우리의 민주주의가 얼마나 허약한지를 깨닫고 이런 약화를 막기 위해 행동에 나서면서, 이와 같은 조직들이 나라 곳곳에서 우후죽순으로 생겨나고 있다. 바로 이렇게 지역 차원에서 ─ 교회와 자발적 결사, 풀뿌리 단체에서 ─ 우리는 다시 하나로 뭉쳐서 시민과 공동체의 힘을 다시 배울 수 있다. 우리가 공유하는 역사와 이상이 우리에게 영감을 주고 우리를 인도하면서 진정으로 국민의, 국민을 위한, 국민에 의한 체제에서 우리의 국가적 자부심을 되살릴 수 있다.

2020년 선거를 앞둔 지난여름, 남편 졸리와 나는 전에는 한 번도 떠올린 적이 없는 질문을 스스로에게 던지고 있었다. 우리 나라를 떠나야 할 때가 다가오고 있는 것일까?

내 어머니는 스위스의 작은 마을에서 미국으로 이민을 왔다. 어머니의 고향 주에서는 1991년까지도 여성에게 투표권이 없었다. 작은 목장에서 일하는 삶은 고단했고, 대학에 진학할 가능성도 전혀 없었다. 어머니는 1958년에 뉴욕시로 옮겨 와서 야구와 사업, 그리고 미국인 특유의 친절함과 느긋함에 푹 빠졌다. 어머니는 스위스로 돌아가는 것을 절대 원하지 않았다. 아버지는 바이에른주의 작은 마을에서 제2차 세계 대전을 겪고 뉴욕으로 왔다. 작은 사업을 시작해서 성공적으로 키웠다. 그런 아버지는 이렇게 말했다. 「이런 일은 미국에서만 일어날 수 있지.」

캐나다에서 대학 공부를 하기 위해 이곳으로 온 졸리도 이민에 관해서라면 나름의 이야기가 있다. 그이 아버지는 러시아인들이 진입해서 학생 시위대를 진압한 뒤인 1956년에 헝가리에서 캐나다로 도망쳤다. 우리 부부는 여권이 많다. 스위스, 캐나다, 헝가리, 독일 여권을 다 가져 보았다. 하지만 미국이 우리의 고향이다. 샌디에이고에 있는 우리 집에서 가장 즐거운 명절은 추수 감사절이다. 이 날은 우리가 감사하는 모든 것, 즉 친구와 가족과 음식을 상징적으로 나타내는 명절이다. 미국은 우리 가족에게 꿈을 추구할 수 있는 선물을 주었다. 우리 자신이 될 수 있고, 또한 안전하고 자유롭다고 느끼며 성공할 수 있는 선물 말이다.

우리는 바로 이곳, 미국에서 살고 싶다. 하지만 선거가 끝나고 11월에 졸리와 나는 플랜 B를 적극적으로 이야기하기 시작했다. 바이든이 승리를 거두었지만, 트럼프와 많은 공화당원은 결과를 뒤집기 위해 온갖 노력을 기울였다. 1월 6일 의사당 습격 사건이 벌어졌을 때 미국은 전환점에 서 있는 듯 보였다. 나는 교전 지대를 벗어나기 위해 너무 오래 기다린 이들에게 어떤 일이 벌어지는지 이미 알고 있었다. 다리스는 운 좋게 사라예보 포위전에서 살아남을 수 있었다. 하지만 그의 많은 이웃은 그만큼 운이 좋지 않았다.

크리스마스 연휴 동안 졸리는 여권을 갱신했다. 우리는 딸 리나를 위해 헝가리 시민권을 신청하는 것을 고민했다. 결국 우리는 여차하면 캐나다로 가기로 정했다. 무슨 일이 생겨도 하루 안에 차로 갈 수 있는 곳이기 때문이다. 스위스가 제2의 후보지였다. 우리는 분쟁에 시달리는 나라들을 돌아다니면서 비상 계획을 세우는 데 익숙했다. 〈우리가 짐바브웨에 머무는 동안 쿠데타가 일어나면 어떻게 해야 하지?〉 하지만 지금 갑자기 우리가 사랑하는 조국에서 탈출하는 경로를 구상하고 있었다. 도무지 알 수 없는 일이었다.

건국의 아버지들은 그들이 원하는 어떤 정치 체제든 만들어 낼 수 있었다. 조지 워싱턴George Washington을 왕으로 옹립하고, 귀족정을 세우고, 미국의 풍요로운 땅을 분할해서 그들 스스로 영주가 될 수도 있었다. 하지만 그들은 민주주의를 세우기로 결정했다. 민주주의 체제를 만든다는 발상은 — 고대 그리스인들이 제공한 한정된 본보기와 데이비드 흄David Hume과 존 로크John Locke, 장 자크 루소Jean Jacques Rouseau를 비롯한 정치 철학자들의 저작에 — 이미 존재했지만, 현실은 그렇지 않았다. 어떤 나라도 수많은 사람이 스스로 통치하려고 하는 이렇게 방대한 영토에서 이토록 거대한 규모로 민주주의를 시도한 적이 없었다. 매디슨과 해밀턴, 존 제이John Jay는 주와 연방의 권력 다툼, 다수의 폭정을 막는 방법, 파괴적 파벌의 위험 등 새로운 나라가 직면하게 될 모든 도전을 예상해 보려고 노력했다. 그들은 이런 나라는 시끌벅적하고 통제하기 어려우며 자칫하면 충돌이 일어날 것임을 알았다. 그렇지만 그들은 더 좋고 자유로운 세상이 가능하다고 믿으면서 의지를 굽히지 않았다.

물론 — 수많은 사람이 공유하는 — 다른 관점에서 보면, 그 꿈은 일종의 악몽이었다. 미국은 자산을 가진 백인 남성들을 위해 만들어진 나라였다. 건국의 아버지들 자신이 노예주였으며, 노예가 권리와 자유를 누릴 자격이 있다고 생각하지 않았다. 실제로 그들은 노예가 온전한 인간이라고 생각하지도 않았다. 그들은 또한 가진 땅이 없는 백인 노동자들이 공직을 맡을 수 있다고 보지도 않았다. 그리고 그들은 여성이 이런 문제들에 관해 발언권이 있다고 보지 않았다. 그들은 넓은 마음을 지니긴 했지만 그 시대의 기준에서 볼 때만 그러했을 뿐이다. 그리고 설령 그들이 모든 남성과 여성은 동등하게 창조되었다는 사고를 구체화할 만큼 선견지명이 있었다 하더라도, 미국이 직면하게 될 많은 변화를 예상하지는 못했다. 산업화와 거대 도시, 자동차 등은 그들의 예상을 뛰어넘는 변화였다. 그들은 이 나라가 미래에 누리게 될 부와 군사력, 또는 세계화로 나타날 여러 변화를 예측할 능력이 없었다. 인터넷, 기후 변화, 화성 여행 같은 것들은 꿈에서도 상상할 수 없었다.

지금 미국은 거대한 도전에 맞닥뜨리고 있다. 전 지구적 이주가 계속되면서 나라의 인구 구성과 정체성이 바뀌는 가운데 진정으로 다종족적인 민주주의를 창조해야 한다. 세계는 1700년대 말 이래 극적으로 변화하고 있다. 민주주의는 이제 더 이상 농장을 소유한 백인 남성들만의 것이 아니다. 여성, 농촌과 도시와 교외의 가족, 이 나라에서 태어난 사람들과 목숨을 걸고 여기로 온 사람들, 백인과 흑인과 황인과 혼혈인, 그 밖에도 온갖 사람의 것이다. 우리에게는 그들 모두가 필요하다. 출산율이 낮은 나라가 이민 유입을 중단하려고 하면 인구가 감소되어 서서히 사멸할 것이다. 우리의 민주주의는 통일된 국민 정체성을 벼려 내는 동시에 작은 집단들의 권리를 보호해야 한다. 우리는 다종족 민주주의로의 이행이 평화롭게, 그리고 번영이 쇠퇴하는 일 없이 이루어질 수 있음을 전 세계에 보여 줄 필요가 있다.

미국은 서구 민주주의 국가 가운데 처음으로 백인 시민이 다수자의 지위를 상실하게 될 것이다. 2045년에 이런 변화가 닥칠 것으로 예상되지만, 다른 나라들도 그 뒤를 따르게 된다. 2050년 무렵이면 캐나다와 뉴질랜드에서도 백인 시민이 소수자가 될 것이다. 영국에서는 2066년, 그리고 모든 영어권 나라에서는 2100년에 이런 변화가 닥칠 듯하다. 이 모든 나라의 극우 정당은 백인 지배의 종말에 관해 불길한 경고를 보내면서 이런 변화 때문에 — 경제적, 사회적, 도덕적으로 — 거대한 비용이 야기된다고 강조함으로써 혐오를 부추기려 한다.

하지만 그 주장은 거짓말이며, 권력을 제로섬 경쟁으로 보는 사람들이 지어낸 오랜 전설의 최신판일 뿐이다. 많은 미국의 도시가 이미 그런 주장이 그릇된 것임을 입증한 바 있다. 버밍엄과 멤피스 — 그리고 백인 다수에서 흑인 다수로 이행한 다른 도시들 — 에서 흑인 시장이 당선되어 백인 유권자의 지지를 받았다. 흑인 지도자의 등장은 흑인의 보복과 백인의 경제적 쇠퇴로 이어질 것이라고 우려한 백인들은 이런 공포가 오해였음을 깨달았다. 그들의 삶은 전과 다름없이 지속된 한편 흑인 주민들의 삶은 개선되었다. 사람들은 다종족 정당이 집권한다 해도 자신들의 안녕에 위협이 되지 않음을 알게 되었다.[54] 새로운 평화적 균형 상태가 만들어졌다.

캘리포니아는 또 다른 성공적 사례다.[55] 1998년에 백인이 소수가 된 이래(텍사스가 2004년에 그 뒤를 이었다)[56] 캘리포니아 경제는 2백 퍼센트 성장했다. 실업률은 3퍼센트 가까이 떨어졌다.[57] 1인당 국내 총생산은 52.5퍼센트 증가했다. 나는 1996년에 캘리포니아로 옮겨 왔다. 멕시코 국경에서 북쪽으로 약 64킬로미터 떨어진 곳에 살면서 구성원의 21퍼센트만이 백인인 캠퍼스에서 학생들을 가르친다. 내 눈에는 매일같이 전도유망한 미래의 모습이 보인다. 열정적인 학생들과 열심히 일하는 이민자들이다.

캘리포니아의 변화는 격렬한 저항에 부딪혔다.[58] 1994년 주는 이른바 〈우리 주 지키기Save Our State〉 조치라고 불리는 주민 제안 187호를 통과시켰다. 미등록 이민자가 보건 의료나 교육 같은 공공 서비스를 받지 못하도록 하는 조치였다. 주민 투표 결과, 캘리포니아는 현대 역사상 처음으로 이민 유입을 억제하고 미등록 이민자를 처벌하기 위한 주요 입법을 승인한 주가 되었다. 공화당 주지사 피트 윌슨Pete Wilson은 주민 제안 187호에 찬성하면서 떼 지어 국경을 넘어오는 이민자들의 모습이 담긴 흐릿한 영상을 광고로 활용하는 식으로 손쉽게 재선에 성공했다. 그는 캘리포니아 판 종족 사업가였다. 백인의 공포에 영합하면서 한층 가혹한 형사 정책을 내세운 그의 전략은 승리를 안겨 주었다. 소수 인종 인구가 많아질수록 — 백인 우위에 대한 위협이 커질수록 — 백인의 반발도 심해졌다.

하지만 캘리포니아주에서 다수 인종이 소수를 차지하게 되면서, 이 모든 상황이 바뀌기 시작했다. 소수 인종 인구가 정치권력을 휘두를 만큼 충분한 지지를 얻게 되자, 주는 다양성을 끌어 안으면서 백인 시민들만이 아니라 흑인 시민들과 이민자들에게도 혜택을 주는 정책으로 나아가야 한다고 느꼈다. 미등록 이민자들에게도 주민(州民) 주립 대학 장학금을 제공하고 운전면허증을 발급해 주는 법률도 시행되었다. 그러자 교육 지출이 대규모로 증가하고 수감자 수가 대폭 감소하면서 모든 주민의 복지와 안녕이 개선되었다. 채 30년도 되지 않아 캘리포니아주는 반이민 행동주의의 오명을 떨쳐 버리고 이민과 포용에 관한 정책을 세우는 데 참조할 진보적인 본보기가 되었다. 캘리포니아주는 여전히 많은 도전에 직면해 있다.[59] 미국 홈리스의 4분의 1이 그곳에 있으며, 소득 불평등 측면에서도 전체 주 가운데 4위를 차지하고 있다. 최근에 아시아계 노인이 공격당하는 일도 여러 차례 있었다. 캘리포니아주는 분명 유토피아가 아니다. 하지만 인종적 공포에서 폭넓은 인종적 수용으로 나아간 캘리포니아주의 여정은 우리에게 무엇이 가능한지를 보여 준다.

미국이 진정한 다종족 민주주의의 약속을 완수하려면 심각한 위험을 헤쳐 나가야 한다. 우리의 민주주의를 강화하고, 아노크라시 구간에 빠지지 않고, 소셜 미디어를 제어해야 파벌주의를 줄이는 데 도움이 될 것이다. 이렇게 하면 2차 내전을 피할 가능성이 생긴다. 이를 위해 우리는 엄습하는 또 다른 위험에 대처할 대비를 해야 한다. 기후 변화가 그것이다. 점점 뜨거워지는 지구는 자연재해의 빈도와 심각성을 높이면서 우리의 연안 도시들을 위험에 빠뜨리고 열파와 산불, 허리케인과 가뭄을 야기한다. 또한 남반구에서 부유한 백인의 북반구로 향하는 이민도 늘어날 것이 분명하다. 정부가 강력하고 효과적으로 대응하지 않는다면, 우리 사회의 기본 구조가 산산조각이 날 것이다. 내가 가르치는 학생들은 이런 도전을 알고 있으며, 행동으로 옮기려는 열정과 용기를 갖고 있다. 그들은 아메리칸드림의 새로운 얼굴이다. 기운이 빠질 때면 학생들을 생각한다. 세상을 바꾸려고 다짐한 첫 번째 세대의 학생들로 가득한 강의실보다 더 좋은 곳은 어디에도 없다.

졸리와 나는 지난해 12월에 여권을 갱신했지만, 미국을 떠날 생각은 전혀 없다. 어딘가로 떠나기에는 우리는 이 나라를 너무도 사랑한다. 만약 미국이 세계 전체가 나아갈 길을 이끈다면, 캘리포니아주는 미국 전체가 나아갈 길에 앞장서 있다. 우리는 여기서 그 이행에 미약하나마 힘을 보태고 싶다. 미국은 역사의 종말을 맞이하고 있지 않다고 믿어야 한다. 미국은 놀라운 새 시대의 시작점에 서 있으며, 지금 우리는 우리의 건국 모토 — 여럿으로 이루어진 하나E Pluribus Unum — 에 걸맞게 살 수 있는 기회를 눈앞에 두고 있다.

감사의 말

2018년에 이 책을 쓰기 시작했을 때, 미국에서 2차 내전이 일어날 가능성을 다루고 있다는 이야기를 많은 사람에게 하지는 않았다. 하지만 내 이야기를 들은 사람들은 대개 걱정스러운 표정으로 나를 쳐다보았다. 그 사람들 생각에는 미국에서 내전이 다시 일어나는 일은 결코 없을 터였고, 그렇게 생각하지 않는 것은 — 어쩌면 무책임한 — 공포를 조장하는 것일 뿐이었다. 나는 정말로 그릇된 길로 빠져들고 있었을까?

나는 그 사람들의 말이 옳기를 바란다. 초고를 거의 마무리할 무렵 미국인 수천 명이 연방 의사당을 습격했고, 미국 대통령은 자신이 대통령에서 물러나는 즉시 맞서 싸울 것을 요구하고 있었다. 갑자기 내 초고가 예언서가 된 듯 보였다.

책을 쓰는 일은 외롭고 불확실한 경험이다. 일종의 믿음에 따른 행동이다. 자신이 그 주제를 제대로 다룰 만한 능력이 있고, 자신이 생각하는 전망이 뚜렷하고 냉정하며, 독자들이 관심을 기울일 것이라는 믿음 말이다. 하지만 이는 또한 협력의 과정이기도 하다. 처음부터 나는 친구들과 동료들, 너그럽게 시간을 내어 준 모르는 사람들에게 은혜를 입었다. 그들은 끝없는 질문에 답을 하고, 내 작업을 검토하고, 전도유망한 새로운 방향을 알려 주었다. 고맙게도 그들이 도와주지 않았더라면 필시 이 책을 쓰지 못했으리라.

펭귄 랜덤 하우스 출판사의 담당 편집자로 가장 든든한 내 편이 되어 준 어맨다 쿡에게 어마어마한 빚을 졌다. 어맨다는 처음부터 이 기획에 적극 찬성하면서 자신, 그리고 세상이 읽고 싶은 내용으로 책을 쓰도록 점잖게 이끌어 주었다. 개러스 쿡─내 책의 입소문 담당자─에게도 감사한다. 그는 탄탄한 서사를 구성하는 동시에 풍부하고 흡인력 있는 이야기를 풀어내는 법을 가르쳐 주었다. 그는 가차 없으면서도 친절하고, 다그치면서도 너그러우며, 비타협적이면서도 열정적이었다. 그가 도와주지 않았더라면 이 책은 완전히 다른 책이 되었을 것이다.

이 책의 여러 장을 쓰기 위해 여러 경향의 연구를 하나로 묶어야 했는데, 이를 위해 연구자 공동체의 도움을 받아야 했다. 몬티 마셜은 정치 불안정 연구단과 정치체 데이터에 관한 1백여 통의 이메일에 한결같이 명랑한 어조로 일일이 답해 주었다. 방대한 양의 무료 정보를 제공해 준 그에게 깊이 감사한다. 리처드 잉글리시는 북아일랜드 분쟁에 관한 여러 질문에 답해 주면서 사실관계를 바로잡도록 도와주었다. 라르스에리크 세데르만, 사이먼 허그, 크리스티안 글레디치는 종족적 내전에 관한 세세한 질문을 기꺼이 상대하면서 상이한 통계 결과의 미묘한 차이를 설명해 주었다. 짐* 피어런, 데이비드 레이틴, 제시 드리스콜은 초고를 읽고 탄광 속 〈카나리아〉 역할을 맡아 주었다. 이 사람들의 테스트

* 〈제임스〉의 애칭.

를 통과하지 못하면 다른 내전 전문가들의 테스트를 통과하기는 어림도 없을 것이다. 주디베스 트롭, 크리스 파커, 스티브 해거드, 로즈 맥더모트, 폴 프라이머, 켄 폴락, 재커리 스타이너트스렐켈드, 그레구아르 필립스, 니코 라바닐라, 아이작 펠트, 제이콥 글레쇼프, 세스 G. 존스, 조너선 몰러 등에게도 감사의 말을 전하고 싶다. 모두 이 책의 특정 부분과 관련된 여러 질문에 신속하게 답해주었다. UC 샌디에이고에서 2020년 겨울 학기에 내전 수업을 들은 학생들에게도 감사를 전한다. 이 책의 구조를 이루는 원대한 구상을 하나로 꿰는 것을 도와주었다. 마지막으로 재정적 지원을 해준 스미스 리처드슨 재단과 마린 스트르메키, 그리고 벅찬 일이 많았던 2년 동안 책을 쓸 시간을 갖게 해준 글로벌 정책·전략 대학의 학장 피터 카위와 낸시 길슨 교수에게 감사한다.

나는 범상치 않은 사람들과 인터뷰를 하는 커다란 행운을 누렸다. 개인적인, 때로는 고통스러운 이야기를 들려준 누르, 베리나 코바츠와 다리스 코바츠, 미하일 미나코프, 안톤 멜닉, 조너선 파월, 루카스 피터자크, 지나 케인, 에릭 리우 등에게 감사한다. 또한 폭력적, 비폭력적 충돌에 관한 전문 지식만이 아니라 미국의 현 상황에 관한 생각도 나눠 준 제임스 피어런, 데이비드 레이틴, 몬티 마셜, 에리카 체노웨스, 크리스천 데이븐포트, 제이 울펠더 등에게도 감사한다. 그들 각각에게서 많은 것을 배웠다.

오텀 브루잉턴은 소중한 친구일 뿐만 아니라 비범한 편집자다. 초고의 맨 처음 부분부터 특유의 열정을 갖고 읽으면서 앞으로 나아가도록 채찍질하는 한편 학자 같은 글쓰기에서 벗어나도록 부드럽게 이끌어 주었다. 이 책을 구상하고 쓰는 과정 내내 도와준 연구 조교 팀을 옆에 둔 것은 행운이었다. 서머 베일스, 아마데브라, 웬디 와그너, 와카코 마에카와에게 감사한다. 아무리 알려지지 않은 것일지라도 모조리 찾아서 확인해 준 내털리 보이어에게 특히 고맙다는 말을 하고 싶다. 내털리는 엄청난 양의 어려운 자료를 종합해서 내가 쉽게 활용할 수 있는 간단한 요약본으로 만드는 재능이 있다. 힐러리 맥클릴런은 이 책을 만드는 과정 막바지에 갑자기 등장해서 책 전체의 팩트 체크를 해주었다. 들뜬 기분을 감추지 못하는 이메일을 잇따라 보내서 마지막 단계를 예상외로 즐겁게 바꿔 주었다.

글쓰기에는 또한 좋은 친구들의 사랑과 지원이 필요하다. 내가 심술을 부릴 때에도 항상 연락하거나 찾아와서 안부를 물은 린디 니콜, 로넌 브라운, 에밀리 해프너버튼, 앤젤라 아모로소, 섀넌 들레이니, 에이미 뮬러, 팀 버크, 케이시 버크, 지니 추포, 닌디 르로이, 돈 밴 윙클, 크리스 파커, 메리 브라운워스, 어니 빌라누에바, 지젤 브라운, 캠린 들레이니, 리나와 크리스천 와거 부부, 마리와 파힘 하스나인 부부, 콜레트와 글린 볼리토 부부, 로라와 이선 보이어 부부, 에마와 존 스펜스 부부, 허이널, 리처즈, 맥그래스 가족에게 고맙다는 말을 하고 싶다.

하지만 내가 가장 큰 빚을 진 이들은 가족이다. 딸 리나는 인생 전체를 내전을 연구하는 어머니의 그림자 안에서 살고 있다. 리나는 분쟁 지대를 돌아다니는 것을 견디면서 어린아이가 볼 일이 없는 온갖 험한 꼴을 보았다. 라오스 북부를 찾아간 특히 힘든 여정에서 일곱 살의 리나는 눈물범벅이 된 얼굴로 나를 보며 말했다.「왜 다른 사람들처럼 하와이나 매머드같이 평범한 데를 안 가요? 라오스에 가는 사람은 아무도 없어, 엄마!」 무엇보다도 아이는 우리 둘 다 춤을 추거나 요리를 하거나 다른 무언가를 하고 싶을 때에도 컴퓨터 화면과 엄마를 공유해야 했다. 리나는 내 삶에서 가장 큰 기쁨이며 자부심의 원천이다. 나는 아이를 두 배, 네 배 더 사랑한다.

그리고 졸리가 있다. 처음 책 계약서에 서명했을 때 나는 졸리를 돌아보며 말했다. 「당신 없이는 이걸 할 수 없어.」 그이가 불평 하나 없이 우리 삶에서 모든 일, 정말로 모든 일을 해준 덕분에 나는 책만 쓰면 되었다. 뿐만 아니라 하루를 마칠 시간이면 활짝 벌린 기다란 두 팔과 와인 한잔, 내가 요구할 수 있는 모든 사랑과 추앙을 보이며 나를 기다리고 있었다. 그이는 내 첫 번째 지원자이자 최고의 벗, 모든 비밀을 털어놓을 수 있는 친구이며, 어떻게 하면 지조와 공감을 갖춘 삶을 살 수 있는지 보여 주는 스승이고, 삶을 더 낫게 만드는 사람이다. 내가 아는 가장 훌륭한 사람이다.

— 바버라 F. 월터

주

머리말

"GR Vac Shop Owner Picking Up the Pieces After Business and Home Raided," Fox 17, October 9, 2020; Aaron C. Davis et al., "Alleged Michigan Plotters Attended Multiple Anti-Lockdown Protests, Photos and Videos Show," *The Washington Post*, November 1, 2020; "Accused Leader of Plot to Kidnap Michigan Governor Was Struggling Financially, Living in Basement Storage Space," *The Washington Post*, October 9, 2020.

2 "Governor Whitmer Signs 'Stay Home, Stay Safe' Executive Order," Office of Governor Gretchen Whitmer, March 23, 2020; "Stay-Home Order Violators Face $500 Fines; Jail Possible," *The Detroit News*, March 23, 2020.

3 Matt Zapotosky, Devlin Barrett, and Abigail Hauslohner, "FBI Charges Six Who It Says Plotted to Kidnap Michigan Gov. Gretchen Whitmer, as Seven More Who Wanted to Ignite Civil War Face State Charges," *The Washington Post*, October 8, 2020.

4 Davis et al., "Alleged Michigan Plotters Attended Multiple Anti-lockdown Protests, Photos and Videos Show," *The Washington Post*, November 1, 2020.

5 "Michigan Kidnapping Plot, Like So Many Other Extremist Crimes, Foreshadowed on Social Media," *The Washington Post*, October 8, 2020.

6 Zapotosky, Barrett, and Hauslohner, "FBI Charges Six Who It Says Plotted to Kidnap Michigan Gov. Gretchen Whitmer"; Gus Burns, Roberto Acosta, and John Tunison, "The Ties That Bind the Men Behind the Plot to Kidnap Gov. Whitmer," *MLive*, October 20, 2020.

7 "Northern Michigan Town Grapples with Plot to Kidnap Gov. Whitmer from Local Vacation Home," *MLive*, October 9, 2020; Nicholas Bogel-

Burroughs, Shaila Dewan, and Kathleen Gray, "F.B.I. Says Michigan Anti-Government Group Plotted to Kidnap Gov. Gretchen Whitmer," *The New York Times*, October 8, 2020.

8 Bogel-Burroughs, Dewan, and Gray, "F.B.I. Says Michigan Anti-Government Group Plotted to Kidnap Gov. Gretchen Whitmer"; Burns, Acosta, and Tunison, "Ties That Bind the Men Behind the Plot to Kidnap Gov. Whitmer."

9 "Michigan Charges 8th Man in Alleged Domestic Terrorism Plot to Kidnap Gov. Whitmer," NPR, October 15, 2020.

10 "What We Know About the Alleged Plot to Kidnap Michigan's Governor," *The New York Times*, October 9, 2020.

11 "Trump Criticizes Whitmer After FBI Foiled Plot to Kidnap Michigan Governor," *MLive*, October 8, 2020.

12 Bogel-Burroughs, Dewan, and Gray, "F.B.I. Says Michigan Anti-Government Group Plotted to Kidnap Gov. Gretchen Whitmer."

13 Jack A. Goldstone et al., "A Global Model for Forecasting Political Instability," *American Journal of Political Science* 54 (January 2010): 190~208면.

14 연구단의 초기 명칭은 국가 실패 연구단State Failure Task Force이다.

15 "Antigovernment Movement," Southern Poverty Law Center, https://www.splcenter.org/fighting-hate/extremist-files/ideology/antigovernment.

16 "Defected Soldiers Formed Free Syrian Army," NPR, July 20, 2012; Emile Hokayem, *Syria's Uprising and the Fracturing of the Levant*(Abingdon, Oxfordshire: Routledge, 2017).

17 "U.S. Law Enforcement Failed to See the Threat of White Nationalism. Now They Don't Know How to Stop It," *The New York Times*, November 3, 2018.

18 Janet I. Lewis, *How Insurgency Begins: Rebel Group Formation in Uganda and Beyond*(Cambridge: Cambridge University Press, 2020), 31~36면.

19 2020년 7월 16일 지은이가 베리나 코바츠와 한 인터뷰. 〈베리나 코바츠〉는 가명이다.

1 아노크라시의 위험

1 2020년 7월 1일 지은이가 누르와 한 인터뷰. 〈누르〉는 가명이다.

2 "15 Years After U.S. Invasion, Some Iraqis are Nostalgic For Saddam Hussein Era," NPR, April 30, 2018.

3 "Fateful Choice on Iraq Army Bypassed Debate," *The New York Times*, March 17, 2008; "Report Cites Americans for Purging Baath Party Members," *The New York Times*, July 6, 2020.

4 "Debate Lingering on Decision to Dissolve the Iraqi Military," *The New York Times*, October 21, 2004; James P. Pfiffner, "U.S. Blunders in Iraq: De-Baathification and Disbanding the Army," *Intelligence and National Security* 25 (February 2010): 76~85면; Thomas E. Ricks, *Fiasco: The American Military Adventure in Iraq* (New York: Penguin, 2006).

5 Daniel Byman, "An Autopsy of the Iraq Debacle: Policy Failure or Bridge Too Far?," *Security Studies* 17 (December 2008): 599~643면.

6 앞의 글.

7 "The Struggle for Iraq: The Occupation; Troops Hold Fire for Negotiations at 3 Iraqi Cities," *The New York Times*, April 12, 2004.

8 2020년 7월 1일 지은이가 누르와 한 인터뷰.

9 "Author Describes Rescue of Baghdad's Zoo Animals," NPR, March 7, 2007.

10 "Human Rights Declaration Adopted by U.N. Assembly," *The New York Times*, December 11, 1948; UN General Assembly, Resolution 217 A (III), Universal Declaration of Human Rights, A/RES/3/217A (December 10, 1948).

11 Polity5 Project, Center for Systemic Peace를 인용하는 "Despite Global Concerns About Democracy, More Than Half of Countries Are Democratic," Pew Research Center, May 14, 2019.

12 "Remarks by the President at the 20th Anniversary of the National Endowment for Democracy," United States Chamber of Commerce, November 6, 2003.

13 "Globally, Broad Support for Representative and Direct Democracy," Pew Research Center, October 16, 2017.

14 Samuel P. Huntington, "How Countries Democratize," *Political Science Quarterly* 106 (Winter 1991-92): 579~616면.

15 "Armed Conflict by Region 1946-2019," Uppsala Conflict Data Program, 20.1 Data (UCDP 20.1 data); "Global Trends in Governance, 1800-2018," Polity5 Project, Center for Systemic Peace.

16 A. C. Lopez and D.D.P. Johnson, "The Determinants of War in International Relations," *Journal of Economic Behavior and Organization*, 2017.

17 UCDP 20.1 data.

18 이 문장은 Sean Illing, "Is America's Political Violence Problem Getting Worse? I Asked 7 Experts," *Vox*, October 30, 2018에서 다시 인용한 월터의 말이다.

19 Havard Hegre et al., "Toward a Democratic Civil Peace? Democracy, Political Change, and Civil War, 1816-1992," *American Political Science Review*, March 2001; Kristian Skrede Gledtisch, *All International Politics Is Local: The Diffusion of Conflict, Integration, and Democratization* (Ann Arbor: University of Michigan Press, 2002); Zachary M. Jones and Yonatan Lupu, "Is There More Violence in the Middle?" *American Journal of Political Science*, 2018.

20 Monty G. Marshall and Ted Robert Gurr, *Peace and Conflict 2003: A Global Survey of Armed Conflicts, Self-Determination Movements, and Democracy* (College Park, Md.: Center for International Development and Conflict Management, University of Maryland, 2003).

21 에스파냐 제1공화국이 1873년에 민주 선거를 치른 사실을 주목하라.

22 Boese, Vanessa A. 2019. "How (not) to Measure Democracy," *International Area Studies Review* 22(2): 95~127면; Vaccaro, Andrea. 2021, "Comparing Measures of Democracy: Statistical Properties, Convergence, and Interchangeability," *European Political Science*.

23 Fareed Zakaria, *The Future of Freedom: Illiberal Democracy at Home and Abroad* (New York: W.W. Norton, 2003); 자카리아, 파리드, 『자유의 미래』, 나상원 외 1명 옮김(민음사, 2004).

24 Daniel C. Esty et al., "State Failure Task Force Report: Phase II Findings," *Environmental Change and Security Project Report* 5, Summer 1999.

25 앞의 글.

26 2020년 7월 1일 지은이가 누르와 한 인터뷰.

27 Lewis, *How Insurgency Begins*, 6장.

28 "Gamsakhurdia Wins Presidential Election," UPI, May 27, 1991; "Tbilisi Battle Ends as President Flees," *The Washington Post*, January 7, 1992; "In Crushing Blow to Georgia, City Falls to Secessionists," *The New York Times*, September 28, 1993.

29 "The Fall of Suharto: The Overview; Suharto, Besieged, Steps Down After 32-Year Rule in Indonesia," *The New York Times*, May 21, 1998.

30 "New Leader Vows Early Elections for Indonesians," *The New York Times*, May 26, 1998; "Indonesia Changed, But Who Deserves the Credit?" *The New York Times*, June 13, 1999.

31 이 반란의 심층적인 역사를 알려면 특히 Richard Chauvel, *Nationalists, Soldiers and Separatists: The Ambonese Islands from Colonialism to Revolt, 1880-1950* (Leiden, Netherlands: KITLV Press, 1990)을 보라.

32 Slobodan Lekic, "The Legacy of East Timor: Other Indonesian Provinces Feel Stirrings of Separatism," *Montreal Gazette*, November 7, 1999에서 재인용한 아체 활동가 카우차르의 말.

33 Patrick M. Regan and Sam R. Bell, "Changing Lanes or Stuck in the Middle: Why Are Anocracies More Prone to Civil Wars?" *Political Research Quarterly* 63, no. 4 (December 2010): 747~59면.

34 "Abiy Ahmed: Ethiopia's Prime Minister," BBC, October 11, 2019; "In Ethiopian Leader's New Cabinet, Half the Ministers Are Women," *The Washington Post*, October 16, 2018.

35 2019년 2월 1일 지은이가 한 인터뷰.

36 "Ethiopia: Thousands Protest After Deadly Ethnic Violence," Al Jazeera, September 17, 2018.

37 "Why Is Ethiopia at War With Itself?," *The New York Times*, July 2, 2021.

38 Roderic Ai Camp, "Democratizing Mexican Politics, 1982-2012," in *Oxford Research Encyclopedia of Latin American History*, ed. William H. Beezley (New York: Oxford University Press, 2015).

39 "Polity5 Annual Time-Series, 1946-2018," Center for Systemic Peace.

40 "Democracy in Poland Is in Mortal Danger," *The Atlantic*, October 9, 2019.

41 Zach Beauchamp, "It Happened There: How Democracy Died in Hungary," *Vox*, September 13, 2018.

42 Beauchamp, "It Happened There."

43 Boese, Vanessa A. 2019: "How (not) to Measure Democracy," *International Area Studies Review*, 22(2): 95~127면; Vaccaro, Andrea. 2021: "Comparing Measures of Democracy: Statistical Properties, Convergence, and Interchangeability," European Political Science.

44 "Autocratization Turns Viral: Democracy Report 2021," V-Dem Institute, March 2021.

45 Steven Levitsky and Daniel Ziblatt, *How Democracies Die* (New York: Crown, 2018); 레비츠키, 스티븐 외 1명, 『어떻게 민주주의는 무너지는가』, 박세연 옮김(어크로스, 2018).

46 "Polity5 Annual Time-Series, 1946-2018," Center for Systemic Peace.

47 Y 축의 숫자는 정치체 점수에 따라 주어진 해에 특정한 나라에서 내전이 시작될 확률을 나타낸다. 가령 정치체 점수가 +1인 아노크라시 국가는 정치체 점수가 +10점인 완전한 민주주의 국가보다 내전이 벌어질 가능성이 여섯 배 높다.

48 "Ukraine Protests After Yanukovych EU Deal Rejection," BBC, November 30, 2013; "Pro-European Businessman Claims Victory in Ukraine Presidential Vote," *The New York Times*, May 25, 2014.

49 2020년 6월 30일 지은이가 안톤 멜니크와 한 인터뷰. 〈안톤 멜니크〉는 가명이다.

50 "Russians Find Few Barriers to Joining Ukraine Battle," *The New York Times*, June 9, 2014.

51 "Why Ukraine's Government, Which Just Collapsed, Is Such a Mess," *Vox*, July 25, 2014.

52 2020년 7월 1일 지은이가 미나코프와 한 인터뷰.

53 "Pro-Russia Protesters Seize Ukraine Buildings, Kiev Blames Putin," Reuters, April 6, 2014; "Ukraine: President Calls Emergency Meeting Over Protests," BBC, April 7, 2014.

54 "Autocratization Turns Viral: Democracy Report 2021," V-Dem Institute, March 2021.

55 "How Venezuela Went from a Rich Democracy to a Dictatorship on the Brink of Collapse," *Vox*, September 19, 2017.

56 Christian Davenport, "State Repression and Political Order," *Annual Review of Political Science*, June 15, 2007.

57 2020년 7월 1일 지은이가 누르와 한 인터뷰.

2 고조되는 파벌 싸움

1 "Thousands Join Ceremonies for Tito's Return to Belgrade," *The Washington Post*, May 6, 1980; "Leaders Gathering for Tito's Funeral," *The New York Times*, May 7, 1980.

2 Robert D. Kaplan, *Balkan Ghosts: A Journey Through History* (New York: St.

Martin's Press, 1993), 52면에서 재인용.

3 Alex N. Dragnich, *Serbs and Croats: The Struggle in Yugoslavia* (New York: Harcourt Brace, 1992), 102면.

4 Vesna Pesic, "Serbian Nationalism and the Origins of the Yugoslav Crisis," United States Institute of Peace, April 1996.

5 Misha Glenny, *The Balkans: Nationalism, War, and the Great Powers, 1804-2012* (Toronto: House of Anansi Press, 2012); Anton Logoreci, "Riots and Trials in Kosovo," *Index on Censorship* 11 (1982): 23~40면; "Yugoslavia Destroyed Its Own Economy," *The Wall Street Journal*, April 28, 1999.

6 Monica Duffy Toft, *The Geography of Ethnic Violence: Identity, Interests, and the Indivisibility of Territory* (Princeton, N.J.: Princeton University Press, 2003).

7 "1 Million Serbs Cheer Their Nationalist Leader in Kosovo," Associated Press, June 28, 1989; Paul R. Bartrop, *Modern Genocide: A Documentary and Reference Guide* (Santa Barbara, Calif.: ABC-CLIO, 2019), 64면.

8 "On Language: Ethnic Cleansing," *The New York Times*, March 14, 1993.

9 James D. Fearon and David D. Laitin, "Sons of the Soil, Migrants, and Civil War," *World Development* 39, no. 2 (February 2011): 199~211면.

10 Donald L. Horowitz, *Ethnic Groups in Conflict* (Berkeley: University of California Press, 234면).

11 Paul Collier and Anke Hoeffler, "Greed and Grievance in Civil War," *Oxford Economic Papers* 56 (October 2004): 563~95면; James D. Fearon and David D. Laitin, "Ethnicity, Insurgency, and Civil War," *American Political Science Review* 97, no. 1 (February 2003): 75~90면.

12 2020년 9월 22일 지은이가 마셜과 한 인터뷰.

13 Andreas Wimmer, *Waves of War: Nationalism, State Formation, and Ethnic Exclusion in the Modern World* (Cambridge: Cambridge Univer-sity Press, 2013), 5면.

14 "Political Instability Task Force: New Findings," Wilson Center, February 5, 2004.

15 Joshua R. Gubler and Joel Sawat Selway, "Horizontal Inequality, Crosscutting Cleavages, and Civil War," *Journal of Conflict Resolution* 56 (April 2012): 206~32면.

16 Tanja Ellingsen, "Colorful Community or Ethnic Witches' Brew? Multiethnicity and Domestic Conflict During and After the Cold War," *Journal*

of Conflict Resolution 44, no. 2: 228~49면; Collier and Hoeffler, "Greed and Grievance in Civil War"; Joan Esteban and Gerald Schneider, "Polarization and Conflict: Theoretical and Empirical Issues," *Journal of Peace Research*, March 2008.

17 "Croatian Cityscape: Stray Dogs, Rows of Wounded, Piles of Dead," *The New York Times*, November 21, 1991.

18 Zlatko Dizdarević, *Sarajevo: A War Journal* (New York: Fromm International, 1993), 112면.

19 Stefano DellaVigna et al., "Cross-Border Media and Nationalism: Evidence from Serbian Radio in Croatia," *American Economic Journal: Applied Economics* 6 (July 2014): 103~32면.

20 "Murder of the City," *The New York Review*, May 27, 1993; "A War on Civilians: The Struggle for Land in Bosnia Is Waged Mainly by Serbs With Help from Belgrade," *The New York Times*, July 18, 1992.

21 V. P. Gagnon Jr., "Ethnic Nationalism and International Conflict: The Case of Serbia," *International Security* 19, no. 3 (Winter 1994-95), 130~66면; V. P. Gagnon, Jr., *The Myth of Ethnic War: Serbia and Croatia in the 1990s* (Ithaca, N.Y.: Cornell University Press, 2006).

22 George W. Downs and David M. Rocke, "Conflict, Agency, and Gambling for Resurrection: The Principal-Agent Problem Goes to War," *American Journal of Political Science*, May 1994; Rui De Figueiredo and Barry Weingast, "The Rationality of Fear: Political Opportunism and Ethnic Conflict," in *Civil Wars, Insecurity, and Intervention*, ed. Barbara F. Walter and Jack Snyder (New York: Columbia University Press) 1999, 261~302면.

23 〈바퀴벌레〉라는 용어는 1959년 후투족 혁명 당시 밤을 틈타 〈허둥지둥〉 국경을 넘어간 투치족 반란자들을 가리키는 말이었다. 이 사실을 알려 준 피어런에게 감사한다. "Trial of Ex-Quebec Resident on Genocide Charges Stirs Ethnic Tensions in Rwanda," *National Post*, November 17, 2013.

24 "Sudan President Seeks to 'Liberate' South Sudan," BBC, April 19, 2012.

25 "Media Controls Leave Serbians in the Dark," *The Washington Post*, October 18, 1998.

26 Misha Glenny, *The Fall of Yugoslavia: The Third Balkan War* (London: Penguin Books), 1996, 66면.

27 앞의 책, 161면.

28 "And Now, Dovidjenja, Sarajevo," *The New York Times*, February 21, 1984.

29 2020년 7월 16일 지은이가 베리나 코바츠와 한 인터뷰.

30 2020년 7월 16일 지은이가 다리스 코바츠와 한 인터뷰. 〈다리스 코바츠〉는 가명이다.

31 앞의 인터뷰.

32 "For Sarajevo Serbs, Grief Upon Grief," *The New York Times*, April 26, 1995.

33 Kemal Kurspahić, *Prime Time Crime: Balkan Media in War and Peace* (Washington, D.C.: Institute of Peace Press, 2003), 102~3면.

34 2020년 7월 16일 지은이가 베리나 코바츠와 한 인터뷰.

35 Roger D. Petersen, *Understanding Ethnic Violence: Fear, Hatred, and Resentment in Twentieth-Century Eastern Europe* (Cambridge: Cambridge University Press, 2002), 238면.

36 "Serbs, Croats Met Secretly to Split Bosnia," *Los Angeles Times*, May 9, 1992.

37 Tom Gallagher, *The Balkans After the Cold War: From Tyranny to Tragedy* (London: Routledge), 2003.

38 "The Warlord of Visegrad," *The Guardian*, August 10, 2005.

39 "Serb Forces Overwhelm Key Town," *The Washington Post*, April 15, 1992; "War Is Over — Now Serbs and Bosniaks Fight to Win Control of a Brutal History," *The Guardian*, March 23, 2014.

40 2020년 7월 16일 지은이가 베리나 코바츠와 한 인터뷰.

41 "Firebrand Hindu Cleric Ascends India's Political Ladder," *The New York Times*, July 12, 2017.

42 "India Is Changing Some Cities' Names, and Muslims Fear Their Heritage Is Being Erased," NPR, April 23, 2019; "India's New Textbooks Are Promoting the Prime Minister's Favorite Policies, Critics Allege," *The Washington Post*, July 1, 2018.

43 "India Revokes Kashmir's Special Status, Raising Fears of Unrest," *The New York Times*, August 5, 2019; "India Says the Path to Citizenship Will Get Easier, But Muslims See a Hindu Plot," *The Wall Street Journal*, December 11, 2019.

44 "India Has to Create More Jobs. Modi May Need Some Help from State Governments," CNBC, June 6, 2019.

45 "Jair Bolsonaro: Brazil's Firebrand Leader Dubbed the Trump of the

Tropics," BBC, December 31, 2018; "How Jair Bolsonaro Entranced Brazil's Minorities—While Also Insulting Them," *The Washington Post*, October 24, 2018.

46 2020년 7월 16일 지은이가 베리나 코바츠와 한 인터뷰.

47 2020년 7월 16일 지은이가 다리스 코바츠와 한 인터뷰.

48 "Serbia Arrests Seven Over 1995 Srebrenica Massacre," BBC, March 18, 1995.

49 2020년 7월 16일 지은이가 다리스 코바츠와 한 인터뷰.

50 "A Bloody Failure in the Balkans," *The Washington Post*, February 8, 1993; "Yugoslavia Transformed: National Intelligence Estimate," Director of Central Intelligence, National Foreign Intelligence Board, October 18, 1990.

3 지위 상실이 가져온 암울한 결과

1 마탈람의 생애에 관해서는 서로 상충하기도 하는 몇 가지 설명이 있는데, 어느 것도 완전히 신뢰할 만하지 않다.

2 Thomas M. McKenna, *Muslim Rulers and Rebels: Everyday Politics and Armed Separatism in the Southern Philippines* (Berkeley: University of California Press), 1998.

3 앞의 책.

4 Thomas M. McKenna, "The Origins of the Muslim Separatist Movement in the Philippines," Asia Society, https://asiasociety.org/origins-muslim-separatist-movement-philippines.

5 McKenna, *Muslim Rulers and Rebels*, 146면.

6 Anabelle Ragsag, *Ethnic Boundary-Making at the Margins of Conflict in the Philippines: Everyday Identity Politics in Mindanao* (Singapore: Springer, 2020).

7 McKenna, *Muslim Rulers and Rebels*, 146면.

8 앞의 책, 147~50면.

9 John J. Herz, "Idealist Internationalism and the Security Dilemma," *World Politics* 2, no. 2 (January 1950): 157~80면; Robert Jervis, "Cooperation Under the Security Dilemma," *World Politics* 30, no. 2 (January 1978): 167~214면; Barry R. Posen, "The Security Dilemma and Ethnic Conflict," *Survival* 35, no. 1 (Spring 1993), 27~41면.

10 "Mass Arrests and Curfew Announced in Philippines," *The New York*

Times, September 24, 1972.

11 McKenna, *Muslim Rulers and Rebels*, 157면; Ruben G. Domingo, "The Muslim Secessionist Movement in the Philippines: Issues and Prospects" (학위 논문, Naval Postgraduate School, June 1995).

12 "Philippines-Mindanao (1971 — First Conflict Deaths)," Project Ploughshares, https://ploughshares.ca/pl_armedconflict/philippines-mindanao-1971-first-combat-deaths/#:~:text=Total%3A%20At%20least%20 100%2C63%20people,by%20the%2040%2Dyear%20conflict.

13 이 주제에 관한 훌륭한 연구로는 Lars-Erik Cederman, Andreas Wimmer, and Brian Min, "Why Do Ethnic Groups Rebel? New Data and Analysis," *World Politics* 62 (2010): 87~119면; Halvard Buhaug, Lars-Erik Cederman, and Jan K. Rød, "Disaggregating Ethno-Nationalist Civil Wars: A Dyadic Test of Exclusion Theory," *International Organization* 62 (2008): 531~51면 등을 보라.

14 Petersen, *Understanding Ethnic Violence*, 2002.

15 Fearon and Laitin, "Sons of the Soil, Migrants, and Civil War," 199~211면.

16 Daniel Kahneman and Amos Tversky, "Prospect Theory: An Analysis of Decision Under Risk," *Econometrica* 47 (1979): 263~91면.

17 "Georgia/Abkhazia: Violations of the Laws of War and Russia's Role in the Conflict," *Human Rights Watch* 7, no. 7 (March 1995), https://www.hrw.org/reports/1995/Georgia2.htm#P117_4464; Jared Ferrie, "Can They Ever Go Home? The Forgotten Victims of Georgia's Civil War," *New Humanitarian*, May 27, 2019, https://www.thenewhumanitarian.org/news-feature/2019/05/27/Abkhazia-georgia-civil-war -forgotten-victims.

18 이 용어는 MIT의 정치학자 와이너가 만들어 낸 것으로 이후 레이틴이 발전 시켰다. Myron Weiner, *Sons of the Soil: Migration and Ethnic Conflict in India* (Princeton, N.J.: Princeton University Press), 1978; Fearon and Laitin, "Sons of the Soil, Migrants, and Civil War."

19 David D. Laitin, "Immigrant Communities and Civil War," *International Migration Review* 43 (2009): 35~59면.

20 R. G. Crocombe, *Asia in the Pacific Islands: Replacing the West* (Suva, Fiji: IPS Publications), 2007.

21 David D. Laitin, "Language Games," *Comparative Politics* 20, no. 3 (April 1988): 289~302면.

22 Horowitz, *Ethnic Groups in Conflict*, 194면.

23 "The Economic Basis of Assam's Linguistic Politics and Anti-Immigrant Movements," *The Wire*, September 27, 2018.

24 "Ethnic and Religious Conflicts in India," *Cultural Survival Quarterly*, September 1983.

25 Myron Weiner, "The Political Demography of Assam's Anti-Immigrant Movement," *Population and Development Review* 9 (June 1983): 279~92면.

26 앞의 글.

27 앞의 글.

28 앞의 글.

29 Sandhya Goswami, *Assam Politics in Post-Congress Era: 1985 and Beyond* (New Delhi: SAGE Publications), 2020.

30 앞의 책.

31 Sanjib Baruah, "Immigration, Ethnic Conflict, and Political Turmoil—Assam, 1979-1985," *Asian Survey* 26 (November 1986): 1184~206면.

32 Baruah, "Immigration, Ethnic Conflict, and Political Turmoil."

33 Manash Firaq Bhattacharjee, "We Foreigners: What It Means to Be Bengali in India's Assam," Al Jazeera, February 26, 2020.

34 "Nellie Massacre—How Xenophobia, Politics Caused Assam's Genocide," *Quint*, February 18, 2020; Makiko Kimura, *The Nellie Massacre of 1983: Agency of Rioters* (New Delhi: SAGE Publications), 2013.

35 Weiner, "Political Demography of Assam's Anti-Immigrant Movement."

36 James D. Fearon, "Governance and Civil War Onset," World Development Report 2011 Background Paper, August 31, 2010.

37 Tim Judah, *In Wartime: Stories from Ukraine* (New York: Crown), 2016.

38 Lars-Erik Cederman, Kristian Skrede Gleditsch, and Halvard Buhaug, *Inequality, Grievances, and Civil War* (Cambridge: Cambridge University Press, 2013); Ted Robert Gurr, "Why Minorities Rebel: A Global Analysis of Communal Mobilization and Conflict Since 1945," *International Political Science Review*, 1993; F. Stewart, "Social Exclusion and Conflict: Analysis and Policy Implications" (report prepared for the UK Department for International Development, London, 2004).

39 Federico V. Magdalena, "Population Growth and Changing Ecosystems in Mindanao," *Philippine Quarterly of Culture and Society* 25 (1997): 5~30면.

40 Kanta Kumari Rigaud et al., "Groundswell: Preparing for Internal Climate Migration," World Bank, 2018.

41 Colin P. Kelley et al., "Climate Change in the Fertile Crescent and Implications of the Recent Syrian Drought," *Proceedings of the National Academy of Sciences* 112 (March 17, 2015): 3241~46면.

42 Carl-Friedrich Schleussner et al., "Armed-Conflict Risks Enhanced by Climate-Related Disasters in Ethnically Fractionalized Countries," *Proceedings of the National Academy of Sciences* 113 (August 16, 2016), 9216~21면.

4 희망이 사라질 때

1 James Waller, *A Troubled Sleep: Risk and Resilience in Contemporary Northern Ireland* (New York: Oxford University Press, 2021).

2 Peter Taylor, *The Provos: The IRA and Sinn Fein* (London: Bloomsbury, 2014), 44면.

3 앞의 책, 50면.

4 Eamonn Mallie and Patrick Bishop, *The Provisional IRA* (London: Corgi, 1987).

5 Gerry Adams, *Before the Dawn: An Autobiography* (Dublin: Brandon, 1996), 51면.

6 바로 이것이 내가 여러 질적 사례 연구를 읽고 반군 집단의 정치 지도자들과 인터뷰를 하면서 내린 결론이다.

7 Richard English, *Armed Struggle: The History of the IRA* (New York: Oxford University Press, 2003), 121면.

8 Sam Dagher, *Assad or We Burn the Country: How One Family's Lust for Power Destroyed Syria* (New York: Little, Brown, 2019), 158면.

9 Wendy Pearlman, *We Crossed a Bridge and It Trembled: Voices from Syria* (New York: Custom House, 2017), 145면.

10 "Assad Blames Conspirators for Syrian Protests," *The Guardian*, March 30, 2011.

11 Pearlman, *We Crossed a Bridge*, 100면.

12 David W. Lesch, "Anatomy of an Uprising: Bashar al-Assad's Fateful Choices That Launched the Civil War," in *The Arab Spring: The Hope and Reality of the Uprisings*, ed. Mark L. Haas and David W. Lesch (Boulder, Colo.: Westview

Press, 2017).

13 Mary Elizabeth King, *A Quiet Revolution: The First Palestinian Intifada and Nonviolent Resistance* (New York: Nation Books, 2007), 2~4, 205면.

14 Paul Collier et al., "Post-Conflict Risks," *Journal of Peace Research* 45 (July 2008): 461~78면; Lars-Erik Cederman et al., "Elections and Ethnic Civil War," *Comparative Political Studies* 46 (March 2013): 387~417면.

15 앞의 글.

16 Interview with Brendan Hughes, "Behind the Mask: The IRA and Sinn Fein," *Frontline*, October 21, 1997.

17 Thomas S. Szayna et al., "Conflict Trends and Conflict Drivers: An Empirical Assessment of Historical Conflict Patterns and Future Conflict" (Santa Monica, Calif.: RAND Corporation, 2017); Erica Chenoweth, *Civil Resistance: What Everyone Needs to Know* (New York: Oxford University Press, 2021).

18 Global Protest Tracker, Carnegie Endowment for International Peace, 2020.

19 Chenoweth, *Civil Resistance*.

20 "From Chile to Lebanon, Protests Flare Over Wallet Issues," *The New York Times*, October 23, 2019.

21 Cederman et al., "Elections and Ethnic Civil War."

22 Adam Przeworski, *Democracy and the Market: Political and Economic Reforms in Eastern Europe and Latin America* (Cambridge: Cambridge University Press), 1991; 쉐보르스키, 아담, 『민주주의와 시장』, 임혁백 외 1명 옮김(한울아카데미, 2019).

23 Marta Reynal-Querol, "Political Systems, Stability and Civil Wars," *Defence and Peace Economics* 13 (February 2002): 465~83면.

24 Cederman et al., "Elections and Ethnic Civil War."

25 Maury Klein, *Days of Defiance: Sumter, Secession, and the Coming of the Civil War* (New York: Alfred A. Knopf, 1997).

26 Fearon, "Governance and Civil War Onset"; Jason Lyall and Isaiah Wilson, "Rage Against the Machines: Explaining Outcomes in Counterinsurgency Wars," *International Organization* 63 (2009): 67~106면; Luke N. Condra and Jacob N. Shapiro, "Who Takes the Blame? The Strategic Effects of Collateral Damage," *American Journal of Political Science* 56 (January 2012): 167~87면;

Mark Irving Lichbach, "Deterrence or Escalation? The Puzzle of Aggregate Studies of Repression and Dissent," *Journal of Conflict Resolution* 31 (June 1987): 266~97면.

27 Pearlman, *We Crossed a Bridge*, 66면.

28 "Israel Says That Hamas Uses Civilian Shields, Reviving Debate," *The New York Times*, July 23, 2014.

29 Carlos Marighella, "Minimanual of the Urban Guerilla," *Survival: Global Politics and Strategy* 13 (1971): 95~100면; David B. Carter, "Provocation and the Strategy of Terrorist and Guerrilla Attacks," *International Organization* 70 (January 2016): 133~73면.

30 English, *Armed Struggle*, 122면.

31 Paddy Woodworth, "Why Do They Kill? The Basque Conflict in Spain," *World Policy Journal* 18 (2001): 1~12면.

32 Chenoweth, *Civil Resistance*.

33 Barbara F. Walter, *Reputation and Civil War: Why Separatist Conflicts Are So Violent* (Cambridge: Cambridge University Press, 2009).

34 Stefan Lindemann and Andreas Wimmer, "Repression and Refuge: Why Only Some Politically Excluded Ethnic Groups Rebel," *Journal of Peace Research* 55 (May 2018): 305~19면; Stathis N. Kalyvas, *The Logic of Violence in Civil War* (New York: Cambridge University Press, 2006).

35 2011년 7월 지은이가 파월과 한 인터뷰.

5 촉매

1 Matthew Bowser, "Origins of an Atrocity: Tracing the Roots of Islamophobia in Myanmar," *AHA Today*, June 25, 2018.

2 앞의 글.

3 Afroza Anwary, "Atrocities Against the Rohingya Community of Myanmar," *Indian Journal of Asian Affairs* 31 (2018): 93면.

4 Christina Fink, "Dangerous Speech, Anti-Muslim Violence, and Facebook in Myanmar," *Journal of International Affairs* 71 (2018): 43~52면.

5 Steve Stecklow, "Why Facebook Is Losing the War on Hate Speech in Myanmar," Reuters, August 15, 2018.

6 Paul Mozur, "A Genocide Incited on Facebook, with Posts from Myanmar's

Military," *The New York Times*, October 15, 2018.

7 Peter Shadbolt, "Rights Group Accuses Myanmar of 'Ethnic Cleansing,'" CNN, April 22, 2013.

8 "Facebook Bans Rohingya Group's Posts as Minority Faces 'Ethnic Cleansing,'" *The Guardian*, September 20, 2017.

9 "Myanmar's Killing Fields," *Frontline*, May 8, 2018; "Myanmar Rohingya: What You Need to Know About the Crisis," BBC, January 23, 2020; Mohshin Habib et al., *Forced Migration of Rohingya: An Untold Experience* (Ottawa: Ontario International Development Agency, 2018); "Rohingya Crisis: Villages Destroyed for Government Facilities," BBC, September 10, 2019.

10 내전에서 강간을 전술로 사용하는 것을 심층적으로 분석한 훌륭한 연구로는 Dara Kay Cohen, *Rape During Civil War* (Ithaca: Cornell University Press, 2016)를 보라.

11 Information Committee post, Facebook, September 5, 2017; "Rohingya Crisis: Aung San Suu Kyi Breaks Silence on Myanmar Violence," NBC News, September 6, 2017.

12 민주주의 다양성 연구소가 측정한 자유 선거 민주주의 수치에 근거한 것인데, 이 수치는 2011년에 역대 기록을 세웠다. 2012년에는 참여 민주주의 측정치가 최고점에 달했다. 민주주의의 전반적인 쇠퇴가 향상보다 컸을 뿐만 아니라 자유 민주주의 지수가 높아진 나라보다 낮아진 나라가 지속적으로 더 많았다. Michael Coppedge et al., "V-Dem Codebook v10," Varieties of Democracy (V-Dem) Project.

13 "Autocratization Surges—Resistance Grows, Democracy Report 2020," V-Dem Institute, March 2020.

14 "Individuals Using the Internet (% of Population)," World Bank, 2016.

15 "Ethiopia Violence: Facebook to Blame, Says Runner Gebrselassie," BBC, November 2, 2019.

16 "Hate Speech on Facebook Is Pushing Ethiopia Dangerously Close to a Genocide," *Vice*, September 14, 2020.

17 "Autocratization Turns Viral, Democracy Report 2021," V-Dem Institute, March 2021.

18 "State of the News Media 2013: Pew Research Center's Project for Excellence in Journalism," *Journalist's Resource*, March 18, 2013; "News Use Across Social Media Platforms 2016," Pew Research Center, May 26, 2016.

19 "Social Media in 2020: A Year of Misinformation and Disinformation,"

The Wall Street Journal, December 11, 2020.

20 이런 주장을 펴는 해리스의 인간적 기술을 위한 연구소Center for Humane Technology 웹사이트를 보라.

21 William J. Brady, et al., "Emotion Shapes the Diffusion of Moralized Content in Social Networks," *Proceedings of the National Academy of Sciences* 114 (July 2017): 7313~18면.

22 "Critical Posts Get More Likes, Comments, and Shares Than Other Posts," Pew Research Center, February 21, 2017.

23 "The Making of a YouTube Radical," *The New York Times*, June 8, 2019.

24 "What's New About Conspiracy Theories?," *The New Yorker*, April 15, 2019; Eli Pariser, *The Filter Bubble: How the New Personalized Web Is Changing What We Read and How We Think* (New York: Penguin, 2012); 프레이저, 엘리, 『생각 조종자들』, 이현숙 외 1명 옮김(알키, 2011); Eytan Bakshy et al., "Political Science: Exposure to Ideologically Diverse News and Opinion on Facebook," *Science* 348 (June 5, 2015): 1130~32면.

25 Peter Pomerantsev, *This Is Not Propaganda: Adventures in the War Against Reality* (New York: PublicAffairs, 2019), 125면.

26 Manoel Horta Ribeiro et al., "Auditing Radicalization Pathways on YouTube," Proceedings of the 2020 Conference on Fairness, Accountability, and Transparency (January 2020), 131~41면.

27 "He Incited Massacre, But Insulting Aung San Suu Kyi Was the Last Straw," *The New York Times*, May 29, 2019.

28 "Facebook Admits It Was Used to Incite Violence in Myanmar," *The New York Times*, November 6, 2018.

29 Jen Kirby, "Mark Zuckerberg on Facebook Role in Ethnic Cleansing in Myanmar: 'It's a Real Issue,'" *Vox*, April 2, 2018; Matthew Smith, "Facebook Wanted to Be a Force for Good in Myanmar. Now It Is Rejecting a Request to Help with a Genocide Investigation," *Time*, August 18, 2020; Anthony Kuhn, "Activists in Myanmar Say Facebook Needs to Do More to Quell Hate Speech, NPR, June 14, 2018.

30 Stecklow, "Why Facebook Is Losing the War on Hate Speech in Myanmar."

31 앞의 글. "Myanmar's Coup and Violence, Explained," *The New York Times*, April 24, 2021.

32 "Myanmar President Htin Kyaw Resigns," BBC, March 21, 2018.

33 "Facebook Takes a Side, Barring Myanmar Military After Coup," *The New York Times*, March 3, 2021.

34 "Why a Protest Leader in Myanmar Is Reluctantly Giving Up Nonviolence and Preparing for Combat," *Mother Jones*, March 31, 2021. 〈소에 나잉 윈〉은 가명이다.

35 "What Happens When the Government Uses Facebook as a Weapon?," *Bloomberg Businessweek*, December 7, 2017.

36 앞의 글.

37 "Official Count: Duterte Is New President, Robredo Is Vice President," CNN, May 17, 2016.

38 "'I Held Back Tears': Young Filipinos Vote in Divisive Midterm Election," *Vice*, May 13, 2019.

39 Sean Williams, "Rodrigo Duterte's Army of Online Trolls," *The New Republic*, January 4, 2017.

40 Sanja Kelly et al., "Freedom on the Net 2017: Manipulating Social Media to Undermine Democracy," Freedom House, 2017.

41 앞의 글.

42 Fadi Quran, "The Bully's Pulpit," podcast, Center for Humane Technology, June 22, 2020, https://www.humanetech.com/podcast/20-the-bullys-pulpit.

43 "Jair Bolsonaro, Brazil's President, Is a Master of Social Media," *Economist*, March 14, 2019.

44 "Ministra Das Mulheres Confessa Que É Gay," YouTube, February 28, 2013.

45 "In Brazil, a President Under Fire Lashes Out at Investigators," *The New York Times*, May 29, 2020.

46 Ricardo F. Mendonça and Renato Duarte Caetano, "Populism as Parody: The Visual Self-Presentation of Jair Bolsonaro on Instagram," *International Journal of Press/Politics* 26 (January 2021): 210~35면.

47 2020년 9월, 페이스북은 중국에 기반을 둔 구매 계정 네트워크의 일부임이 들어난 이런 계정 155개를 정지시켰다. 그 밖에도 경찰과 정부 관리들이 만든 가짜 계정들도 정지되었다. 열렬한 중국 지지자인 필리핀 대통령은 중국 인터넷 사기업자들을 활용해서 국내 지지율을 끌어올렸다. 계정 정지 사태에 격분한 두테르테는 거

친 언사로 페이스북을 비난하면서도 지지 기반을 유지하기 위해 계속 이 회사에 의존한다. "Facebook Removes Chinese Accounts Active in Philippines and U.S. Politics," Reuters, September 22, 2020도 보라.

48 Williams, "Rodrigo Duterte's Army of Online Trolls."

49 "The Global Machine Behind the Rise of Far-Right Nationalism," *The New York Times*, August 10, 2019.

50 Amy Watson, "Sweden: Usage of Digital News Sources, 2020," *Statista*, April 28, 2021.

51 "Swedish Far-Right Wins First Seats in Parliament," BBC, September 20, 2010.

52 Danielle Lee Tomson, "The Rise of Sweden Democrats: Islam, Populism and the End of Swedish Exceptionalism," Brookings Institution, March 26, 2020.

53 Angry Foreigner, YouTube channel, https://www.youtube.com/channel/UC8kf0zcrJ kz7muZg2C_J-XQ, 2021년 4월 26일 접속.

54 Lennart Matikainen, YouTube channel, https://www.youtube.com/channel/UCMkVJrQM6YRUymwGamEJNNA, 2021년 4월 26일 접속.

55 "PM Modi Crosses 60 Million Followers on Twitter," *Times of India*, July 19, 2020.

56 "Indian News Channel Fined in UK for Hate Speech About Pakistan," *The Guardian*, December 23, 2020.

57 "The Billionaire Yogi Behind Modi's Rise," *The New York Times*, July 26, 2018.

58 "How YouTube Radicalized Brazil," *The New York Times*, August 11, 2019.

59 "How Far-Right Extremists Rebrand to Evade Facebook's Ban," *National Observer*, May 10, 2019.

60 "Marine Le Pen's Internet Army," *Politico*, February 3, 2017.

61 "Marine Le Pen Defeated But France's Far Right Is Far from Finished," *The Guardian*, May 7, 2017; "Marine Le Pen's Financial Scandal Continues," *The Atlantic*, June 30, 2017; "Far-Right Wins French Vote in EU Election, But Macron Limits Damage," Reuters, May 26, 2019.

62 "Why the Right Wing Has a Massive Advantage on Facebook," *Politico*, September 26, 2020.

63 "Undercover with a Border Militia," *Mother Jones*, November/December

2016.

64 Vera Mironova, *From Freedom Fighters to Jihadists: Human Resources of Non-State Armed Groups* (New York: Oxford University Press, 2019).

65 "Facebook Groups Act as Weapons Bazaars for Militias," *The New York Times*, April 6, 2016.

66 "The Strategy of Violent White Supremacy Is Evolving," *The Atlantic*, August 7, 2019.

67 "The Year in Hate and Extremism 2020: Hate Groups Became More Difficult to Track Amid COVID and Migration to Online Networks," Southern Poverty Law Center, February 1, 2021.

68 "Inside the Surreal World of the Islamic State's Propaganda Machine," *The Washington Post*, November 20, 2015.

69 Mironova, *From Freedom Fighters to Jihadists*, 8면.

70 "To Russia with Likes (Part 2)," *Your Undivided Attention* podcast, episode 6, August 1, 2019.

6 우리는 얼마나 가까운가?

1 "How a Presidential Rally Turned into a Capitol Rampage," *The New York Times*, January 12, 2021; "Trump's Full Speech at D.C. Rally on January 6," *The Wall Street Journal*, February 7, 2021.

2 "77 Days: Trump's Campaign to Subvert the Election," *The New York Times*, January 31, 2021.

3 "'Be There. Will Be Wild!': Trump All But Circled the Date," *The New York Times*, January 6, 2021.

4 "President Trump Remarks at Georgia U.S. Senate Campaign Event," C-SPAN, January 4, 2021.

5 "Former President Donald Trump's January 6 Speech," CNN, February 8, 2021.

6 Katherine Stewart, "The Roots of Josh Hawley's Rage," *The New York Times*, January 11, 2021.

7 "Arrested Capitol Rioters Had Guns and Bombs, Everyday Careers and Olympic Medals," Reuters, January 14, 2021.

8 "Trump Urges Crowd to 'Knock the Crap Out of' Anyone with Tomatoes,"

Politico, February 1, 2016.

9 "Trump on Protester: 'I'd Like to Punch Him in the Face,'" *Politico*, February 23, 2016.

10 "Trump Says Maybe '2nd Amendment People' Can Stop Clinton's Supreme Court Picks," ABC News, August 9, 2016.

11 "Man Charged After White Nationalist Rally in Charlottesville Ends in Deadly Violence," *The New York Times*, August 12, 2017.

12 "Trump Tweets 'Liberate' Michigan, Two Other States with Dem Governors," *The Detroit News*, April 17, 2020; "Trump Tweets Support for Michigan Protesters, Some of Whom Were Armed, as 2020 Stress Mounts," CNN, May 1, 2020.

13 "Former President Donald Trump's January 6 Speech," CNN, February 8, 2021.

14 "Inside the Remarkable Rift Between Donald Trump and Mike Pence," *The Washington Post*, January 11, 2021.

15 Courtney Subramanian, "A Minute-by-Minute Timeline of Trump's Day as the Capitol Siege Unfolded on Jan. 6," *USA Today*, February 11, 2021.

16 앞의 글.

17 "Deleted Tweets from Donald J. Trump, R-Fla.," ProPublica, January 8, 2021.

18 "Polity5 Annual Time-Series, 1946-2018," Center for Systemic Peace.

19 정치체 점수는 브이뎀과 달리 민주주의 점수에서 참정권을 고려하지 않는다.

20 Arthur M. Schlesinger, Jr., *The Imperial Presidency* (New York: Houghton Mifflin, 1973); "America Is Living James Madison's Nightmare," *The Atlantic*, October 2018.

21 "Clash Between Trump and House Democrats Poses Threat to Constitutional Order," *The New York Times*, May 7, 2019.

22 "Trump Accelerates the Unrest," *Axios*, April 17, 2020.

23 "Forceful Removal of Protesters From Outside White House Spurs Debate," *The Wall Street Journal*, June 2, 2020.

24 "Trump's Full June 1 Address at the Rose Garden," *The Washington Post*, June 1, 2020.

25 "Polity5 Annual Time-Series, 1946-2018," Center for Systemic Peace; "Mapped: The World's Oldest Democracies," World Economic Forum, August 8,

2019.

26 "Elections Results Under Attack: Here Are the Facts," *The Washington Post*, March 11, 2021; "Fact Check: Courts Have Dismissed Multiple Lawsuits of Alleged Electoral Fraud Presented by Trump Campaign," Reuters, February 15, 2021; "By the Numbers: President Donald Trump's Failed Efforts to Overturn the Election," *USA Today*, January 6, 2021.

27 "Arizona Governor Becomes Latest Trump Target After Certifying Biden's Win," NBC News, December 2, 2020; "Trump Pressured Georgia Secretary of State to 'Find' Votes," *The Wall Street Journal*, January 4, 2021.

28 "Trump Fires Mark Esper, Defense Secretary Who Opposed Use of Troops on U.S. Streets," *The New York Times*, November 9, 2020.

29 "Opinion: All 10 Living Former Defense Secretaries: Involving the Military in Election Disputes Would Cross into Dangerous Territory," *The Washington Post*, January 3, 2021.

30 "Conspiracy Charges Filed Over Capitol Riot," *The Wall Street Journal*, January 19, 2021.

31 Goldstone et al., "A Global Model for Forecasting Political Instability."

32 2020년 9월 22일 지은이가 마셜과 한 인터뷰.

33 Anna Lührmann and Matthew Wilson, "One-Third of the World's Population Lives in a Declining Democracy. That Includes the United States," *The Washington Post*, July 4, 2018.

34 Fearon, "Governance and Civil War Onset"; Barbara F. Walter, "Why Bad Governance Leads to Repeat Civil War," *Journal of Conflict Resolution* 59 (October 2015): 1242~72면.

35 "The Federalist Number 10," November 22, 1787, *Founders Online*, National Archives; 해밀턴, 알렉산더 외 2명, 『페더럴리스트』, 박찬표 옮김(후마니타스, 2019).

36 그리고 인종은 종교, 특히 우파 성향 종교와 연결된다. 복음주의 기독교인들은 공화당의 가장 강력한 지지자층이다. 2020년 백인 복음주의자 열 명 중 여덟 명이 트럼프에게 표를 던졌다. 반대편에는 무신론자, 불가지론자, 유대인, 무슬림 등이 뒤섞여 있다. 이 사람들은 압도적으로 민주당을 지지한다. 바이든은 무신론자와 불가지론자의 72퍼센트, 유대인의 68퍼센트, 무슬림의 64퍼센트에게 지지를 받았다. Elana Schor and David Crary, "AP VoteCast: Trump Wins White Evangelicals, Catholics Split," Associated Press, November 6, 2020.

37 Zoltan L. Hajnal, *Dangerously Divided: How Race and Class Shape Winning and Losing in American Politics* (Cambridge: Cambridge University Press, 2020).

38 앞의 책.

39 "South Reverses Voting Patterns; Goldwater Makes Inroads, But More Electoral Votes Go to the President," *The New York Times*, November 4, 1964.

40 "What Republicans Must Do to Regain the Negro Vote," *Ebony*, April 1962.

41 "In Changing U.S. Electorate, Race and Education Remain Stark Dividing Lines," Pew Research Center, June 2, 2020.

42 "Alex Jones," Southern Poverty Law Center, https://www.splcenter.org/fighting-hate/extremist-files/individual/alex-jones, 2021년 4월 27일 접속.

43 "Trump Retweets Video of Apparent Supporter Saying 'White Power,'" NPR, June 28, 2020.

44 Gordana Uzelak, "Franjo Tudjman's Nationalist Ideology," *East European Quarterly* 31 (1997): 449~72면.

45 "Religion and Right-Wing Politics: How Evangelicals Reshaped Elections," *The New York Times*, October 28, 2018; "Ronald Reagan's Long-Hidden Racist Conversation with Richard Nixon," *The Atlantic*, July 30, 2019.

46 Tim Carman, "New Limits on Food and Water at Georgia's Polls Could Hinder Black and Low-Income Voters, Advocates Say," *The Washington Post*, April 9, 2021.

47 2020년 12월 14일 지은이가 마셜과 대화한 내용. 2016년도 Polity Change File도 보라.

48 "Why Reconstruction Matters," *The New York Times*, March 28, 2015.

49 "'The Civil War Lies on Us Like a Sleeping Dragon': America's Deadly Divide—and Why It Has Returned," *The Guardian*, August 20, 2017.

50 Pippa Norris, "Measuring Populism Worldwide," *Party Politics* 26 (November 2020): 697~717면.

51 "Trump Wins CPAC Straw Poll, but Only 68 Percent Want Him to Run Again," *The New York Times*, February 28, 2021; "Trump Wins CPAC Straw Poll on the 2024 Presidential Primary, with 55 Percent Support," *Vox*, March 1, 2021.

52 "Cruz Says Supreme Court 'Better Forum' for Election Disputes Amid Electoral College Objection Push," Fox News, January 3, 2021.

53 "The 147 Republicans Who Voted to Overturn Election Results," *The New*

York Times, January 7, 2021.

54 미국 백인들이 지위를 상실한 결과로 점차 반동화된 과정을 탁월하게 서술하는 연구로는 Matt A. Barreto and Christopher S. Parker, *Change They Can't Believe In: The Tea Party and Reactionary Politics in Contemporary America* (Princeton, N.J.: Princeton University Press, 2013)를 보라.

55 "Census: Minority Babies Are Now Majority in United States," *The Washington Post*, May 17, 2012.

56 앞의 글.

57 "All About the Hamiltons," *The New Yorker*, February 2, 2015.

58 William Emmons et al., "Why Is the White Working Class in Decline?," *On the Economy* blog, Federal Reserve Bank of St. Louis, May 20, 2019.

59 "Full Text: 2017 Donald Trump Inauguration Speech Transcript," *Politico*, January 20, 2017.

60 "Down the Breitbart Hole," *The New York Times*, August 16, 2017; "Who Is Mike Cernovich? A Guide," *The New York Times*, April 5, 2017.

61 Andrew Guess et al., "Less Than You Think: Prevalence and Predictors of Fake News Dissemination on Facebook," *Science Advances* 5 (January 9, 2019).

62 Samantha Bradshaw and Philip N. Howard, "The Global Disinformation Order: 2019 Global Inventory of Organised Social Media Manipulation" (working paper, Project on Computational Propaganda, 2019).

63 "Stranger Than Fiction," *Your Undivided Attention* podcast, episode 14, March 30, 2020.

64 Diana C. Mutz, "Status Threat, Not Economic Hardship, Explains the 2016 Presidential Vote, *Proceedings of the National Academy of Sciences* 115 (May 2018): E4330~39면.

65 Justin Gest, *The New Minority: White Working Class Politics in an Age of Immigration and Inequality* (Oxford: Oxford University Press, 2016).

66 Rachel Wetts and Robb Willer, "Privilege on the Precipice: Perceived Racial Status Threats Lead White Americans to Oppose Welfare Programs," *Social Forces* 97 (December 2018): 793~822면.

67 "Racial Prejudice, Not Populism or Authoritarianism, Predicts Support for Trump Over Clinton," *The Washington Post*, May 26, 2016.

68 "Trump Is the First Modern Republican to Win the Nomination Based on Racial Prejudice," *The Washington Post*, August 1, 2016.

69 Ilyana Kuziemko and Ebonya Washington, "Why Did the Democrats Lose the South? Bringing New Data to an Old Debate," *American Economic Review* 108 (2018): 2830~67면; Rory McVeigh et al., "Political Polarization as a Social Movement Outcome: 1960s Klan Activism and Its Enduring Impact on Political Realignment in Southern Counties, 1960 to 2000," *American Sociological Review* 79 (December 2014): 1144~71면.

70 Donald R. Kinder and Lynn M. Sanders, *Divided by Color: Racial Politics and Democratic Ideals* (Chicago: University of Chicago Press, 1996).

71 Zoltan Hajnal, Vince Hutchings, and Taeku Lee, *Racial and Ethnic Politics in the United States* (Cambridge: Cambridge University Press, 곧 나옴). 기초 데이터의 출처는 "Times Series Study," American National Election Study, 2016.

72 Francis Fukuyama, *Identity: The Demand for Dignity and the Politics of Resentment* (New York: Farrar, Straus and Giroux, 2018); 후쿠야마, 프랜시스, 『존중받지 못하는 자들을 위한 정치학』, 이수경 옮김(한국경제신문사, 2020); Petersen, *Understanding Ethnic Violence*, 2002.

73 "About Half of Republicans Don't Think Joe Biden Should Be Sworn in as President," *Vox*, January 11, 2021.

74 "Most Voters Say the Events at the U.S. Capitol Are a Threat to Democracy," YouGov, January 6, 2021.

75 "53% of Republicans View Trump as True U.S. President," *Reuters*, May 24, 2021.

76 "Feelings of Political Violence Rise," Statista, January 7, 2021; "Americans Increasingly Believe Violence Is Justified if the Other Side Wins," *Politico*, October 1, 2020.

77 Nathan P. Kalmoe and Lilliana Mason, "Lethal Mass Partisanship: Prevalence, Correlates, and Electoral Contingencies" (paper presented at the American Political Science Association Conference, 2018).

78 "Guide to the Analysis of Insurgency," Central Intelligence Agency, 2012.

79 "Active 'Patriot' Groups in the United States in 2011," Southern Poverty Law Center, March 8, 2012; "The Second Wave: Return of the Militias," Southern Poverty Law Center, August 1, 2009.

80 Seth G. Jones, Catrina Doxsee, Grace Hwang, and Jared Thompson, "The Military, Police, and the Rise of Terrorism in the United States," *CSIS: CSIS Briefs*, April 2021.

81 "Profiles of Individual Radicalization in the United States (PIRUS)" (research brief, National Consortium for the Study of Terrorism and the Responses to Terrorism, May 2020).

82 "Oath Keepers," Southern Poverty Law Center, https://www.splcenter. org/fighting-hate/extremist-files/group/oath-keepers, 2021년 4월 28일 접속.

83 "One-on-One with JJ MacNab," *Intelligence Unclassified* podcast, episode 22, State of New Jersey Office of Homeland Security and Preparedness, June 6, 2016.

84 CIA, "Guide to the Analysis of Insurgency."

85 "The War Comes Home: The Evolution of Domestic Terrorism in the United States," Center for Strategic and International Studies (CSIS), October 22, 2020; "The Rise of Far-Right Extremism in the United States," CSIS, November 7, 2018.

86 CIA, "Guide to the Analysis of Insurgency."

87 "The Capitol Siege: The Arrested and Their Stories," NPR, April 23, 2021.

88 Tim Alberta (@TimAlberta)," Twitter, January 10, 2021.

7 전쟁은 어떤 모습일까?

1 전문가들마다 미국에서 내전이 어떻게 시작될지에 대해 의견이 갈린다. 어떤 이들은 내전이 일어나는 일은 없을 것이라고 믿는 반면, 다른 이들은 훨씬 빨리 내전이 일어날 수 있다고 생각한다. 이 도입부는 내전의 초기 단계가 어떤 모습일지를 각색해 보려는 하나의 시도이지 과학적 예측은 결코 아니다. 말 그대로 가능한 시나리오는 무궁무진하다.

2 Clayton R. Newell, *The Regular Army Before the Civil War, 1845-1860* (Washington, D.C.: Center of Military History, United States Army, 2014).

3 Robert A. Pape, *Dying to Win: The Strategic Logic of Suicide Terrorism*, (New York: Random House, 2005).

4 "*The Turner Diaries*, Other Racist Novels, Inspire Extremist Violence," Southern Poverty Law Center, October 14, 2004.

5 Aja Romano, "How a Dystopian Neo-Nazi Novel Helped Fuel Decades of White Supremacist Terrorism," *Vox*, January 28. 2021.

6 "How 'The Turner Diaries' Incites White Supremacists," *The New York Times*, January 12, 2021; "'The Turner Diaries' Didn't Just Inspire the Capitol

Attack. It Warns Us What Might Be Next," *Los Angeles Times*, January 8, 2021.

7 "Influential Neo-Nazi Eats at Soup Kitchens, Lives in Government Housing," NBC News, November 26, 2019; "Atomwaffen and the SIEGE Parallax: How One Neo-Nazi's Life's Work Is Fueling a Younger Generation," Southern Poverty Law Center, February 22, 2018.

8 "Inside Atomwaffen as It Celebrates a Member for Allegedly Killing a Gay Jewish College Student," ProPublica, February 23, 2018.

9 "Accelerationism: The Obscure Idea Inspiring White Supremacist Killers Around the World," *Vox*, November 18, 2019.

10 "The Hate Store: Amazon's Self-Publishing Arm Is a Haven for White Supremacists," ProPublica, April 7, 2020.

11 "As Global Democracy Retreats, Ethnic Cleansing Is on the Rise," Freedom House, February 25, 2019.

12 "Stratton Town Report Cover Draws Attention for All the Wrong Reasons," *VTDigger*, February 24, 2021; Ellen Barry (@EllenBarryNYT), "Holy Moly, Stratton, Vermont's annual report," Twitter, February 23, 2021.

13 Gregory Stanton, "The Ten Steps of Genocide," Genocide Watch, 1996.

14 "Dems Spark Alarm with Call for National ID Card," *The Hill*, April 30, 2010.

15 "The Ten Steps of Genocide," Genocide Watch.

16 Marianne Bertrand and Sendhil Mullainathan, "Are Emily and Greg More Employable than Lakisha and Jamal?" *American Economic Review* 94 (2004): 991~1013면.

17 Daniel M. Butler and David E. Broockman, "Do Politicians Racially Discriminate Against Constituents? A Field Experiment on State Legislators," *American Journal of Political Science* 55 (2011): 463~77면.

18 "A Troubling Tale of a Black Man Trying to Refinance His Mortgage," CNBC, August 19, 2020; Peter Christensen and Christopher Timmins, "Sorting or Steering: Experimental Evidence on the Economic Effects of Housing Discrimination" (NBER working paper, 2020).

19 "Trump Used Words Like 'Invasion' and 'Killer' to Discuss Immigrants at Rallies 500 Times," *USA Today*, August 8, 2019; "Trump Calls Omarosa Manigault Newman 'That Dog' in His Latest Insult," *The New York Times*, August 14, 2019.

20 "Trump Ramps Up Rhetoric on Undocumented Immigrants: 'These Aren't People. These Are Animals,'" *USA Today*, May 16, 2018.

21 "What Are the 10 Stages of Genocide?," Al Jazeera, July 10, 2020.

22 "A Pro-Trump Militant Group Has Recruited Thousands of Police, Soldiers, and Veterans," *The Atlantic*, November 2020.

23 "A Guide to Rep. Marjorie Taylor Greene's Conspiracy Theories and Toxic Rhetoric," *Media Matters*, February 2, 2021.

24 "South Carolina GOP Censures SC-07 Representative Tom Rice After 'Disappointing' Vote to Impeach Trump," Fox News, January 30, 2021; "Wyoming GOP Censures Liz Cheney for Voting to Impeach Trump," NPR, February 6, 2021; "GOP Rep. Meijer Receiving Threats After 'Vote of Conscience' to Impeach Trump," *The Detroit News*, January 14, 2021.

25 "The Boogaloo Bois Prepare for Civil War," *The Atlantic*, January 15, 2021; "Atomwaffen Division," Anti-Defamation League, 2021.

26 "One-on-One with JJ MacNab," *Intelligence Unclassified* podcast.

27 "Documenting Hate: New American Nazis," *Frontline*, November 20, 2018.

28 "What Is Atomwaffen? A Neo-Nazi Group, Linked to Multiple Murders," *The New York Times*, February 12, 2018; "An Atomwaffen Member Sketched a Map to Take the Neo-Nazis Down. What Path Officials Took Is a Mystery," ProPublica, November 20, 2018.

29 "Neo-Nazi Terror Group Atomwaffen Division Re-Emerges Under New Name," *Vice*, August 5, 2020.

30 "He's a Proud Neo-Nazi, Charlottesville Attacker —and a U.S. Marine," ProPublica, May 11, 2018.

31 "Documenting Hate: New American Nazis," *Frontline*.

32 Max Taylor, Donald Holbrook, and P. M. Currie, *Extreme Right Wing Political Violence and Terrorism* (London: Bloomsbury, 2013).

33 J. M. Berger, "The Strategy of Violent White Supremacy Is Evolving," *The Atlantic*, August 7, 2019.

34 앞의 글.

35 "Facebook's Boogaloo Problem: A Record of Failure," Tech Transparency Project, August 12, 2020; "The Boogaloo: Extremists' New Slang Term for a Coming Civil War," Anti-Defamation League, November 26, 2019; "The

Boogaloo Tipping Point," *The Atlantic*, July 4, 2020; "Who Are the Boogaloo Bois? A Man Who Shot Up a Minneapolis Police Precinct Was Associated with the Extremist Movement, According to Unsealed Documents," *Insider*, October 26, 2020.

36 "Why the Extremist 'Boogaloo Boys' Wear Hawaiian Shirts," *The Wall Street Journal*, June 8, 2020.

37 "Boogaloo: Extremists' New Slang Term for a Coming Civil War," ADL.

38 "Boss: Kidnapping Plot Suspect Was 'On Edge' Recently," WOOD-TV, October 8, 2020.

39 "FBI Charges Six Who It Says Plotted to Kidnap Michigan Gov. Gretchen Whitmer, as Seven More Who Wanted to Ignite Civil War Face State Charges," *The Washington Post*, October 8, 2020.

40 "Boogaloo: Extremists' New Slang Term for a Coming Civil War," ADL.

41 "Extremists Are Using Facebook to Organize for Civil War Amid Coronavirus," Tech Transparency Project, April 22, 2020.

42 앞의 글.

43 앞의 글.

44 "3 Men Tied to 'Boogaloo' Movement Plotted to Terrorize Las Vegas Protests, Officials Say," ABC7, June 4, 2020.

45 "Facebook Bans Large Segment of Boogaloo Movement," *The Wall Street Journal*, June 20, 2020.

46 David Zucchino, *Wilmington's Lie: The Murderous Coup of 1898 and the Rise of White Supremacy* (New York: Grove Atlantic, 2020).

47 "What's Inside the Hate-Filled Manifesto Linked to the Alleged El Paso Shooter," *The Washington Post*, August 4, 2019.

48 "The Private Militias Providing 'Security' for Anti-Lockdown Protests, Explained," *Vox*, May 11, 2020.

49 "Where Protesters Go, Armed Militias, Vigilantes Likely to Follow with Little to Stop Them," NBC News, September 1, 2020.

50 Barbara F. Walter, "The Extremist's Advantage in Civil Wars," *International Security* 42 (2017): 7~39면.

51 Barbara F. Walter and Gregoire Philipps, "Who Uses Internet Propaganda in Civil War?" (곧 나옴).

52 Andrew H. Kydd and Barbara F. Walter, "The Strategies of Terrorism,"

International Security 31 (2006): 49~80면.

53 Sergiy Kudelia, *Dismantling the State from Below: Intervention, Collaborationism, and Resistance in the Armed Conflict in Donbas* (곧 나옴).

54 Tim Hume, "Far-Right Extremists Have Been Using Ukraine's War as a Training Ground. They're Returning Home," *Vice*, July 31, 2019.

55 킬컬런에 따르면, 〈상황이 걷잡을 수 없이 나빠지려 한다는 것을 보여 주는 가장 뚜렷한 지표는 증오가 아니다. 증오는 언제나 존재한다. 그 지표는 공포다〉.; Matthew Gault, "Is the U.S. Already in a New Civil War," *Vice*, October 27, 2020.

56 G. M. Gilbert, *Nuremberg Diary* (New York: Farrar, Straus, 1947), 278면.

57 Human Rights Watch, "The Rwandan Genocide: How It Was Prepared" (briefing paper, April 2006).

58 "Americans Have Bought Record 17m Guns in Year of Unrest, Analysis Finds," *The Guardian*, October 30, 2020.

59 앞의 글.

60 "The War Comes Home: The Evolution of Domestic Terrorism in the United States," CSIS, October 22, 2020; "In America, Far-Right Terrorist Plots Have Outnumbered Far-Left Ones in 2020," *The Economist*, October 27, 2020.

61 영문 위키피디아 "Socialist Rifle Association" 항목. 이 인용문의 출처는 지금은 운영되지 않는 단체의 웹사이트다. https://www.facebook.com/SocialistRifle/about/도 보라.

62 "'If You Attack Us, We Will Kill You': The Not Fucking Around Coalition Wants to Protect Black Americans," *Vice*, October 28, 2020.

63 "What Is Redneck Revolt? These Left-wing Activists Protect Minorities with Guns," *Newsweek*, December 27, 2017.

64 Benjamin A. Valentino, *Final Solutions: Mass Killing and Genocide in the 20th Century* (Ithaca, N.Y.: Cornell University Press, 2013); 발렌티노, 벤자민, 『20세기의 대량 학살과 제노사이드』, 장원석 외 1명 옮김(제주대학교출판부, 2006).

65 C. Berrebi and E. Klor, "Are Voters Sensitive to Terrorism? Direct Evidence from the Israeli Electorate," *American Political Science Review* 102, no. 3 (2008): 279~301면; Anna Getmansky and Thomas Zeitzoff, "Terrorism and Voting: The Effect of Rocket Threat on Voting in Israeli Elections," *American Political Science Review* 108, no. 3 (2014): 588~604면.

66 Eitan D. Hersch, "Long-Term Effect of September 11 on the Political

Behavior of Victims' Families and Neighbors," *Proceedings of the National Academy of Sciences* 52 (December 24, 2013): 20959~63면.

67 Roberto Stefan Foa and Yascha Mounk, "The Democratic Disconnect," *Journal of Democracy* 27 (2016): 5~17면.

68 Matthew H. Graham and Milan W. Svolik, "Democracy in America? Partisanship, Polarization, and the Robustness of Support for Democracy in the United States," *American Political Science Review* 114 (2020): 392~409면.

69 "Public Trust in Government: 1958-2019," Pew Research Center, April 11, 2019.

70 "Little Public Support for Reductions in Federal Spending," Pew Research Center, April 11, 2019.

71 "Follow the Leader: Exploring American Support for Democracy and Authoritarianism," Democracy Fund Voter Study Group, March 2018.

8 내전을 예방하기

1 Barbara F. Walter, "In Memoriam: Nelson Mandela," *Political Violence @ A Glance*, December 6, 2013.

2 연간 위험도 3.4퍼센트는 작아 보일지 몰라도 전혀 그렇지 않다. 내전의 위험성은 시간이 흐르면서 악화되는 까닭에 연간 위험도가 3퍼센트라도 동일한 조건이 유지되면 50년의 기간 동안 150퍼센트로 높아진다. 흡연으로 인한 암 발생 위험도와 비교하면 적절하다. 초기에는 흡연자가 폐암에 걸릴 위험도가 낮지만, 평생에 걸쳐 계속 담배를 피우면 위험도가 상당히 높아진다. 출처: "Polity5 Annual Time-Series, 1946-2018," Center for Systemic Peace. 이 점을 명쾌하게 설명해 준 마셜에게 감사한다.

3 Barbara F. Walter, "Does Conflict Beget Conflict? Explaining Recurring Civil War," *Journal of Peace Research* 41 (May 2004): 371~88면; Walter, "Why Bad Governance Leads to Repeat Civil War."

4 Paul Collier et al., *Breaking the Conflict Trap: Civil War and Development Policy*(Washington, D.C.: World Bank and Oxford University Press, 2003).

5 Barbara F. Walter, "Conflict Relapse and the Sustainability of Post-Conflict Peace," World Bank, 2011; Walter, "Why Bad Governance Leads to Repeat Civil War."

6 Fearon, "Governance and Civil War Onset."

7 Walter, "Conflict Relapse and the Sustainability of Post-Conflict Peace"; Walter, "Why Bad Governance Leads to Repeat Civil War."

8 Fearon, "Governance and Civil War Onset."

9 Sean Illing, "A Political Scientist Explains Why the GOP Is a Threat to American Democracy," *Vox*, October 20, 2020.

10 Elliott Davis, "U.S. Election Integrity Compares Poorly to Other Democracies," *U.S. News & World Report*, October 7, 2020.

11 Illing, "Political Scientist Explains Why the GOP Is a Threat."

12 Davis, "U.S. Election Integrity Compares Poorly to Other Democracies."

13 Nathaniel Rakich, "What Happened When 2.2 Million People Were Automatically Registered to Vote," *FiveThirtyEight*, October 10, 2019.

14 "Trudeau Breaks Promise on Reforming Canada's Voting System," BBC, February 1, 2017; "Canada," Freedom House, 2020.

15 "Canada," Freedom House.

16 Eric Liu, *You're More Powerful Than You Think: A Citizen's Guide to Making Change Happen* (New York: PublicAffairs, 2017), 8면; 리우, 에릭, 『시민 권력』, 구세희 옮김(저스트북스, 2017).

17 "Americans' Knowledge of the Branches of Government Is Declining," Annenberg Public Policy Center, September 13, 2016.

18 "America Needs History and Civics Education to Promote Unity," *The Wall Street Journal*, March 1, 2021.

19 만약 미국이 결국 내전을 겪게 된다면 과학·기술·공학·수학 융합 교육에서 이룬 어떤 발전도 멈춰 선다는 사실에 주목해야 한다. 내전을 경험하는 나라들은 1인당 국내 총생산(GDP)이 큰 폭으로 감소하고, 제도가 약해지며, 보건 의료와 교육 같은 공공 서비스가 붕괴된다. Collier, P. (1999), "On the Economic Consequences of Civil War," *Oxford Economic Papers*, 51(1), 168~183면. Retrieved August 19, 2021, from http://www.jstor.org/stable/3488597; Hannes Mueller, Julia Tobias, (2016), "The Cost of Violence: Estimating the Economic Impact of Conflict," International Growth Center.

20 2021년 4월 지은이가 리우와 한 인터뷰.

21 〈멜니크〉는 가명이다.

22 Cass R. Sunstein, "It Can Happen Here," *The New York Review*, June 28, 2018.

23 "Labeling Groups Like the Proud Boys 'Domestic Terrorists' Won't Fix

Anything," *Vox*, February 19, 2021; "An Old Debate Renewed: Does the U.S. Now Need a Domestic Terrorism Law?," NPR, March 16, 2021.

24 Lewis, *How Insurgency Begins.*

25 Janet Reitman, "U.S. Law Enforcement Failed to See the Threat of White Nationalism. Now They Don't Know How to Stop It," *The New York Times*, November 3, 2018.

26 앞의 글.

27 "White Supremacist Infiltration of Law Enforcement," FBI Intelligence Assessment, October 17, 2016.

28 "The FBI Has Quietly Investigated White Supremacist Infiltration of Law Enforcement," *The Intercept*, January 31, 2017.

29 Lewis, *How Insurgency Begins.*

30 "Rightwing Extremism: Current Economic and Political Climate Fueling Resurgence in Radicalization and Recruitment," Department of Homeland Security, April 7, 2009.

31 "Domestic Terrorism Threat Is 'Metastasizing' in U.S., F.B.I. Director Says," *The New York Times*, March 2, 2021.

32 "The Oklahoma City Bombing: 25 Years Later," Federal Bureau of Investigation, April 15, 2020.

33 "The Department of Justice's Terrorism Task Forces June 2005," U.S. Department of Justice, June 2005.

34 FBI, "Oklahoma City Bombing: 25 Years Later."

35 "Merrick Garland Faces Resurgent Peril After Years Fighting Extremism," *The New York Times*, February 20, 2021.

36 David Kilcullen, *The Accidental Guerrilla: Fighting Small Wars in the Midst of a Big One* (New York: Oxford University Press, 2011), 265면.

37 Evan Osnos, "Doomsday Prep for the Super-Rich," *The New Yorker*, November 30, 2017.

38 "Six More Defendants Settle Lawsuit Brought After 'Unite the Right' Rally," Georgetown Law, May 16, 2018.

39 David Cook, "The Time Has Come for the Story of the Five Women Who Defeated the Klan," *Chattanooga Times Free Press*, February 22, 2020; "Attorney, Victim Share Story of 1980 KKK Shooting on MLK Boulevard," WRCB-TV, February 20, 2020.

40 "Donald v. United Klans of America," Southern Poverty Law Center; "Inside the Case That Bankrupted the Klan," CNN, April 11, 2021.

41 Carrie O'Neil and Ryan Sheely, "Governance as a Root Cause of Protracted Conflict and Sustainable Peace: Moving from Rhetoric to a New Way of Working," Stockholm International Peace Research Institute, June 20, 2019.

42 Matthew Yglesias (@mattyglesias), "It's kinda weird that deplatforming Trump just like completely worked with no visible downside whatsoever," Twitter, January 21, 2021.

43 Gregory S. Gordon, "Atrocity Speech Law: Foundation, Fragmentation, Fruition, Oxford Scholarship Online, May 2017, https://oxford.universitypressscholarship.com/view/10.1093/acprof:o so/9780190612689.001.0001/acprof-9780190612689-chapter-1.

44 "More Than 1 in 3 Americans Believe a 'Deep State' Is Working to Undermine Trump," NPR/Ipsos, December 30, 2020.

45 "Unwelcome on Facebook and Twitter, QAnon Followers Flock to Fringe Sites," NPR, January 31, 2021.

46 "Trends in Online Foreign Influence Efforts," Empirical Studies of Conflict Project, July 8, 2019.

47 "7 Out of the 10 Most Viral Articles About Angela Merkel on Facebook Are False," BuzzFeed, July 27, 2017.

48 "Fake Black Activist Accounts Linked to Russian Government," CNN, September 28, 2017; "Exclusive: Russian-Linked Group Sold Merchandise Online," CNN, October 6, 2017.

49 William C. Schambra, "Local Groups Are the Key to America's Civic Renewal," Brookings Institution, September 1, 1997.

50 2021년 4월 지은이가 케인과 한 인터뷰.

51 "How Citizen University Is Building an Army of Civic Leaders," Shareable, March 18, 2019.

52 2021년 4월 지은이가 리우와 한 인터뷰.

53 2021년 1월 16일 〈시민의 토요일〉 설교에서 리우가 터커와 나눈 대화에서 재인용.

54 Zoltan L. Hajnal, *Changing White Attitudes Toward Black Political Leadership* (Cambridge: Cambridge University Press, 2006).

55 "Gross Domestic Product By State, 3rd Quarter 2020," Bureau of Economic Analysis, December 23, 2020.

56 하와이가 언제나 비백인이 다수인 주였고, 뉴멕시코가 캘리포니아에 앞서 비백인이 다수인 주가 되었음을 주목할 것. Kathleen Murphy, "Texas Minorities Now the Majority," Pew Charitable Trusts, August 11, 2005.

57 U.S. Bureau of Labor Statistics, Unemployment Rate in California, retrieved from FRED, Federal Reserve Bank of St. Louis (실업률은 1998년 6퍼센트에서 코로나19 이전 2020년 4.2퍼센트로 떨어졌다. 팬데믹 시기에 9퍼센트 내외로 폭증했다).

58 "Prop. 187 Backers Elated — Challenges Imminent," *Los Angeles Times*, November 9, 1994; "Pete Wilson Looks Back on Proposition 187 and Says, Heck Yeah, He'd Support It All Over Again," *Los Angeles Times*, March 23, 2017.

59 "California Is Making Liberals Squirm," *The New York Times*, February 11, 2021.

옮긴이의 말

2025년 새해를 맞이해서 할리우드 영화 한 편이 개봉했다. 「시빌 워: 분열의 시대」는 근미래의 미국을 배경으로 펼쳐지는 픽션이지만, 2021년 1월 미국 의사당 점거 폭동이나 2024년 12월 한국의 계엄과 내란 사태를 현재 진행형으로 겪고 있는 지금은 오락 영화로 보기에도 섬뜩한 장면들로 가득하다. 영구 집권을 꿈꾸는 독재자가 집권한 미국에서 독재에 반대하는 시민을 무차별적으로 진압하는 가운데 군대와 정치권만이 아니라 일반 시민까지 자경단을 구성해서 서로에게 총구를 겨눈다. 분명한 전선도 없고, 적군과 아군도 쉽게 구별되지 않는다. 주인공인 기자 일행은 내전을 취재하다가 한적한 교외에서 군인들에게 잡힌다. 주검들이 뒤엉킨 구덩이 앞에서 군 지휘관이 기자 일행에게 묻는다. 〈당신들은 어느 쪽 미국인이야?〉

21세기 선진 민주주의 국가에서 펼쳐지는 내전의 살풍경은 불과 몇 년 전만 해도 황당무계한 오락 영화로 가볍게 보아 넘겼을 테지만, 저절로 등골이 서늘해지고 아찔한 느낌이 든다.

지은이 바버라 F. 월터는 국제적인 내전 연구자로서 유고슬라비아, 시리아, 아프가니스탄, 이라크 등 주로 냉전 이후인 20세기 후반에 내전으로 몸살을 앓고 있는 나라들을 직접 관찰하는 한편, 내전 전후의 민주주의와 독재 체제를 양적으로 평가하는 데이터를 바탕으로 내전의 예측 가능성에 초점을 맞추었다. 이 과정에서 민주주의를 지수화해서 어떤 정치체에서 내전이 일어날 가능성이 가장 높은지를 일반화할 수 있었다. 월터가 결론을 내리는 것처럼, 흔히 직관적으로 생각하는 것과 달리, 북한과 같은 견고한 독재 체제에서는 내전이 일어날 가능성이 낮다. 성숙한 민주주의도 마찬가지다. 내전의 가능성이 가장 큰 정치체는 이른바 아노크라시anocracy인데, 독재에서 민주주의로 이행하거나 민주주의에서 독재로 하강하는 경우다. 독재 정권은 잠재적인 반란 세력을 억누를 수 있는 물리력을 충분히 갖고 있기 때문에 내전을 방지할 수 있고, 민주주의는 폭력 사태가 벌어지기 전에 불만 집단의 요구를 다른 쪽으로 돌리거나 일정한 개혁을 시행해서 반체제 세력의 기반을 약화할 수 있기 때문이다. 반면에 아노크라시 체제는 당근과 채찍 어느 쪽도 제대로 내놓지 못하기 때문에 인종이나 종족, 종교 등의 정체성 정치를 앞세우는 파벌주의의 물결을 막지 못한다. 아노크라시는 독재 정권처럼 소셜 미디어나 유튜브를 차단하지 못하기 때문에 가짜 뉴스를 통해 분노와 혐오를 증폭시켜 내전을 부추기는 〈촉매〉도 제어하지 못한다. 한편 20세기 초에는 중국이나 소련, 한국처럼 계급과 이데올로기를 바탕으로 내전이 벌어졌다면, 21세기 초에는 종족과 종교가 구분선을 가르는 기준이 된다. 물론 한국 같은 〈단일 민족〉 국가라고 파벌화의 예외가 되지는 못한다. 〈우리〉를 위협하는 〈외집단〉은 북한(종북 세력), 중국(친중 반미 세력), 하다못해 〈자유 민주주의를 위협하는 반국가 세력〉, 〈부정 선거 세력〉처럼 가상으로 얼마든지 만들어 낼 수 있기 때문이다.

유튜브와 소셜 미디어는 이런 〈가상의 적〉에 대한 분노와 원한을 자양분으로 삼아 수익을 극대화한다. 본능적인 공포를 자극할수록 조회 수가 늘어나 곧바로 수익으로 이어지기 때문이다. 트럼프는 〈이민자〉와 중국을 비롯한 외국을 적으로 내세우면서 이런 파벌주의를 가장 잘 활용해 대통령이 되었다. 2025년은 트럼프 2.0 시대를 맞이하는 해다. 월터는 트럼프가 똑똑하지도 않고 정치적 경험도 미숙해서 미국은 운이 좋았다고 가슴을 쓸어내렸다. 아마 2021년 의사당 점거 사태 이후 트럼프가 보란 듯이 압도적 다수의 지지로 다시 대통령이 될 줄은 미처 예상하지 못했을 것이다.

한국은 정치 불안정 연구단의 2024년 정치체 IV 점수에서 +10점 만점에 +8점을 받아 그래도 높은 편이었지만,* 민주주의 다양성 연구소에서 펴내는 「민주주의 보고서 2024Democracy Report 2024」에서는 〈독재로 바뀌는 나라autocratizing country〉, 〈동아시아에서 민주주의가 크게 쇠퇴하는 나라〉, 〈민주주의에서 독재로 변모하는 종형 전환bell-turn 국가〉로 분류되었다.** 계엄 사태가 벌어지기 전에도 이미 아노크라시 판정을 받은 셈이다. 하지만 이런 정치체 점수나 브이뎀 데이터는 이제 순식간에 의미를 잃어버렸다.

* https://worldpopulationreview.com/country-rankings/polity-data-series-by-country

** https://www.v-dem.net/documents/43/v-dem_dr2024_lowres.pdf. 20~21, 26면.

모두 계엄과 내란 정국이 시작되기 한참 전에 측정된 수치이기 때문이다. 어쩌면 우리는 몇 년 전의 지은이처럼 한국의 윤석열이 정치적으로 미숙하고 똑똑하지 않아서 어설픈 계엄 시도로 자멸했다고 가슴을 쓸어내릴지 모른다. 하지만 문제는 어설픈 독재자 지망자 한 명이 아니라는 사실은 이미 미국의 사례에서 충분히 드러났다. 트럼프는 내란을 선동하고 오히려 더 많은 지지를 받아 화려하게 복귀했다. 윤석열은 계엄과 내란 시도를 전혀 반성하지 않은 채 소수 극우파 지지 세력을 선동하면서 내전을 부추기는 중이다.

이 책에서 익명으로 등장하는 내전 국가의 평범한 시민들은 입을 모아 자기 나라에서 내전이 일어날 줄은 꿈에도 몰랐다고 말한다. 바로 며칠 전까지 친하게 어울리던 동네 사람들과 직장 동료들이 한순간에 총부리를 들이대는 바람에 다급하게 몸을 피해 목숨을 건졌다며 그때의 기억을 떠올린다. 내전 일보 직전의 상황에서 민주주의의 회복력을 키우기 위한 지은이의 고언에 귀 기울일 시간이 과연 우리에게 있을까?

— 2025년 새해를 맞으며, 유강은

찾아보기

옮긴이 **유강은**은 국제 문제 전문 번역가. 옮긴 책으로 『팔레스타인 100년
전쟁』, 『우리는 독점 기업 시대에 살고 있다』, 『불안한 승리』, 『유럽
의 죽음』, 『가짜 민주주의가 온다』, 『불평등의 이유』, 『신이 된 시장』,
『자기 땅의 이방인들』 등이 있다. 『미국의 반지성주의』로 제58회 한
국출판문화상(번역 부문)을 수상했다.

내전은 어떻게 일어나는가

발행일	2025년 1월 20일 초판 1쇄
	2025년 2월 15일 초판 4쇄

지은이	바버라 F. 월터
옮긴이	유강은
발행인	홍예빈
발행처	주식회사 열린책들

경기도 파주시 문발로 253 파주출판도시
전화 031-955-4000 팩스 031-955-4004
홈페이지 www.openbooks.co.kr 이메일 humanity@openbooks.co.kr

Copyright (C) 주식회사 열린책들, 2025, *Printed in Korea.*
ISBN 978-89-329-2489-2 03300

.